이제 우리는 올라인(All Line)으로 간다

올라인 교회

KB192422

올라인 교회

지은이 | 김병삼 외
초판 발행 | 2021. 4. 28
8쇄 발행 | 2021. 11. 17
등록번호 | 제1988-000080호
등록된 곳 | 서울특별시 용산구 서빙고로 65길 38
발행처 | 사단법인 두란노서원
영업부 | 2078-3352 FAX | 080-749-3705
출판부 | 2078-3331

책값은 뒤표지에 있습니다.
ISBN 978-89-531-4003-5 03230

독자의 의견을 기다립니다.
tpress@duranno.com www.duranno.com

두란노서원은 바울 사도가 3차 전도여행 때 에베소에서 성령 받은 제자들을 따로 세워 하나님의 말씀으로 양
육하던 장소입니다. 사도행전 19장 8-20절의 정신에 따라 첫째 목회자를 돕는 사역과 평신도를 훈련시키는
사역, 둘째 세계선교(TIM)와 문서선교(단행본·잡지)사역, 셋째 예수문화 및 경배와 찬양 사역, 그리고 가정·
상담 사역 등을 감당하고 있습니다. 1980년 12월 22일에 창립된 두란노서원은 주님 오실 때까지 이 사역들을
계속할 것입니다.

이제 우리는

올라인(All Line)으로 간다

On Line + Off Line

올라인 교회

김병삼
외

All Line Church

두란노

CONTENTS

PART 1.

코로나19가
가져온 변화들

PART 2.

코로나 & 포스트 코로나 시대를
위한 사역별 대안

새롭게 펼쳐질 미래를 준비하자

준비되지 않은 상태로 코로나19 사태를 맞닥뜨리니 막막하기만 했다. 그러나 당황스러움이 안타까운 마음을 넘어설 순 없다.

과거의 경험은 현재를 사는 우리가 미래를 준비하는 데 가장 효과적인 자료다. 가장 생생하게 기억이 살아 있는 이때, 즉 코로나19 사태가 처음 벌어졌던 상황으로 돌아가 당황스러웠던 순간들을 되짚어 보고, 전혀 새롭게 펼쳐질 미래를 맞이할 준비를 하자. 어느 누구도 다가올 세상에 관해 자신 있게 말할 수 없을 것이다. 하지만 예측하고 준비하지 않으면, 아무것도 할 수 없으며 결과적으로 아무 일도 일어나지 않는다.

지금 우리에게 중요한 것은 예기치 못한 변화에 대한 당혹스러움이 아니라 변화의 촉구에 대응하고 도전하고 새로운 대안을 제시하는 것이다. 코로나 시대 이후의 목회를 위한 준비와 예측, 그리고 노력의 흔적들을 풀어 나가기에 앞서 첫 마음을 소환하고자 한다.

　2020년 2월 29일, 아무것도 예측할 수 없었던 상황 가운데서 교인들에게 첫 목회서신을 보냈다. 이 서신을 시작으로 우리 이야기를 풀어 나갈 것이다.

주님의 이름으로 성도들의 평안을 빌며 서신을 띄웁니다.

온 나라가 참 힘든 시간을 보내고 있습니다. 무엇보다 대구와 경북 지역에 있는 우리 형제와 자매들을 위해 기도할 때인 것 같습니다.

우리가 한 번도 경험해 보지 못한 상황 가운데 전체 교인이 온라인으로 예배를 드리게 되었습니다. 우리가 늘 말했던 것처럼 교회는 건물이 아니니, 우리가 있는 그곳에서 우리 한 사람 한 사람이 교회가 되는 새로운 경험을 하게 되는 것 같습니다.

이제 '만나교회'라는 건물이 아니라 여러분이 있는 그곳이 교회가 될 것입니다. 토요 예배와 주일 7시, 10시, 12시, 오후 2시 30분 예배 그리고 저녁 9시 예배까지 온라인 생방송으로 여러분과 예배의 자리에서 만나게 될 것입니다. 예배자의 모습으로 그 자리를 지키시기 바랍니다.

지난 한 주간, 저는 새벽 5시 30분에 온라인 새벽 예배를 드리며 가슴이 뭉클하기도 하고 눈물을 흘리기도 하면서 성도들과 기도 제목을 나누며 예배를 드렸습니다. 모든 성도를 이 기도의 자리에 초대합니다. 당분간 온라인 새벽 예배가 작은 변화산 기도회로 지속됩니다.

가장 쉬운 참여 방법은 유튜브(YouTube)에서 '미디어교회'라는 검색어를 입력하는 것이며, 만나교회 앱이나 홈페이지를 통해서도 접속이 가능합니다. 나라와 민족을 위해 기도해야 하는 때, 흩어진 교회에서 기도의 불쏘시개가 되어 주시기 바랍니다.

또한 어쩔 수 없이 시작한 일이었지만 73개 카톡 방에서 함께하는 성경 읽기 또한 우리 성도들에게 유익한 시간이 되리라 생각합니다. 혹시 아직 참여하지 못한 분들은 동산 목사님이나 동산지기, 혹은 나무 리더들을 통해 신청해 주시면 함께 말씀 묵상의 유익을 경험할 수 있습니다. 힘들기는 하지만 저도 매일 73개 방을 방문해 믿음을 나누고 있습니다.

참 다행스러운 것은 분당 지역에 있는 교회들이 함께 모여 의논하고 어려움을 위해 기도하고 있다는 것입니다. 지난 목요일, 10여 개 교회 담임 목사들이 함께 모여 결정한 것이 있습니다.

하나는, 방역의 최일선에서 수고하는 분들과 공무원들을 위로하고 격려하기 위해 5천만 원을 성남시장을 통해 전달하기로 한 것입니다. 다른 하나는, 교회들이 모은 3억 원의 기금을 가지고 어려움을 당하는 대구 시민들을 위해 달려가기로 한 것입니다.

몇 주간 경험해 보지 못한 예배를 인도하며 이런저런 생각이 듭니다. 그리고 간절히 기도하게 됩니다.

"하나님, 예배를 제대로 드리지 못하는 상황 아래서, 우리가 드렸던 예배가 얼마나 소중했는지를 깨닫게 하시고, 영적 갈급함으로 우리가 다시 모였을 때 임하시는 성령님을 뜨겁게 경험하게 하옵소서!"

이제 우리는 당장의 어려움뿐만 아니라, 코로나19 그 이후를 준비하며 기도해야 할 때입니다. 여러분의 자리에서 믿음을 잃지 않고, 하나님을 향한 더 큰 갈망을 가지고 만나기를 기대하며 기도합니다.

2020년 2월 29일
여러분을 사랑하는 김병삼 목사가 드립니다.

이 책은 '나와 같은 고민을 하는 목회자가 있지 않을까?', '우리 교회가 맞닥뜨린 것과 같은 문제로 어려움을 겪고 있는 한국 교회가 있지 않을까?' 하는 지극히 개인적인 물음에서 출발했다. 그리고 이 물음은 곧 기도가 되었고, 기도를 드릴수록 하나님이 주신 마음이라는 확신이 들었다.

하나님이 주신 마음이라면 당연히 순종해야 하지 않겠는가!

이 마음을 우리 교회 국장 목회자들과 나눴다. 현장에서 직접 몸으로 부딪치고, 피부로 느껴 가며 고민하고, 해결책을 찾고, 끊임없이 노력해 온 국장 목회자들은 역시 이심전심(以心傳心) 나와 마음이 통했다. 그렇게 우리는 함께 순종하기로 결단했다.

이 책은 만나교회가 코로나19 상황 속에서 사역을 "이렇게 해냈다"는 것을 말하고자 하는 책이 결코 아니다. 코로나19를 처음 겪지 않은 교회가 어디 있는가! 모두가 처음 겪는 상황 속에서 우리 교회는 '무엇을', '어떻게', '왜' 하게 되었는지를 구체적으로 소개함으로써 만나교회의 사역이 교회의 담장을 넘어 우리와 똑같은 고민을 하며 사역하는 한국 교회에 작은 도움이 되길 바라는 마음이다. 또 그동안 우리 교회의 사역에 관해 문의해 온 여러 교회에게 구체적이고도 실질적인 답변이 되길 바라는 마음이다.

PART 1에서는 만나교회가 코로나19 시대에 어떤 마음과 자세로 목회에 임했는지를, 그리고 그로 인해 예배와 설교에 어떤 변화가 있었는지를 소개한다. PART 2에서는 교회의 각 부서가 올라인(All Line) 사역을 실제로 어떻게 했는지를 구체적으로 보여 줄 것이다.

그러나 우리가 했던 모든 사역을 다 담아내기에는 지면이 부족하므로 부득이하게 부서별로 가장 관심을 가질 만한 내용이 무엇인지 선별하여 그 내용을 담았다. PART 2의 마지막을 장식하는 Chapter 11에서는 (글쓴이의 고백을 빌려 표현하자면) 할 수 있는 것이 아무것도 없던 한 목회자가 어떻게 위기에 대처했으며 또 결국 어떻게 돌파해 냈는지를 생생하게 살펴볼 수 있을 것이다.

자, 이제 대단한 노력과 순수한 열정의 여정을 함께 떠나 보자.

2021년 4월

김병삼

ALL LINE CHURCH

PART 1

코로나19가 가져온 변화들

김병삼 목사 (만나교회 담임)

Chapter 1.

변화가 시작되었다

2019년 12월, 중국 우한에서 원인 불명의 폐렴 환자 최초 발생.

2020년 1월, 코로나바이러스 감염증-19(이하 코로나19) 국내

첫 감염 환자 발생.

3월, 세계보건기구(WHO) 팬데믹(pandemic, 전염병의 대유행) 선언.

"코로나19가 곧 잠잠해지겠죠? 방송에서도 빠르면 5월, 늦어도 여름이 지나면 끝난다고 하니까요. 요즈음 목회는 어떻게 하고 계세요?"

5월, "코로나19 사태가 언제쯤 끝날까요? 뭔가를 하긴 해야 하는데, 막막하네요. 준비도 안 되어 있고, 뭘 해야 할 줄도 모르니 말입니다. 사역은 잘돼 가세요?"

10월, "코로나19가 끝나긴 하겠죠? 끝나고 나면 예전처럼 사역할

수 있겠지요?"

12월, "대체 끝이 있긴 할까요? 예전으로 돌아갈 수 없으면 어떡하죠?"

평소에 잘 알고 지내던 교회 행정 담당 목사와 나눈 대화 내용이다. 우리의 대화는 당혹스러움에서 의구심 섞인 기대를 거쳐 무기력한 회의(懷疑)로 옮겨 갔다. 이것이 우리만의 이야기일까? 아니다. 이 시대를 살고 있는 모두의 이야기다. 누구나 겪고 있고, 고민하고 있는 얘기다. 재난에 준비되어 있던 사람이나 미처 준비하지 못했던 사람이나 모두가 똑같이 고통의 시간을 보내고 있다. 그러나 고통 속에 머물러 있을 수는 없다. 우리는 전진해야 한다.

■ 위기가 교회의 변화를 재촉하다

코로나19로 인해 전혀 경험해 보지 못했던 세상을 맞이한 지 1년이 훌쩍 지났다. 비대면 예배를 처음 드리는 상황에서는 2주 정도만 지나면 교인들을 다시 예배당에서 만날 수 있으리라 생각했다. 그러나 기대와는 달리 시간이 기약 없이 흘러갔다.

그렇게 혼란스럽고 당황스러운 상황 가운데 1년여의 시간을 보내고 나니 이제는 제법 담담하게 새로운 변화를 모색할 수 있게 되었다.

미국에서 가장 영향력 있는 교회 중 하나인, 새들백교회(Saddleback

Church)의 릭 워렌(Rick Warren) 목사, 라이프교회(Life.Church)의 크레이크 그로쉘(Craig Groeschel) 목사, 엘리베이션교회(Elevation Church)의 스티븐 퍼틱(Steven Furtick) 목사는 그들의 설교에서 모두 동일하게 "우리가 생각하는 교회의 모습으로 돌아가기보다는 코로나 사태 이후의 교회의 새로운 모습으로 들어가게 될 것"이라고 말한다.[1]

미국의 공신력 있는 교회 연구소인 라이프웨이리서치(Lifeway Research)의 책임을 맡고 있는 톰 레이너(Thom S. Rainer)는 코로나19 시대에 나타날 교회 사역의 변화에 관해 아홉 가지로 예측한 바 있다.[2] 그 내용은 다음과 같다.

첫째, 사역의 단순함. 둘째, 교회 밖에 관한 관심의 증가. 셋째, 예배 인원의 감소. 넷째, 지교회의 확대. 다섯째, 디지털 사용 능력에 대한 수요 증가. 여섯째, '가나안' 교인(straggler)에게 더 많은 초점을 맞출 것. 일곱째, 온라인 예배에 집중하게 될 것. 여덟째, 사역자들의 목회 훈련에 새로운 콘텐츠를 만드는 훈련이 추가될 것. 아홉째, 목회자들이 더 이상 뒤(second-chair)에서 뒷짐 지지 않고, 좀 더 평등한 상황에서 함께 사역을 감당하게 될 것이라는 것이다.

만나교회 역시 새로운 세상을 맞이하느라 2020년 한 해 동안 변화를 꾀하며 치열하게 사역했다. 비대면 예배를 처음 드리던 때, 한국 교계는 '온라인' 예배냐 '오프라인' 예배냐를 놓고 갈등하며 심

---

1   계재광, 〈코로나 상황 속 디지털 미션 필드(Digital Mission Fields)사역에 대한 연구: 새들백교회의 온라인 소그룹 사역을 중심으로〉, 제79회 한국실천신학회 정기학술대회, 제1발표, 2021, p.12.

2   Ibid, p.13, 재인용.

각한 논쟁을 벌였다. 그러나 얼마 지나지 않아 그러한 논쟁이 무의미하다는 것을 깨달았다.

새로운 환경을 접한 교회와 교인들은 코로나19 이전과는 다른 형태로 '신앙 생태계'를 만들어 가기 시작했고, 이러한 변화는 더욱 가속화될 전망이다. 이제는 '온라인'이 기존의 '노멀(normal)'을 대신하여 '뉴노멀(new normal)'이 되었다.

코로나19가 종식되면, 과연 온라인 예배는 사라지고 다시 오프라인 예배로 전면 교체될 것인가? 꼭 그렇지는 않을 것이다. 우리가 직면한 미래는 코로나19 '이전'도 아니고, 지금과 동일한 환경의 '이후'도 아닐 것이기 때문이다. 정확하게 그려 낼 수는 없지만 '융복합적인 변화'의 소용돌이가 찾아올 것으로 예상된다.

이전과 전혀 다른 목회적 환경에서 온라인이냐 오프라인이냐를 논하는 것은 무의미하다. 온라인은 교회 사역 전반에서 코로나19 이전보다 훨씬 더 강력하게 요구될 것이다. 하지만 오프라인의 기반이 없는 온라인은 허상에 불과하다. 오프라인을 기반으로 온라인 사역을 가능케 하는 '올라인(All Line)' 사역이 필요하다.

■ 전혀 새로운 시도

코로나19 상황에 잘 대처할 뿐만 아니라 슬기로운 교회 생활, 슬기로운 예배 생활, 슬기로운 헌금 생활, 슬기로운 목양 생활, 슬기로운 교회학교 생활 등을 계속하고 싶은데 어떻게 해야 할까? 언젠가 현대를 살아가는 크리스천들에게 균형 잡힌 교회 생활과 가정생활은 무엇인가에 관해 설교한 적이 있다. 그때 사용했던 이미지가 있다.

이 이미지를 온라인(비대면)과 오프라인(대면) 교회에도 적용할 수 있을 듯하다. 오프라인으로만 가능했던 때는 이런 고민이 필요 없겠지만, 원하든 원하지 않든 우리 일상은 달라지고 있다.

가정과 교회라는 양극단에 아무런 자극이 없다면, 중간에 균형추를 놓으면 된다. 하지만 어느 순간 무게가 한쪽으로 쏠리면 추의 균

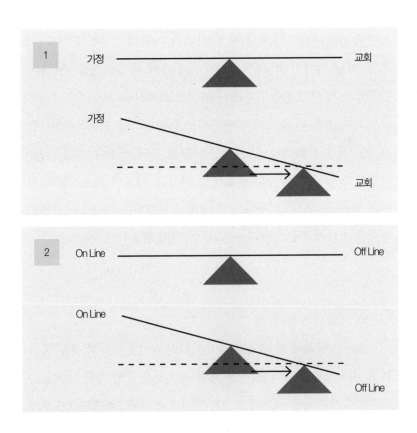

형이 무너질 수밖에 없게 된다. 무너진 균형을 바로잡으려면 추를 움직여야 한다. 즉 오프라인이 불가능한 상황이라면, 온라인 쪽으로 추를 움직여야 하고, 오프라인이 어느 정도 가능한 상황이라면, 굳이 추를 한쪽으로 쏠리게 놓을 필요가 없다. 예를 들어, 코로나19가 종식되어 이전처럼 전면적인 오프라인 사역이 가능하게 되었을 때, 균형추를 오프라인 쪽으로 몰아 버린다면 균형은 즉시 무너지고 말 것이다.

그러나 앞으로도 언제든지 예기치 못한 위기가 닥쳐올 수 있으므로 사회적 상황, 교회의 형편, 사역의 특성, 성도의 생활 패턴 등에 따라 균형추를 끊임없이 움직일 필요가 있다. 자기 삶의 무게를 끊임없이 이동하며 성숙한 크리스천으로 살아가기 위해 노력해야 한다.

이것이 바로 오프라인과 온라인의 균형점을 찾아 아우르는 올라인 사역이 필요한 이유다. 올라인 사역은 다가올 시대에 맞는 전혀 새로운 교회, 전혀 새로운 목회적 시도를 의미한다.

코로나19로 인해 교회 문이 닫히고, 성도들과 함께 예배를 드리지 못하게 됨으로써 우리는 모두 불확실성의 안개 속에 갇힌 듯한 경험을 했다. 사람들은 모두 예측 가능한 것을 원하고, 수학적 계산을 원하며, 그것이 확실한 일이라고 말한다. 확실하지 않으면 불안하게 여긴다. 그런데 가만히 생각해 보면 이 땅 위에 어떤 것도 확실한 것은 없다.

그러나 1년여 시간이 흐른 뒤에 돌아보니 불확실성 속에 무엇보다도 확실한 하나님의 은혜가 있었음을 발견한다. 불확실한 시간은 우리 것이 아니라 하나님의 것이기 때문이다. 예를 들어, 코로나19가 아니었으면, 엄두도 내지 못할 일을 하고 있다. 전 교인이 매일 새벽마다 말씀을 나누는 일이 가능해진 것이다. 〈김병삼 목사의 매일만나〉라는 묵상 콘텐츠를 통해 매일 말씀과 신앙 서적을 묵상하고 있다. 오로지 코로나19 덕분이다.

《주님은 나의 최고봉》을 쓴 오스왈드 챔버스(Oswald Chambers)는 "영적인 삶의 속성은 불확실성 속에서 확신을 누리는 것이며 하나님을 확신하는 것은 우리의 모든 면에서 불확실성을 인정하는 것"이라고 말한다.

■ 인류 역사는 '도전과 응전'이라는 수레바퀴로 돌아가고 있다

코로나19라는 커다란 도전의 파도가 교회를 자극하여 응전을 통해 여러 가지 변화를 만들어 내고 있다. 표면적으로 가장 크게 두드러진 변화는 예배를 드리는 플랫폼이 바뀐 것이다. 이렇게 달라진 환경은 교회학교에서 더욱 심각하다. 일반 성인들은 자신의 신앙을 어떻게 유지할지를 고민하지만, 아이들은 아직 신앙을 정립하기 전에, 모여서 예배하지 못하는 환경을 맞이했으니 말이다.

구체적으로, 목회자와 리더십은 어떤 도전들에 직면해 있는가?

첫째, 담임 목회자들에게는 새로운 환경에서 어떻게 적응하고 설교할지, 때로는 얼굴을 맞대고 소통할 수 없는 교인들에게 말씀을 어떻게 전할지가 고민스럽다.

둘째, 교인들을 양육하며 성장시켰던 성경 공부 프로그램들 역시 아주 새로운 온라인 환경에서 공간과 시간을 초월해 새로운 형태의 무언가로 만들어야 한다는 부담감을 가지게 된다.

셋째, 무엇보다 선교의 영역에서는 단기 선교나 선교사를 파송하는 기존 방식이 더 이상 유효할까에 대한 의구심이 들기도 한다. 선교의 대상과 선교의 주체가 어떤 역할을 할지 고민스럽다.

넷째, 그동안 한국 교회가 자랑처럼 생각했던 나눔과 구제의 영역도 이제는 정부 주도의 복지정책 아래서 새로운 환경을 맞이하고 있다. 지금까지의 시도들이 과연 유효한 선교적 도구 혹은 복음 전달의 수단이 될 수 있을까 의구심이 들기 시작했다.

다섯째, 한국 교회의 생명줄과도 같았던 '기도' 역시 이전처럼 함께 모여 통성으로 기도하며 부르짖던 방식이 유효할지 염려가 되는 상황이다.

여섯째, 코로나19 상황은 한국 사회에서 교회가 어떤 자리에 있는지를 아프게 직시하도록 만들었다. 이러한 반교회적 환경에서 삶을 영위하고 신앙생활을 해야 하는 이 시대의 젊은이들에게 교회는 무엇을 해 줄 수 있을까? 그리고 그들의 삶에서 신앙을 지키며 하나님의 사람으로 살아가는 데 교회는 어떤 역할을 하며, 어떤 힘을 줄 수 있을까?

일곱째, 예배의 영역에서 이러한 도전은 더욱 심각하다. 이전과는 전혀 다른 패러다임과 플랫폼을 통해 예배를 드려야 하는 상황에서 교회는 성도들의 신앙을 지키는 것을 넘어 어떻게 도전적인 크리스천을 만들어야 하는지 깊이 고민해야 하는 때를 맞이하고 있다.

이러한 도전들에 관해서는 영역별로 자세히 다루어 나갈 것이다.

■ 모든 변화는 '교회론'에서 시작된다

코로나19는 사회 전반적으로 많은 변화를 불러일으키고 있다. 교회도 예외는 아니다. 함께 모여 예배하는 공동체를 교회와 동일시했던 전통적 사고에서 교회가 함께 모여 예배할 수 없는 상황에까지 이르렀다. 교회의 정체성을 흔들어 놓는 변화의 시작이다. 이런 불가피한 변화들에 대해 성경적으로, 신학적으로 응답하지 않는다면 교회는 길을 잃을 수밖에 없다.

이제는 목회 전반에 걸쳐서 이 새로운 상황에 적응하고 준비해야하는 때가 되었다. 새로운 상황은 단순히 예배의 변화뿐 아니라, 전반적인 목회 영역에서 변화를 요구하기 때문이다. 코로나19가 종식된다고 해도, 사회적 시스템이나 신앙적인 환경은 절대로 이전으로 돌아가지 못할 것이 분명하다. 애초에 변화는 코로나19로 인해 단지 앞당겨졌을 뿐 결코 새롭거나 오지 않았을 것이 아니었다.

변화의 길을 모색하기 위해 골몰할 때, 문득 아내가 물었다.

"당신은 왜 10년 전에 실시간으로 예배 실황을 중계하고, 미디어 교회를 시작했나요?"

아내의 물음이 다시 한번 그때로 돌아가 생각해 볼 기회를 내게 주었다.

"코로나19 사태와 같은 일이 닥치리라고는 생각하지 못했지만, 앞으로 사회와 교회가 그렇게 변할 것이라고 어렴풋이 생각했지. 이제와는 전혀 다른 방식으로 사람들에게 복음을 전해야 할 것으로 생각했는데…."

어쩌면 막연한 생각으로 시작한 것이 마치 미래를 예측하고 준비한 것처럼 보이기도 한다. 수년 전 '미디어교회'를 개척하고, 교회의 모든 시스템을 온라인화했을 때, 반대하던 사람들이 있다. 그런데 지금은 오히려 그들이 내게 묻는다.

"목사님은 어떻게 알고 그런 준비를 하셨나요?"

그때는 막연한 예측으로 시작한 일이지만, 앞으로 다가올 미래에의 대비는 더욱 막연하고 불확실할 뿐이다. 그럼에도 불구하고, 미래를 준비해야 한다. 교회는 끊임없이 복음을 전하는 수단을 고민해 왔고, 하나님은 그렇게 새롭게 준비하는 자들을 들어 쓰셨으니 말이다.

만나교회는 코로나19 사태 이전부터 미디어교회를 만들어 건물이 아닌 곳에서 미디어로 예배하고 공동체 생활을 할 수 있도록 섬기는 일에 힘써 왔다. 이것이 가능했던 이유는 만나교회가 가지고 있는 교회론에서 기인한다.

교회 중심적인 교회가 아니라 선교 중심적인 교회를 추구하다 보니 자연스럽게 건물에 한정된 교회를 넘어서게 된 것이다. 교회를 어떻게 정의하느냐에 따라, 교회에서 우리가 하는 모든 활동, 즉 목회적 영역과 신앙의 패턴이 변하기 때문이다. 그런 이유로 만나교회는 창립기념일 때마다 교회론에 집중해 설교하고 교인들을 가르쳐 왔다.

교회론은 우리에게 분명하게 말한다. 우리 교회가 어떤 교회가 되어야 할지, 하나님이 우리 교회를 통해 무엇을 이루기 원하시는지, 이 시대에 우리 교회가 왜 존재해야 하는지를 스스로 묻게 한다.

이러한 과정과 고민을 통해 이미 시작된 미디어 예배는 예배를 위해 모일 수 없는 난감한 상황에서 자연스럽게 길을 찾아 주었다. 이전의 미디어 예배는 예배 실황을 중계하는 정도의 역할을 했지만, 이제는 예배의 구성과 메시지가 모두 '영상화'를 염두에 두고 이루어져야 할 정도로 미디어 예배의 중요성이 커졌다. 코로나19는 모든 교회로 하여금 이러한 변화를 피할 수 없도록 만들었다.

코로나19는 사람들을 흩어지게 했지만, 하나님은 흩어진 곳에서 예배하게 하셨다. 온라인 교회에 대한 관심이 전에 없이 뜨겁다. 그렇다고 온라인 교회가 코로나19 때문에 출현한 것은 아니다. 코로나19로 인해 그 논의가 앞당겨진 것이라는 말이 정확할 것이다.

어쩌면 사도 바울이 이방인을 전도하기 위해 나선 것이, 지금의 미디어로 복음을 전하는 것보다 더 파격적인 일은 아니었을까? 30년 전 미국에서 유학하던 시절 아주 인상적인 신약학 과목을 수강하게 됐다. 로버트 주잇(Robert Jewett) 교수는 '현대 영화 속에 나타난 바울 사상'이라는 제목으로 강의했다. 그리고 미국 사람들에게 아주 보편적으로 알려진 일반 영화를 가지고 바울 사상을 풀어 나갔다. 당시 미국에는 1년에 2억 개 정도의 비디오테이프가 판매되고 있었는데, 사도 바울이 이 시대에 살아있다면 '영화'라는 매체를 가지고 선교했을 것이라는 가정 아래 강의를 풀어 간 것이다. 한 생명이라도 더 얻기를 원했던 사도 바울에게 '매체'는 가장 쉽고도 매력적인 선교의 도구가 아니었을까?

사실, 우리가 논쟁의 주제로 삼았던 '온라인 예배'라는 것도 선교적 틀에서 보면 가장 효율적인 선교 매체임이 분명하다. 그러므로 그동안 교회가 적극적으로 '미디어 영역'을 사용하지 않은 것은 어쩌면 선교를 등한시한 교회의 직무유기였을지도 모른다. 하나님은 코로나19를 통해 이 시기를 앞당기고 가장 효율적인 온라인 도구들을 사용하도록 우리를 강권적으로 이끌어 가시는 것일지도 모를 일이다.

만나교회의 '미디어교회'는 교회론이 탄생시켰다고 해도 무방하다. 미디어교회는 4단계를 거쳐서 발전해 왔다. 1단계로, 2009년부터 예배 실시간 스트리밍을 시작했다. 이 부분은 나중에 예배 사역에서 본격적으로 다루게 될 것이다. 중요한 것은 코로나19 이전에 이미, 온라인 예배가 '선교적 교회론'에 근거해 시작되었다는 점이다. '선교적 교회론'은 찾아오는 성도들을 대상으로 목회하는 전통적인 교회와 달리, 예배를 드리기 어려운 환경 속에 있는 성도들에게 기꺼이 다가가게 한다. 만나교회는 이러한 교회론을 바탕으로

10년 전부터, 현장 예배에 참여할 수 없는 성도들을 배려하기 위해 미디어 시스템을 구축하기 시작했다.

2단계는 본격적인 온라인 교회의 시작으로 코로나19가 닥치기 2년 전쯤에 출발했다. 2018년 4월, 만나교회는 '미디어교회'라는 이름의 독립적인 교회를 설립했다. 실시간 스트리밍을 넘어 '예배와 돌봄'을 위한 사역으로 진보하기 위함이었다. "교회는 건물이 아니다"라는 교회론이 없었다면 아마 쉽게 시도하지 못했을 사역이다.

이 시기에 만나교회는 "담장을 넘어라!"라는 구호를 외치기 시작했다. 복음을 교회 안 담장에 가두지 말고, 교회 밖으로 넘어가게 하자는 영적 운동의 시작이었다. 교회에 모일 수 없는 환경 때문이 아니라, 복음을 교회 밖으로 끌어내기 위해 만나교회가 아닌 다른 곳에서 예배하도록 성도들을 격려하기 시작했다. 그렇게 시작한 지 2년여 만에 이제 이들은 '교회'를 이루었고, '공동체'를 이루었다. 함께 나누고, 헌금하고, 선교도 같이한다.

3단계에는 교회 안에 '미디어동산'이라는 새로운 교구를 만들었다. 교회 안을 살펴보니, 교회 담장 너머뿐 아니라 만나교회 안에도 예배와 목양에 소외된 성도들이 있었다. 이들을 미디어동산을 통해 섬기게 되었다. 이 사역의 계기는 코로나19와 맞물려 발생한 필요를 충족하기 위함도 있었다.

4단계가 바로 올라인 교회의 출범이다. 이 단계에서는 전적으로 다른 교회와 다른 목회를 생각하게 되었다. 지금까지는 오프라인 교회의 대안이나 선교적 교회의 필요가 수요를 만들어 냈다면, 이제 전체 교회가 온라인 역량을 갖추고 목회를 시작하기로 선언했다. 이전에는 건물이 중심이 된 만나교회를 기반으로 선교했다면, 이제 그 구분이 사라진 것이다. 만나교회 자체가 선교의 대상이 되고, 선교의 대상인 만나교회가 또한 선교하는 교회가 된 것이다.

4단계 사역은 현재 만나교회가 취하고 있는 형태로서, 교회 조직 전체가 온라인 역량을 갖추는 단계로 계속해서 현재 진행 중이다. 코로나19로 성도들이 모일 수 없는 초유의 사태 앞에 만나교회는 모든 사역을 온라인으로 전환하고, 모든 부서가 온라인 목회를 하고 있다.

Chapter 2.

예배의 변화

■ 변화의 소용돌이 속에서 변하지 않는 복음을 어떻게 전할 것인가

불가피하게 또는 자유로운 선택에 의해 온라인으로 예배를 드리는 상황에서 온라인 예배에 대한 신학적 논란이 일고 있다. 혼잡한 상황 속에서, 변화된 예배 환경을 직접 경험한 우리나라 개신교인들의 인식은 어땠을까?

지난해 3월과 7월, 두 차례에 걸쳐 진행한 설문 조사 결과에 따르면, 교회에 가지 못하는 아쉬움 54%에서 32%로 감소, 교회에서 드리는 예배에 대한 소중함 82%에서 74%로 감소, 현장 예배에 비해 집중하기 어려움 79.1%에서 66.4%로 감소 등 온라인 예배에 대한 부정적인 경험이 대체로 감소세를 보이며, 상당수의 교인이 온라인

예배에 긍정적인 반응을 보이고 있음을 알 수 있었다.[3] 이런 상황에서 우리가 반드시 해야 할 질문은 '변하는 세상 가운데서 변하지 않는 복음을 어떻게 전할 것인가?'라는 것이다.

우리가 당면한 문제는 지금까지 당연히 생각했던 '교회의 건물이나 제도'를 지키는 것이 아니라 교회의 본질적 기능인 '복음 전도'를 어떻게 수행할 것이냐를 고민하는 것이다.

예배의 변화가 사회의 변화에 따른 불가피한 선택에 그치는 것이 아니라, 복음의 본질을 찾아가려는 변화가 되어야 한다. 다시 말해 변화의 이유가 단지 생존을 위해서가 아니라, 교회를 변하지 않는 복음 위에 다시금 세우기 위한 것이 되어야 한다는 것이다. 그러므로 교회는 세속화된 공동체가 아니라, 세상 속에서 하나님의 기대와 소명을 가지고 세상을 변화시키는 거룩한 교회 공동체가 되는 꿈을 다시 꾸어야 한다.

코로나19 상황이 장기화되면서 많은 사람이 미디어로 예배를 드리고 있다. 온라인 예배에 대한 우리나라 개신교인의 인식 변화를 조사한 결과에 따르면, 2020년 4월에는 주일 성수를 하기 위해서 주일 예배는 반드시 교회에서 드려야 한다는 의견이 전체의 41%, 온라인 예배 또는 가정 예배로도 주일 성수를 할 수 있다는 의견이 55%였는데, 석 달 후인 7월에는 교회에서 드려야 한다는 의견이

---

3 이민형, 〈코로나19 상황에서의 한국 개신교 신앙 지형 연구: '2020 주요 사회 현안에 대한 개신교인 인식조사'의 결과를 중심으로〉, 제78회 한국실천신학회 정기학술대회, 제2발표, 2021, p.38.

29%, 온라인 예배나 가정 예배로도 주일 성수를 할 수 있다는 의견이 61%로 나왔다.[4] 코로나19로 대면 예배를 드릴 수 없는 상황 속에서 성도들은 비대면 예배 생활에 적응해 가고 있음과 더불어, 온라인 예배에 대한 긍정적인 인식이 한국 교회에 확산되었음을 알 수 있다.

처음에는 영상으로 예배하는 것이 불가피한 상황이었지만 지금은 예배를 드리는 하나의 표준이 되어 가고 있다. 출애굽기 3장에서 하나님은 모세를 부르시며 "네가 선 곳은 거룩한 땅이니 네 발에서 신을 벗으라"(출 3:5)고 말씀하셨다. 이는 우리가 서 있는 곳에 하나님이 임하시면 그곳이 곧 거룩한 장소가 된다는 것을 의미한다.

다가올 시대의 교회는 사람들을 모이게 할 뿐 아니라 흩어져서도 예배할 수 있도록 도와야 한다. 하나님이 계신 곳이 곧 예배의 자리이며, 결국 삶의 모든 영역에서 하나님을 예배할 수 있다는 뜻이기 때문이다. 이제 어디서나 미디어로 예배할 수 있는 시대가 되었다. 이 예배의 형태를 활용하여 교회의 건물을 넘어 삶의 자리에서 예배를 드릴 기회로 삼아야 한다.

많은 이가 영상으로 예배하는 것에 거부감을 느끼기도 하고 우려를 표하기도 한다. 그러나 예배는 하나님에 대한 사랑을 표현하는 것이기에 방식은 서로 달라도 신령과 진정으로 드리는 것이라면 용

4 계재광, 〈코로나 상황 속 디지털 미션 필드(Digital Mission Fields)사역에 대한 연구: 새들백교회의 온라인 소그룹 사역을 중심으로〉, 제79회 한국실천신학회 정기학술대회, 제1발표, 2021, p.14, 재인용.

납할 수 있다. 요한복음 4장에서 예수님은 정확하게 예배에 대한 정의를 내려 주셨다. 영적으로 갈급해 있던 사마리아 여인과의 대화를 통해 예배의 지경을 넓혀 주셨다.

> 예수께서 이르시되 여자여 내 말을 믿으라 이 산에서도 말고 예루살렘에서도 말고 너희가 아버지께 예배할 때가 이르리라 너희는 알지 못하는 것을 예배하고 우리는 아는 것을 예배하노니 이는 구원이 유대인에게서 남이라 아버지께 참되게 예배하는 자들은 영과 진리로 예배할 때가 오나니 곧 이때라 아버지께서는 자기에게 이렇게 예배하는 자들을 찾으시느니라 하나님은 영이시니 예배하는 자가 영과 진리로 예배할지니라 요 4:21-24

어쩌면 우리가 2천 년 전, 사마리아 우물가에서 예수님께 물었던 여인과 동일한 질문을 던지고 있는지 모르겠다. 그리고 예수님은 우리에게 동일하고도 분명하게 대답하신다.

"예배는 장소의 문제가 아니다! 단지 너희가 신령과 진정으로 예배하고 있는지 생각해 보아라."

예배의 본질이 잘 드러나는 부분이다. 하나님은 예배하는 자를 찾으시며 다른 모양과 다른 환경에 있는 사람들일지라도 그들의 모든 것을 기꺼이 받으신다. 이런 면에서 보면, 미디어 예배는 얼마든지 영적인 예배를 드릴 수 있는 또 다른 모양과 환경이 아닐까?

미국 캘리포니아주 어바인(Irvine, California)에 위치한 매리너스교회

(Mariners Church)의 경우, 코로나19로 인해 대면 예배를 드리기 어려워지자 각 가정에서 예배드리는 걸 권장했다. 이는 우리나라의 경우와 마찬가지다. 그런데 차이점이 있었다. '가정에서 드리는 예배'라는 말 대신에 '가정 교회에서 드리는 예배'라는 표현을 주로 사용했다. 말장난 같지만, 그 표현을 들었을 때 받아들이는 느낌은 확연히 차이가 있었다. 가정에서 드리는 예배일 경우, 예배드리는 시간이나 자세에 대해 좋게 표현하면 자연스러움, 나쁘게 표현하면 풀어진 느낌이 있지만, 가정 교회의 예배라고 하면 좀 더 경건하고 준비된 예배를 드려야 한다는 거룩한 부담감이 들었기 때문이다.

매리너스교회는 한 걸음 더 나아가서, 가정 교회를 모집하기까지 했다. 소그룹 리더의 경우에는 같은 소그룹원들을, 교회학교 교사의 경우에는 맡고 있는 반의 어린이들을 가정으로 불러 모아 예배드리는 (미국의 경우 5인 이상 집합 금지 규정이 없기에 가능한) 작은 교회를 시작했다. 코로나19 이전에는 예배 후 소그룹 활동이나 분반 활동에 그쳤던 모임들이 예배부터 소그룹까지 하나의 작은 교회의 모습을 띠고 있었다.

우리의 문제는 새로운 것에 대해서는 선뜻 익숙해지려 하지 않는다는 데 있다. 익숙하지 않은 형식에 대해 마음을 열기 어렵기 때문에 미디어로 예배하는 것이 누군가에게는 여전히 불편하고 불만족스러울 수 있다. 그런데 예배가 하나님을 향해 마음을 열고 사랑을 표현하는 것임을 인정한다면, 미디어도 그러한 예배를 가능케 한다는 것을 기억해야 한다.

■ 온라인 예배와 온라인 목회가 주는 유익은 무엇인가

우리는 이제 온라인 예배가 주는 새로운 기회들과 유익을 생각해 봐야 한다.

첫째, 미디어 예배의 가능성은 선택의 확장성에 있다. 만나교회에는 예배의 순서마다 다양한 콘셉트가 있다. 어떤 예배는 기도하고 찬양하는 데 시간을 좀 더 할애하고, 어떤 예배는 클래식 연주와 함께 예배를 진행한다. 많은 형식과 가능성을 준비하는 것은 가능한 많은 사람이 가장 기쁘게 하나님께 사랑을 표현할 수 있는 예배로 나아오도록 돕기 위해서다.

그렇기 때문에 만나교회의 예배는 교회 중심적인 예배가 아니라 선교 중심적인 예배라고 할 수 있다. 선교 중심적인 예배는 아직 하나님을 향한 사랑을 경험하지 못한 사람들 그리고 아직 그 사랑을 표현하지 못한 사람들이 자연스럽게 예배 가운데 들어오도록 돕는 예배다. 하나님은 매일 보던 사람의 사랑 고백도 기뻐하시지만, 한 사람이라도 더 많은 사람의 사랑 고백과 아직 고백을 듣지 못한 사람의 사랑 고백을 더욱 기쁘게 받으신다. 하나님은 이 땅의 모든 백성이 구원받기를 원하시며, 이 땅의 모든 백성이 예배하기를 원하시기 때문이다. 미디어를 통해 더욱 많은 스타일의 예배가 드려질 수 있다면, 아직 예배에 자신을 맞추지 못하는 사람들이나 마음이 닫혀 있는 사람들이 더욱 쉽게 예배의 자리로 나아올 수 있도록 도울 수 있을 것이다.

2020년 고난주간에 미디어로 특별새벽기도회를 진행했다. 미디어로 새벽기도회를 드리면서 발견한 유익은 새벽 시간에 예배에 참여하는 사람들이 늘어났다는 점이다. 또한 미디어 새벽기도회는 무엇보다도 교회로 오가는 이동 시간이 없기 때문에 기도에 좀 더 시간을 투자할 수 있다는 것이 큰 장점이었다. 오전 5시 30분에 시작한 기도회가 한 시간이 넘어 끝났음에도 예배 영상에 접속해 있는 사람들이 유지되었다는 것이 현장 예배로 기도회를 진행할 때와 큰 차이였다.

새벽기도회를 미디어로 진행할 수 있다는 것은 현대를 살아가는 그리스도인들에게 특별한 가능성을 제시해 준다. 새벽기도는 한국 교회의 독특하면서도 훌륭한 유산이지만 현대에 들어서는 그 의미가 점점 약해지고 있다. 농경 사회에서 출발한 새벽기도가 현대인의 삶의 방식에는 더 이상 어울리지 않는다는 이유 때문이다. 그러나 미디어 새벽기도를 통해서 삶의 방식은 달라졌어도 여전히 하루를 말씀과 기도로 시작하고, 또 하루의 일과 중에도 짬을 내어 영상으로 기도회에 참여한다는 것이 성도들의 영적 성장에 많은 도움이 된다는 사실을 다시금 발견하게 된다. 또한 정기적으로 매월 첫 한 주간은 같은 시간에 깨어 기도하자고 독려함으로써 경건의 습관을 기르고 있다. 비록 현장에 와서 예배하는 횟수는 줄었더라도 미디어 새벽기도회는 교인들에게 영적 긴장감을 불러일으키고 하루를 말씀으로 시작하며 삶 속 깊숙이 말씀이 뿌리내릴 수 있도록 하는 큰 가능성을 지니고 있다.

코로나19 이전 교회 기도실은 대부분 '중보기도 팀'을 중심으로 운영되어 왔다. 하지만 누구에게도 개방할 수 없었던 기도실을 모든 사람에게 열어 놓게 되었다. 이전처럼 많은 인원이 기도할 수 없고, 방역 수칙에도 어긋나지 않기 위해 오로지 4명만 들어가는 기도실을 운영하게 된 것이다. 그렇게 해서 'Pray On 365' 운동이 시작됐다. 매일 오전 10시부터 오후 10시까지 전 교인이 릴레이로 기도하기 시작한 것이다. 전 교인이 같은 자리에서 기도함으로써 모두가 한 공동체의 일원임을 느끼게 하는 소중한 기회를 제공해 주었다. 코로나19가 아니었다면 묵상과 기도가 전 교인들을 대상으로 확장될 수 있었을까?

둘째, 세대 간 개별화되어 있던 예배를 다시 '온 세대 예배'로 전환할 기회를 맞이한 것이다. 그동안의 예배는 세대별로 철저하게 분리되었다. 미취학 아동, 아동, 청소년, 청년, 장년, 요즘에는 시니어까지 다양하게 나뉘었다. 이러한 선택은 연령에 맞는, 그 세대의 문화에 적합한 예배를 드릴 수 있는 장점이 있었다. 특히 교회가 아이들을 신앙적으로 교육할 수 있는 장을 만들어 주었다는 점에서 긍정적인 효과가 있었다. 하지만 그 반대급부로 세대 간의 단절이 일어났고, 신앙이 함께 공유되지 못하며, 아이들을 신앙으로 교육해야 하는 부모의 책임을 면제해 버리는 부작용도 있었다.

이런 상황에서 코로나19가 가져온 유익 중의 하나는 가족이 함께 예배할 기회를 제공했다는 것이다. 현장 예배가 완전하게 통제되어 모두가 미디어로 예배할 수밖에 없던 때, 오히려 오랜만에 혹은 처음으로 온 가족이 모여 예배하는 은혜를 누릴 수 있었다는 고백들이 들려왔다.

이것이 무엇을 의미할까? 바로 특정 세대만을 위한 예배뿐 아니라, 예배를 위해 온 가족이 모이고 함께 말씀을 듣고 기도하며 은혜를 나눌 수 있는 예배가 필요하다는 것이다. 이런 예배를 통해 부모와 자녀의 신앙이 함께 성장할 수 있다. 부모는 자녀를 신앙 안에서 교육하는 법을 배워 가고, 자녀는 부모의 신앙을 가까이에서 보고 배울 수 있기 때문이다.

온 가족이 함께 예배하는 것은 현장에서 예배할 때만이 아니라 이런저런 이유로 교회에 나오지 못해 집에서 예배드릴 때 더 큰 장점이 있다. 혼자 미디어로 예배하는 것이 익숙하지 않은 경우에 가정에서 예배의 분위기를 형성할 수 있다면 모든 구성원이 함께 예배로 몰입할 수 있을 것이다. 또한 예배 중 기도 시간에 부모가 자녀를 위해 기도하는 순서를 편성할 수도 있으므로 가족 구성원 간의 신앙적 유대감이 강화될 것이다.

■ 온라인 예배에 익숙해져도 괜찮을까

코로나19로 인해 우리는 많은 예배를 온라인으로 드리고 있다. 시간과 공간을 초월해 어디서든 접할 수 있는 온라인 특성상 자신이 한가한 시간에 예배를 드리는 성도들도 늘어나고 있다.

그러다 보니 현장 예배를 드릴 때보다 예배에 대한 성도들의 열정과 헌신, 그리고 절실함이 점점 옅어지고 있다. 예배가 우선순위에서 밀려나는 것이다.

온라인으로 예배하는 것이 단순한 '편의주의'에 몰드는 것이라면 상당히 경계해야 할 측면이 있다. 예배는 어디까지나 하나님과 우리 사이에 있는 인격적 약속에 근거한다. 당연히 지켜야 할 예의와 상대를 향한 배려가 있어야 한다. 존중의 표시에는 일정한 규율과 예식을 포함해야 한다. 아브라함 J. 헤셸(Abraham J. Heschel)은 그의 저서《안식》에서 이렇게 말한다.

"부단한 금욕생활도 안식일의 정신을 심하게 꺾을 수 있지만, 경거망동은 안식일의 정신을 아예 말살하고 만다. 창으로는 보석을 세공할 수 없고, 보습으로는 뇌를 수술할 수 없다. 안식일은 기분전환이나 쓸데없는 짓, 불꽃놀이나 재주넘기를 하는 날이 아니다. 안식일은 갈가리 찢어진 삶을 수선하고, 시간을 낭비하는 것이 아니라 집중하는 날이다. 존엄성을 상실한 노동은 불행의 원인이고, 정신이 없는 휴식은 타락의 원천이다. 실로, 금지 조항들이 있었기에 안식일의 위엄은 천박해지는 것을 면할 수 있었다."

하나님은 우리가 '어디에서'라는 장소의 문제보다 정해진 시간에, 바른 자세와 마음으로 드리는 것을 기뻐 받으신다. 이것이 바로 오늘날 영과 진리로 예배드리는 것의 참된 의미일 것이다. 이때 누리는 예배의 감격이 우리가 삶에서도 예배할 수 있도록 우리를 지탱해 줄 것이다.

Chapter 3.

설교의 변화

■ 코로나 시대가 가져온 변화

현대 사회에서는 '정보의 전달'을 위한 매개체가 빠르게 변화했다. 과거에는 문자로 정보를 전달했지만, 기술의 발전함에 따라 현재는 영상이 가장 강력한 정보 전달의 수단이다. 미디어를 다루는 데 익숙한 미디어 세대는 자신이 필요로 하는 정보를 영상에서 빠르고 정확하게 찾아낸다. 이미 우리는 영상으로 정보를 전달하는 시대의 한가운데에서 살아가고 있는 것이다.

이런 상황에서 코로나19가 교회에 가져온 가장 큰 변화 중 하나는 설교의 영역이다. 설교의 중요성이 그 어느 때보다 커졌다. 미디어의 파도를 타고 한 번의 설교가 불특정 다수에게 들려지기 때문이다. 그야말로 '설교의 홍수' 시대에 우리는 살고 있다.

얼마 전 《목회와 신학》에서 "코로나19 시대에 온라인 설교 사역은 어떻게 바뀌었는가"에 관한 원고를 요청해 왔다. 그 덕분에 코로나19로 인해 설교에 어떤 변화가 있었는지를 곰곰이 생각해 보게 되었다. 그러나 아무리 생각해도 설교를 준비하는 방식에서는 코로나19로 인해 그 어떤 변화도 없었다. 변화가 있다면, 준비 방식이 아닌 '전달 방식'에 변화가 있었을 뿐이다.

설교의 준비나 방식은 설교자가 가지고 있는 '목회 철학'에 따라 달라지기 마련이다. 나에게 있어서 설교는 '설득'이다. 변하지 않는 말씀의 진리를 변하는 세상 속에 살고 있는 사람들이 살아 내도록 '설득'하는 것이 설교이기 때문이다.

만나교회는 이미 10년 전에 주일 예배 라이브 스트리밍 서비스를 시작했고, 4년 전에 온라인상에서 미디어교회를 개척한 상황이었기에 코로나19로 인한 온라인 상황이 설교의 변화를 가져다준 것은 거의 없었다고 보는 것이 맞을 것이다. 하지만 설교를 듣는 대상인 성도들의 대부분이 교회에 올 수 없는 중에 말씀을 전해야 하는 상황이 효과적인 설득의 방법을 고민하게 만들었다.

결국, 온라인 시대에도 하나님의 말씀을 가지고 교인들을 '설득'해야 한다는 기본적인 전제에는 변화가 없다. 하지만 무엇이 '효과적'인가를 물을 때, 만나교회 설교자로서 견지하고 있던 설교 철학이 '효과적인 설득'이란 무엇인가에 대해 고민하게 만든다.

온라인 시대 설교의 가장 큰 고민은 소통의 대상이 없이 홀로 감정이입이 되어야 한다는 것이다. 처음 비대면 예배를 드리던 때의 기억이 생생하다. 텅 빈 예배당에서 카메라만을 응시하며 설교해야 했던 때의 황당함. 무엇보다 말씀을 듣는 사람들의 반응을 볼 수 없고 소통할 수 없다는 것이 답답하게만 느껴졌다. 설교자로서 생각하는 '설득'이란, 늘 '소통의 방법'을 통해서 실현되는 것이었으니 말이다. 소통은 쌍방의 감정이입을 통해 일어나는 일인데 소통이 없이 일방적인 전달이 되었으니 난감한 일이었다. 설교 시간의 호응은 영적 깊이로 들어가는 윤활유와 같은 것인데, 그 흐름이 막혀 버린 것이다. 이제는 홀로 말씀의 깊이 속으로 들어가 그 감성을 성도들과 나눠야 하는 상황이 되었다. 우리가 드리던 예배와 설교는 언제나 생방송이다. 온라인 시대라고 설교 도중 부족감을 느낄 때, 설교를 끊고 중간에 다시 할 수 있는 것이 아니다.

가장 효과적으로 하나님의 말씀을 전달하는 방법은 오롯이 설교자의 몫이 되어 버렸다. 홀로 그리고 먼저 설교의 감정에 충실하기 위해 더 기도하고, 원고에 더 충실하고, 더 시간을 들여 준비하는 것 말고는 더 이상 효과적인 방법은 없다.

소통의 대상이 사라져 버린 시대에, 어떻게 하면 온라인 설교에서 성도들의 집중을 끌어낼 수 있을까? 이 질문에 대한 대답 역시 설교를 어떻게 정의하느냐에 따라 많은 차이가 있을 것이다. 단순히 설교를 말씀 선포의 기능이라고 생각한다면, 눈에 보이지 않는 성도들에게 준비된 말씀을 전하고 선포하면 될 일이다. 하지만 설교를 '설득'으로 정의하는 목회 철학을 가지고 있다면 '소통의 과정'이 무척 중요하다. 코로나19 이전에도 설교 중에 교인들의 의견을 묻고 대답하거나, 설교 후에 자연스럽게 마이크를 들고 말씀에 반응하게 했던 이유는 설득의 결과를 확인하기 위함이었다.

온라인 시대의 확인은 온라인상에서 성도들의 반응을 유도하는 일이다. 무엇보다 온라인으로 소통할 수 있는 채팅창을 열어 놓고, 누구든지 자기 생각을 나눌 수 있도록 하는 것이며, 방해받는 성도들에게는 자연스럽게 창을 닫도록 안내한다. 온라인 시대의 장점은 온라인을 통해 모든 성도에게 개별적으로 보다 선명하게 다가갈 수 있게 되었다는 것이다. 혼자 예배를 드리는 청중들은 설교자를 일대일로 만난다는 느낌을 받을 수도 있기 때문이다. 이외에도 설교를 듣는 사람들이 준비될 수 있도록 홍보와 안내 영상을 제작하여 돕는 것도 설교에는 유용한 수단이 된 듯하다.

새로운 시대에 모든 설교자가 공감하는 것이 있다. 이제는 설교를 동일한 공간에서 동일한 시간대에 동일한 사람들이 듣는다는 일반적인 공식이 깨졌다는 것이다. 그러나 가장 중요한 소통과 공감의 공간이 사라졌음에도 불구하고, 이제는 언제, 어디서나, 누구와 함께라도 말씀을 들을 수 있는 장이 열렸다.

설교자로서 설교를 통해 하나님의 말씀으로 사람들을 변화시키는 기회의 장이 넓어진 것은 커다란 축복이다. 무엇보다 온라인 설교 환경에서는 자신의 설교가 모든 사람에게 공개되고 계속 남아 있다는 것을 인식하는 것이 중요하다. 즉 자신이 한 설교에 대한 책임성이 더욱 커졌다는 말이고, 그만큼 성실하고 진실하게 준비하지 않으면 안 된다는 것이다.

무엇보다 온라인상에서 행해진 설교는 무방비 상태로 공간을 떠

돌아다니며 지워지지 않고 기록이 된다는 점에서 정직성, 성실성이 필요하다. 온라인 설교는 우리 교인들만을 위해서 하는 설교가 아니라, 타교인과 비기독교인들도 접근할 수 있기에 더욱 '배려'하는 의식이 필요하다.

■ 다양한 시도를 펼치다

설교가 미디어라는 형태로 기록되는 현상은 목회자들로 하여금 건강한 경각심을 갖게 했다. 그동안 담임 목사가 아닌 교회학교나 다른 부서를 담당하는 목회자들의 설교는 해당 부서의 예배에 참여하는 공동체만 들을 수 있었다. 그러나 코로나19로 인해 모든 예배가 영상으로 남게 되고 부서의 예배가 모든 이에게 공개되는 상황이 되면서, 이제 모든 목회자는 목회자로서의 역량을 키우고 예배와 설교를 질적으로 향상시켜야 한다는 부담감을 느끼게 되었다. 설교의 다양성과 창의적 전달을 고민하면서도 설교자로서의 역량을 갖춰야 하는 지금의 상황은 한국 교회의 미래를 준비하는 젊은 목회자들이 성장하고 배우는 기회로 작용할 것이다.

미디어를 통한 설교는 철저하게 하나님의 관점에서 성경적으로 준비되어야 하지만 동시에 효과적 전달이라는 측면에서는 창의성이 고려되어야 한다. '어떻게 하면 좀 더 효과적으로 말씀의 진리를 소통하고 전달할 수 있을까?' 하는 고민을 가지고 변할 수 없는 원칙의 기반, 즉 '철저하게 하나님의 관점에서' 그리고 '청중의 입장'

에서 준비하고 기획하고 설교해야 한다.

첫 번째로 시도한 것은 대화체 설교다. 창의적인 설교를 위해 먼저 전달하는 방식을 다양하게 시도해 볼 수 있다. 만나교회에는 '토크(talk) 설교'가 있다. 목회자 한 사람을 통해 일방적으로 전달하는 것이 아니라 초대된 신앙인과의 '대화'를 통해 그 삶에서 일하신 하나님을 선포한다. 하나님이 한 신앙인의 삶을 통해 말씀하시고 일하시는 과정을 나누며 청중은 우리의 생각보다 크신 하나님을 발견하는 시간을 가지게 된다.

물론 이러한 시도는 훨씬 더 많은 시간과 노력이 필요하다. 설교 원고를 준비하는 것만큼이나 세심하게 대화 내용을 정리하고 요약할 수 있어야 한다. 설교는 언제나 '생방송'이므로 도중에 "다시!"를 외치며 되돌릴 수는 없다.

또한 토크를 통해 교인들은 자신들과 같은 성도들의 이야기를 들으며 공감하고 격려를 받을 수 있다. 토크는 쉽게 만날 수 없는 유명인을 초청하는 것도 좋겠지만, 아주 평범하지만 진솔한 신앙의 이야기를 나누는 것이 힘이 있다.

두 번째는 함께하는 설교다. 코로나19 시대에 미디어 예배가 보여 준 가능성은 많은 사람이 다양한 설교자들의 설교를 접할 수 있도록 했다는 것이다. 이미 온라인상에는 수많은 설교자의 설교가 있다. 그렇지만 우리 교회, 우리 공동체의 목회자가 나에게 전하는 설교의 의미가 남다를 수밖에 없다.

TV 프로그램을 보면, 메인 MC와 보조 MC가 있고, 게스트가 있다. 단독 MC가 혼자 채우지 못하는 부분을 다른 사람들과 함께 조화를 이루며, 더 나은 방송을 만들려는 노력일 것이다. 설교 역시 이제는 일방적 전달 방식이나 혼자서 모든 것을 감당하기에는 무리가 있지 않을까? 영상을 통해 접하는 상황이 그러한 진부함과 지루함을 더하게 할지도 모른다. 사역자들이나 평신도들이 함께 만들어 가는 설교로 그런 진부함을 피하는 것이 가능하리라는 생각이 든다.

만나교회에는 '묵상 팀'이 있다. 일반적으로 교회에서 운영하는 평신도들의 모임이 아니다. 이들은 매주 모여 설교자의 설교 원고를 미리 읽고, 자신들의 생각을 나눈다. 그리고 설교자에게 자신들이 나눈 묵상을 피드백한다. 이제 설교자는 그 피드백 된 묵상 글을 가지고 설교에 적용하고, 예배 시간에 다른 성도들과 함께 설교를 통해 나눈다. 그 순간, 설교는 일방적인 설교자의 소리가 아니라, 하나님의 말씀에 반응한 청중의 소리도 함께 담아내고, 공감하고, 결단하게 만드는 것이 된다.

2020년 가을, 변화산 특별새벽기도회 설교 시리즈 〈Believe〉에서 부교역자들과 함께 사도신경을 주제로 말씀을 전했다. 한 공동체를 섬기는 담임 목사와 목회자들이 그 공동체의 성도들을 향한 하나님의 말씀을 나눔으로써 공동체성을 강화하고, 다양한 설교자의 입술을 통해 하나님의 말씀이 더욱 풍성해지는 경험이었다.

2021년에는 사도행전을 기초로 한 〈성령님과 함께〉 시리즈를 4명의 목회자가 함께 준비하고 설교할 예정이다. 설교마다 초반

5분 동안 다른 설교자가 문제를 제기하면, 담임 목사가 그 문제를 풀어 가는 형식이다.

비슷한 맥락에서 여러 명의 설교자가 한 예배에서 함께 말씀을 전할 수도 있다. 이는 금세 지루함을 느끼고 익숙해지기 쉬운 미디어 예배의 한계를 극복할 수 있으며, 설교를 한 사람의 이야기가 아니라 공동체의 고백으로 받아들일 수 있게 한다는 장점이 있다.

세 번째로 시도한 것은 강단 밖에서의 설교다. 미디어로 예배하면서 시도했던 새로운 설교 방식 중 하나는 바로 설교 영상을 사전 제작하는 방법이다. 만나교회는 한동안 성도들이 모일 수 없었던 시기에 주중 예배를 위한 설교 영상을 제작한 바 있다. 설교를 담당하는 목회자들이 예배 현장의 강단이 아닌 서재나 카페 같은 일상적인 공간에서 말씀을 전하는 영상을 제작하여 예배를 드렸다. 또한 설교의 배경이 되는 장소에 설교자가 직접 찾아가는 특별한 설교 영상을 제작하기도 했다. 교회학교는 고난주간에 한 수도원을 찾아 가상칠언의 말씀을 묵상하는 콘셉트로 예배를 준비하여 드리기도 했다.

이러한 시도는 예배에 참여하는 사람들에게 교회에 나오지 못하는 죄책감을 덜어 주면서도 설교자가 청중에게 다가간다는 느낌을 더 갖게 함으로써, 미디어로 예배하는 성도들이 미디어 예배의 한계를 극복할 수 있도록 도움을 준다.

강단을 벗어난 또 다른 형태의 창의적인 설교 방식으로 '설교를 품은 영상 콘텐츠'가 있다. 지금은 유튜브 콘텐츠를 통한 새로운 설교 메시지의 전달이 가능한 시대다. 전통적인 설교의 형식을 벗어나서 설교의 메시지, 복음의 메시지를 품은 다양한 형태의 영상 콘텐츠로 말씀을 전할 수 있다. 만나교회 청년부는 '문화살롱'이라는 콘텐츠를 제작하고 있다. 청년들이 접하는 영화, 드라마, 책 그리고 그 밖의 여러 문화적 요소들을 그리스도인의 관점에서 해석하고, 그 속에 숨어 있는 기독교적 메시지를 발견하여 함께 나눈다.

또 다른 방법으로는, 성도들이 말씀에 반응하고 말씀대로 살아내는 이야기들을 인터뷰 형태의 콘텐츠로 전달하는 것이다. 보통 이런 이야기나 메시지는 간증의 형태로 예배 시간에 이루어지는 경우가 많은데, 앞으로는 '인터뷰'라는 방송 콘텐츠의 형태로, 성도들의 간증과 더불어 그들의 삶을 향해 전하는 목회자의 생각과 마음을 담아낼 수 있을 것이다.

미디어를 통해 '설교'는 형태를 달리하여, 강단이라는 공간과 고정된 예배 시간을 넘어 청중들에게 다가갈 수 있다. 이런 설교를 품은 미디어 콘텐츠들을 적극적으로 개발하고 시도할 필요가 있다.

마지막 네 번째 시도는 공동체가 하나의 메시지를 품게 하는 것이다. 예배를 영상으로 드리게 되면서 예배를 미리 계획하고 준비하는 것이 더욱 중요해졌다. 이런 변화는 예배 기획의 측면에서 긍정적인 가능성을 제시해 주었다. 바로 교회의 예배를 모든 부서가 함께 준비할 수 있다는 점이다. 어린이부터 성인까지 모든 부서의 예배가 동일한 메시지로 예배를 준비하며, 말씀을 위한 자료를 공유하고 이를 교육으로 확장시킨다. 이렇게 되면 '온 세대 예배'를 드릴 때뿐 아니라, 각각의 예배를 드린 가족들이 모였을 때도 하나의 메시지를 가지고 서로의 생각을 이야기할 수 있는 조건이 마련된다.

결국, 교회에서의 예배 경험이 가정에서의 신앙교육으로 연결되는 것이다. 자녀가 이 세상에 선한 영향력을 펼칠 수 있도록 부모가 가정 신앙교육의 '주체자'이자 교회에서 제공하는 예배와 훈련의 '실제적인 교사'가 되면 된다.

■ 전화위복, 새로운 세상이라는 선물

지금은 효과적인 전달을 위해 설교를 영상으로 제작해야 하는 시대다. 이것은 단순히 주일 설교 영상만을 홈페이지나 유튜브에 올리는 것을 의미하지 않는다. 그것을 넘어서서 성도들에게 전달하고자 하는 교육, 훈련, 광고 등의 모든 것이 영상으로 전달될 수 있다는 것을 의미한다.

만나교회에서는 코로나19로 인한 비대면 사회를 살아가는 성도들을 위해 다양한 양육 콘텐츠를 준비하고 있다. 마음껏 여행을 갈 수 없는 성도들을 위해서 〈랜선 성지 순례 In JEJU〉 영상을 제작하여 성도들로 하여금 여행에 대한 갈증을 해소해 주는 한편, 성지순례 영상을 통해서 믿음의 사람으로 살아가는 것이 무엇을 의미하는지 함께 고민하도록 했다. 또한 성도들의 성서에 대한 궁금증을 풀어 주는 〈성서학당〉, 미디어로 진행하는 가정 사역, 상담 사역, 리더십 스쿨까지 광범위하게 이루어지도록 준비하고 있다.

코로나19로 인해 '코로나 블루'라는 신조어가 생겼다. 이 말은 '코로나19'와 '우울감(blue)'이 합쳐진 말로, 코로나19의 확산으로 일상에 큰 변화가 닥치면서 생긴 우울감이나 무기력증을 뜻한다.[5] 인간은 사회의 그물망 안에서 대상과 관계를 맺으며, 자기를 실현하는 사회적 존재다.[6] '비대면'이라는 새로운 세상이 열렸다고 해서 사회적 관계를 주춤거릴 여유가 없다. 성도들과의 만남은 온라인으로, 비대면 관계 안에서도 얼마든지 가능하다.

만나교회는 코로나19로 인해, 매 주일 설교로 만나던 교인들을 이제는 언제, 어디서나 만날 수 있게 되었다. 소통하고자 마음을 먹고, 말씀을 전하고자 마음만 먹으면 이제 시간과 장소의 구애를 받지 않는 엄청난 기회의 땅에 들어선 것이다.

코로나19 이전에는 교인들과 소통하기 위해 교인들이 교회에 모여야만 했지만, 이제는 정해진 시간을 공지하면, 각자가 있는 곳에서 담임 목사와 소통하는 시간을 갖게 되었다. 일명 〈삼. 담. 소〉(김병삼 담임 목사와 소통하는 시간)라는 이름으로 가장 많은 사람이 참여할 수 있는 주일 2부 예배와 3부 예배 사이에 라이브로 만났다. 더 큰 축복은 그 시간을 놓친 성도들도 언제든지 업로드 된 영상에 접근

---

5 정재영, 〈코로나 팬데믹 시대에 교회의 변화와 공공성〉, 제78회 한국실천신학회 정기학술대회, 제1발표, 2021, p.20.

6 이상현, 〈코로나 블루의 사회적 현상에 대한 목회상담적 고찰〉, 제79회 한국실천신학회 정기학술대회, 제16발표, p.476.

이 가능하게 된 것이다.

우리나라는 사회적 관계지수가 OECD 국가 중 최하위로, 멀어진 사회적 거리는 우울지수 상승, 심리적 안전망 붕괴로 이어질 수 있다고 한다.[7] 비대면 예배가 장기화되던 때, 성도들을 만나 격려해야겠다는 생각이 들었다. 일단 'Zoom(이하 줌)'이라는 화상회의 솔루션을 통해 매일 밤 약속된 시간에 성도들을 심방하는 것이다. 1월 초부터 시작한 줌 심방이 3월로 대단원의 막을 내렸다. 본래 성도들을 격려하기 위해 시작했는데 서로가 격려를 받았다. 얼굴을 보는 것만으로도, 그리고 코로나19 상황으로 아무것도 할 수 없는 것이 아니라 무엇이라도 할 수 있다는 것이 많은 용기를 주었다.

가장 중요한 성과는 연세가 많은 분들이 처음으로 줌을 사용하므로 온라인 사각지대에서 벗어나게 되었다는 것이다. 성도들을 목양하는 목회자들은 이번 기회에 리더들과 함께 성도들의 가정을 방문해 줌을 설치하고, 사용 방법을 알려 주었다. 경제적인 문제로 기기를 사용하지 못하는 성도들에게는 교회가 비용을 지불해서라도 온라인 환경으로 들어올 수 있도록 유도했다.

교회에서 신앙생활을 잘하면 세상에서도 가장 스마트한 사람들이 될 수 있도록 한 것이다. 코로나19로 인해 어쩔 수 없이 끌려가는 것이 아니라, 새로운 세상에 교회가 다시 한번 주도권을 가지고 변화의 세계로 이끌어 나가려는 것이다.

---

7 Ibid, p.478, 재인용.

코로나19가 끝나도 성도들이 이전과 같은 신앙의 패턴으로 돌아오지 않을지 모른다는 두려움이 교회에 찾아왔다. 그렇지만 두려움을 새로운 기회로 바꾸는 노력이 필요할 것 같다.

이제는 온라인과 오프라인 모두를 사용할 수 있게 지경이 넓어졌다. 2021년, 기존 만나교회 건물을 새롭게 사용하는 방법의 변화를 시도했다. 한 개 층을 모든 목회자와 교인들이 사용할 수 있는 장소인 '스튜디오 엠(STUDIO M)'으로 만든 것이다.

이러한 변화는 그동안 대형교회들을 중심으로 전문적인 미디어 사역이 이루어졌다면, 이제 모든 교회와 목회자 그리고 교인들이 사용하고 활용할 수 있는 미디어 공간이 필요하게 되었기 때문이다. 이전에는 교회가 성장하면서 자연스럽게 교육관을 건축하고 리모델링해 왔다면, 이제는 미디어를 활용할 수 있는 공간이 필요하게 되었다.

스튜디오 엠은 누구나 미디어로 사역하려는 사람들이 이용하는 곳이다. 간단하게 조작할 수 있는 장비를 가지고, 개인 혹은 2인, 3인 방송을 할 수 있다. 목회자는 이 방에서 혼자 성경 공부를 인도하고, 교인들을 온라인으로 심방할 수 있다. 부서의 평신도 리더들은 온라인을 활용해 회의와 교제 등 모든 영역에서 활발하게 움직일 수도 있다. 이제는 성경 공부도 온라인, 오프라인 그리고 녹화와 라이브로 진행되고 참여한다.

대면 예배라는 선 안에 갇혀 선 밖에 있는 영혼들을 향해 "이리 오시오" 하고 손만 흔드는 것이 아니라, 과감히 선을 넘어 그들과 연결되어야 한다. 많은 성도가 자의 반 타의 반으로 대면 예배의 자리를 떠나고 있는 이때, 성도들에게 복음을 들려주고, 그들이 받은 복음을 전하는 자로 살아갈 수 있도록 하기 위해서는 오프라인 영역 못지않게 온라인에 대한 준비가 필요하다.

이것이 바로 우리가 전하고자 하는 올라인 교회의 정신이다.

ALL LINE CHURCH

PART 2

코로나 & 포스트 코로나 시대를 위한 사역별 대안

예배	이종현 목사 (예배국장)
교회학교	박혜신 목사 (교육국장)
청년사역	김종윤 목사 (청년국장)
교구사역	정모세 목사 (목양국장)
양육	배윤주 목사 (양육 담당)
선교	김병윤 목사 (선교국장)
나눔	엄태호 목사 (나눔국장)
실제	한태수 목사 (영성훈련원 담당)

Chapter 4.

코로나19 이후 특별 새벽 예배를 늘렸더니,

코로나19 이전 출석 인원의 10배가 넘는 성도들이

새벽 예배에 참석하고 있다.

담임 목사의 설교 도중에 성도들이 쉴 새 없이 아멘을 외치고,

말씀에 대한 자신의 결단을 표현한다.

일주일에 단 하루, 주일에만 예배를 드리던 성도들이

일주일 내내 예배를 드리고 있다.

지난 2020년 초부터 지금까지 만나교회(이하 만나) 예배 중에 일어나고 있는 일들이다. 이 기적 같은 일들은 우리가 '선'을 넘기로 결단했을 때 이루어졌다.

본 장에서는 코로나19 위기 가운데 만나교회가 어떤 고민과 원칙

을 가지고 예배를 준비했는지 나눌 것이다. 여기서 제시하는 내용들이 모두에게 정답이 될 수는 없다. 그 이유는 지금 우리 앞에 놓여 있는 환경이 극도로 불확실하고, 저마다 마주하고 있는 삶과 사역의 자리가 다른 까닭이다. 그리고 가장 중요한 것, 교회의 규모도 다르기 때문이다. 인정할 것은 인정하고 시작하자.

"그건 만나교회가 대형교회니까 가능한 거지"라는 예상되는 비판에도 불구하고 만나교회의 치열한 고민과 시행착오, 그리고 열매들을 가감 없이 나누는 이유는 우리가 걸어온 과정과 예배를 준비하며 고수한 원칙이 단 한 사람에게라도 작은 인사이트가 될 수 있음을 기대하기 때문이다. 이제 두근거리는 마음으로 이야기를 시작하려 한다.

■ 예배가 멈췄고, 우리는 선을 넘기로 했다

하나님의 임재를 경험한 예배자들이
예수님의 말씀으로 훈련된 제자가 되어
성령의 능력으로 지역과 세상을 섬긴다.

이것은 만나교회의 사명선언문(Mission Statement)이다. 이것을 세 단어로 압축하면, '예배-훈련-섬김'이 되는데, 셋 중의 으뜸은 바로 예배다. 예배로부터 모든 사역이 출발한다는 의미다. 예배를 통해 하나님의 임재와 사랑을 충분하게 경험한 이들이 훈련을 통해 지역과 세상을 섬길 수 있게 된다. 결국, 우리가 예배하는 이유는 제자가 되어 세상을 섬기기 위해서다. 앞에서도 언급했듯이 만나교회는 선교 중심적인 교회이기에 사명선언문에도 그러한 정신을 반영했다.

성도가 예배의 자리를 지킬 때 하나님으로부터 오는 은혜와 능력을 공급받을 수 있고, 그렇게 하나님의 임재를 경험한 성도가 지역과 세상으로 흩어져 삶의 예배를 드림으로써 다른 이들의 영적 기지국이 될 수 있다. 예배가 멈추면, 곧 모든 것이 멈추는 것을 알기에 담임 목사는 역량의 70% 이상을 예배에 쏟고 있다. 그만큼 예배가 중요하기 때문이다.

2020년 1월, 코로나19가 세계 전역을 덮쳤다. 많은 교회가 상처를 입었다. 예배와 교제가 단절되고, 헌금이 급감했다. 영적, 물질적 대공황을 맞이한 것이다. 만나교회도 예외는 아니었다. 2000년 기독교 역사상 예배의 형식은 달라졌을지라도 예배가 중단된 적은 없었다. 처음 만나는 당황스러운 현실 앞에 고민했다.

"예배를 강행할 것인가? 아니면 전면 온라인으로 전환할 것인가?"

그러나 연일 확진자는 늘어났고, 계속되는 교회발 집단감염으로 한국 교회는 사회적 지탄의 대상이 되었다. 이에 만나교회는 성도들의 안전을 위해, 그리고 방역에 적극 협조함으로써 교회의 공적 역할과 사명을 다하기 위해 선제적으로 대면 예배를 중단하고 온라인 예배로 전환했다. 사실 만나교회는 코로나19 이전에도 온라인 예배를 병행해 왔다. 그러나 전면 온라인 예배로 드린 것은 교회 설립 후 처음 경험하는 일이었다.

이렇게 코로나19는 우리 안에 자리 잡고 있었던 '예배는 교회 건물에서 드려야 한다'는 인식의 선(線, line)을 넘게 만들었다.

■ 사도 바울이 오늘날 목회를 했다면?

지난 2020년, 교계에서 가장 많이 회자되었던 주제 중 하나는 단연 '온라인 교회'다. 코로나19로 인해 온라인 교회에 대한 관심이 증가했기 때문이다. 그러나 코로나19는 일종의 기폭제였을 뿐이며 이미 오래전부터 온라인 교회의 등장은 예견되었다. 몇 가지 통계자료를 살펴보자.

2019년 2월, 미국의 여론 조사 기관인 퓨 리서치 센터(Pew Research Center) 통계에 따르면 대한민국의 스마트폰 보급률은 95%로 세계 1위다.[1]

또한 디지털 광고 미디어 렙 나스미디어의 〈2020 인터넷 이용 조사〉에 따르면 한국인 모바일 인터넷 이용 시간은 주말 평균 3시간 5분이었다.[2] 즉 한국인 100명 중 95명은 스마트폰을 소유하고 있으며, 주말에는 하루에 3시간 5분을 모바일 인터넷에 접속하고 있다.

---

1 Kyle Taylor and Laura Silver, 〈Smartphone ownership Is growing rapidly around the world, but not always equally〉, Pew Research Center, 2019, p.3.

2 나스미디어, 〈2020 인터넷 이용자 조사 NPR〉, 2020, p.11.

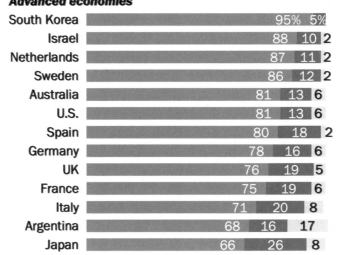

Smartphone ownership in advanced economies higher than in emerging

% of adults who report owning ...

■ A smartphone
■ A mobile phone that is not a smartphone
　 No mobile phone

Advanced economies

	Smartphone	Not smartphone	No mobile
South Korea	95%	5%	
Israel	88	10	2
Netherlands	87	11	2
Sweden	86	12	2
Australia	81	13	6
U.S.	81	13	6
Spain	80	18	2
Germany	78	16	6
UK	76	19	5
France	75	19	6
Italy	71	20	8
Argentina	68	16	17
Japan	66	26	8

미국 퓨 리서치 센터, 〈2019년 세계 각국 스마트폰 보급률 조사〉

　　우리의 성도들, 그리고 교회가 선교의 대상으로 삼아야 할 사람들은 매일 온라인에서 많은 시간을 보내고 있다. 그러므로 온라인 교회와 온라인 예배를 코로나19 위기에 대한 대응책 정도로 바라볼 것이 아니라 목회 현장에서 가장 유용하게 사용될 선교의 무기라는 적극적 차원으로 접근할 필요가 있다.

　　불가피한 상황이 아닌 이상 함께 직접 모이는 대면 예배가 중심

일 평균 인터넷 이용 시간

PC는 주중, 모바일은 주말에 이용량 증가

10-20대와 여성은 상대적으로 모바일 인터넷 이용이 두드러지며, 특히 10대는 주말 모바일 인터넷을 4시간 이상 이용함

[N=2000, 단위 : 분]

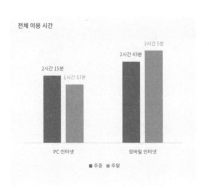

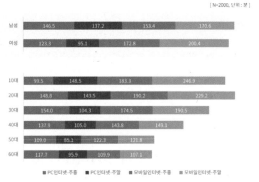

nasmedia

나스미디어, '미디어 이용 형태', 〈2020 인터넷 이용자 조사〉

● **또한 목회자들의 절반 이상이 코로나19 이후에도 온라인 예배 운영에 대해 고려하지 않는 것으로 나타남**

• 목회자들에게 코로나19 종식 이후 주일예배를 어떻게 드릴 것인지 질문한 결과, '대면 예배와 동시에 실시간 온라인 중계' 19%, '온라인 중계 안하고 예배 후 설교 영상만 온라인 제공' 23%, '온라인 활용하지 않겠다' 44%, '잘 모르겠다' 15% 등으로, 유보적인 태도를 취한 목회자까지 감안, 절반 이상의 목회자가 코로나19 이후에도 온라인 예배를 운영할 생각이 없는 것으로 나타남

[그림] 주일예배 시 온라인 운영 여부(예장통합 교단 목회자)   (%)

■ 현장 예배와 동시에 실시간 온라인 중계   ■ 온라인 중계 안하고 예배 후 설교 영상만 온라인 제공
■ 온라인 활용하지 않음   ■ 잘 모름

	①	②	③	④
코로나19 이전 주일 예배 온라인 운영	6	21	73	
현재 주일 예배 온라인 운영	25	14	61	
향후 주일 예배 온라인 운영 계획	19	23	44	15

*자료 출처 : 예장통합총회 '통합총회 소속 목회자 대상 포스트 코로나19 조사' 020.06.15.(예장통합 소속 교회 당회장 목사, 1135명, 모바일 조사, 2020.05.28~06.01)

목회데이터연구소, 〈코로나19가 신앙생활에 미친 영향〉

적인 예배 양식 모델이 된다는 것에는 변함이 없다.[3] 하지만 비대면 예배가 필수인 시대가 되었다. 그러나 온라인 예배의 도입을 주저하는 교회들이 여전히 많다. 목회데이터연구소 2020년 자료에 따르면 목회자들의 절반 이상이 코로나19 이후에도 온라인 예배 운영에 대해 고려하지 않는 것으로 나타났다.[4]

비극은 목회자들의 인식이 성도들의 생각과는 다소 동떨어져 있

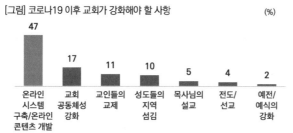

코로나19 이후 **교회가 강화해야 할 사항,**
'온라인' 이 압도적 1위

- 코로나19 이후 교회가 중점적으로 강화해야 할 것이 무엇인지에 대해 질문하였는데, '온라인 시스템 구축/온라인 콘텐츠 개발'이 47%로 압도적으로 높았고, 다음으로 '교회 공동체성 강화' 17%, '교인들의 교제' 11%, '성도들의 지역 섬김' 10% 등의 순으로 나타남

[그림] 코로나19 이후 교회가 강화해야 할 사항   (%)

온라인 시스템 구축/온라인 콘텐츠 개발	교회 공동체성 강화	교인들의 교제	성도들의 지역 섬김	목사님의 설교	전도/선교	예전/예식의 강화
47	17	11	10	5	4	2

*자료출처 : 한국기독교사회문제연구원, '한국사회 주요 현안에 대한 개신교인 인식조사', 2020.10.14.(전국 개신교인 만19세 이상 1,000명, 온라인 조사, 2020.07.21.~29)

목회데이터연구소, 〈코로나19가 신앙생활에 미친 영향〉

3 민장배, 김병석, 〈포스트 코로나19 뉴노멀 시대, 예배의 시공간성에 관한 연구〉,《신학과 실천》, 한국실천신학회, 2021, p.67.

4 목회데이터연구소, 〈코로나19가 신앙생활에 미친 영향〉, 주간리포트, 2020, 69호, p.7.

다는 것이다. 위 자료에서 인용한 통계에 따르면, 성도들은 코로나
19 이후 교회가 강화해야 할 사항으로 온라인 시스템 구축과 콘텐
츠 개발을 꼽았다.[5] 이미 성도들의 인식은 선을 넘어가 있는 것을
확인할 수 있다.

　만약에 사도 바울이 이 시대에 목회와 선교 활동을 한다면 어떻
게 할지 상상해 보자. 장담하건대, 그는 분명히 상당한 구독자와 팔
로워와 그에 못지않은 많은 안티를 보유한 기독교 인플루언서
(influencer)로 활동했을 것이다.

2,000년 전 사도 바울

2021년 사도 바울

　우리 앞에 좋은 소식과 나쁜 소식이 놓여 있다. 나쁜 소식을 먼저
전하자면, 코로나19 위기는 아직 끝나지 않았다는 것이다. 회복에
오랜 시간이 걸릴 것이고, 회복 가능 여부도 불투명하다. 또한 언제
든지 제2, 제3의 팬데믹이 우리를 찾아올 수도 있다.

5　Ibid, p.6.

그러나 좋은 소식도 있다. 지금도 새롭게 시작하기에 결코 늦지 않았다는 것이다. 규모가 작은 교회도 잘 준비된 온라인 예배를 통해 선교 지평의 확장을 도모할 수 있다는 뜻이기도 하다.[6]

■ 선을 넘어 온라인 교회로

최근 온라인 교회에 관한 논의가 활발하지만, 사람마다 그 정의가 다른 것을 보게 된다. 만나교회가 온라인 교회의 정의를 내리기까지는 10년이 넘는 시간이 걸렸으며, 크게 네 단계를 거쳤다.

	1단계	2단계	3단계		4단계
	예배 라이브 스트리밍	미디어교회 출범	만나-미디어교회		만나교회 All Line
	2009년부터	2018년	2019년		2020년
만나 교회 & 미디어 교회	만나교회만 존재	미디어교회의 시작 만나교회와는 독립적 운영	만나교회와 미디어교회의 협력	코로나 19	만나교회 모든 사역의 온라인화
대상	해외에 거주하거나 질병 또는 직장 사정으로 현장 예배 참석이 어려운 성도	가나안 성도 & 개인 사정으로 현장 예배에 참석할 수 없는 성도	가나안 성도 & 개인 사정으로 현장 예배와 속회에 참석할 수 없는 성도		가나안 성도 & 만나교회에 등록한 모든 성도

6 김교민, 〈코로나19 상황에 대한 한국 교회의 대응과 선교적 성찰-'빅데이터-텍스트마이닝 기법'을 통한 과제 분석과 실천적 대응전략을 중심으로〉, 《장신논단》 VOl. 52, 2020.

주요 온라인 사역	온라인 예배	온라인 예배 온라인 소그룹 온라인 목양 (미등록자)	온라인 예배 온라인 소그룹 온라인 목양 (미등록자+등록자)	온라인 예배 온라인 소그룹 온라인 목양 온라인 심방 온라인 성경 교육 온라인 교회학교 온라인 분반공부 온라인 성경 통독 온라인 중보기도 온라인 선교 온라인 나눔 온라인 구제
채널 (플랫폼)	홈페이지	홈페이지 youtube vimeo kakaotalk kakaochanel facebook instagram	홈페이지 youtube vimeo kakaotalk kakaochanel facebook instagram	홈페이지 youtube vimeo kakaotalk kakaochanel facebook instagram zoom google meet naver smartplace
온라인 사역 주체	예배미디어 팀	예배미디어 팀 미디어교회 팀 신설	예배미디어 팀 미디어교회 팀 미디어교구 팀 신설	전 부서의 온라인 사역

1단계에는 예배 라이브 스트리밍을 전개했다. 만나교회는 십여 년 전부터 대성전에서 드려지는 예배를 홈페이지를 통해 실시간으로 볼 수 있는 시스템을 구축한 바 있다. 유학, 이민, 질병, 출산 등으로 인해 현장 예배에 참여할 수 없는 만나교회 성도들을 위한 배

려였다. 예배를 통해 하나님의 임재를 누리는 것이 모든 신앙생활의 첫걸음이기 때문이다. 또한 아직 기독교가 친숙하지 않은 이들이 조금 더 쉽게 복음을 듣게 하기 위해 온라인 예배를 통해 교회의 문턱을 낮추려는 목적도 있었다.

전통적인 교회에서는 찾아오는 성도들을 위해 그리고 그들과 함께 예배하지만, 선교적 교회는 예배를 드릴 수 없는 환경에 있는 사람들에게도 기꺼이 다가가 예배하도록 돕는 것이 중요하다.

2단계에서 온라인 교회가 본격적으로 시작되었다. 2018년 4월, 만나교회는 '미디어교회'라는 이름으로 독립적인 교회를 설립했다. 가나안 성도, 즉 크리스천이지만 개인적인 사정이나 교회에 대한 상처로 예배드리기를 멈춘 이들을 위해서다. 비록 교회 건물에서는 떠나 있으나 하나님을 떠난 것은 아니기에 그들을 위한 예배를 마련해야 했다. 만나교회의 성도들도 중요하지만, 예배조차 드리지 못하고 있는 많은 가나안 성도들 역시 하나님이 사랑하시는 영혼들이기에 우리는 한국 교회의 익숙한 개교회주의라는 선을 넘었다.

1단계까지는 성도들이 온라인을 통해 예배만 드렸다면, 2단계부터는 온라인을 통해 목양적인 돌봄까지 받을 수 있도록 시스템을 구축했다. 온라인을 통해 등록한 성도들을 소그룹으로 묶어 리더를 배정한 후 묵상을 함께하고, 기도 제목을 나누는 공동체를 제공했다. 얼굴 한 번 본 적 없는 이들이 온라인을 통해 역사하시는 성령 안에서 하나가 되는 귀한 경험이었다. 이들이 다시 오프라인 교회 공동체로 소속되는 것이 미디어교회의 목표였다. 이때 교회 내부적으로도 미디어교회 팀을 신설하여 운영하기 시작했다.

3단계에서는 독립적으로 운영되던 미디어교회가 만나교회와 하나로 합쳐졌다. 이전까지 미디어교회는 교회 담장 밖에 있는, 그래서 예배와 목양에서 소외되어 있었던 성도들을 섬겨 왔다. 그러나 만나교회 안에도 예배와 소그룹에 참여하지 못해 가나안 성도와 다를 바 없는 이들이 많이 있음을 발견했다.

이에 미디어교회를 운영하는 팀 안에 미디어교구 팀을 신설하고, '미디어동산'이라는 새로운 교구를 만들었다. 이로써 미디어교회는 만나교회의 담장 너머에 있는 성도들과 만나교회 등록성도 모두를 섬기는 교회가 되었다. 이에 관해서는 교구사역을 소개하는 장에서 자세히 다룰 것이다.

4단계는 현재 만나교회가 취하고 있는 형태로서 교회 조직 전체가 온라인 역량을 갖추는 단계로 2021년 현재 진행형이다.

코로나19로 인해 성도들이 모일 수 없는 초유의 사태가 발생했다. 장년/어린이 예배, 셀/목장/구역 모임은 물론이고, 중보기도, 양육과 훈련, 단기 선교, 노방전도, 복지시설 섬김 등 교회에서 진행되던 모든 사역이 멈췄다. 때문에 만나교회는 예배, 중보기도, 목양, 교육, 훈련, 선교, 나눔, 구제 등 교회가 하고 있었던 모든 사역을 온라인으로 전환했다. 이전까지는 미디어교회 팀에서 온라인 예배와 목양, 훈련을 담당했지만, 이제는 교회의 모든 부서와 모든 목회자가 온라인 사역을 하고 있다.

이 네 단계를 모두 거친 후에야 우리는 온라인 교회의 정의를 비로소 내릴 수 있었다. 온라인 교회란 "교회의 본질적인 기능인 예배, 선교, 교육, 봉사, 친교 등의 활동 전부 또는 일부를 온라인을 통해 수행하는 교회"다. 지금의 만나교회는 오프라인의 토대 위에서 모든 조직이 온라인 역량을 갖춘, 명실상부한 올라인 교회라고 할 수 있다.

■ 예배, 선을 넘다

이른 시기부터 온라인 사역에 대비하고 있었다고 해서 코로나19의 타격을 받지 않은 것은 아니었다. 우리 또한 아래 통계[7]에서 보여 주는 것과 같은 어려움을 똑같이 경험했다.

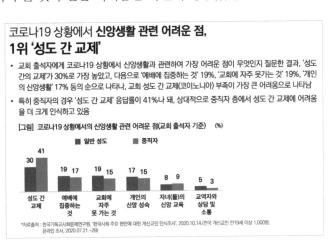

---

7   목회데이터연구소, 〈코로나19가 신앙생활에 미친 영향〉, 주간리포트 제69호, 2020, 69, p.5.

우리는 여러 가지 위기에 직면했다. 첫째, 비대면 예배의 위기는 공동체성의 붕괴를 초래했고, 집중하기 어려운 환경으로 인해 예배를 전쟁처럼 치르게 했으며, 참여도를 크게 낮추는 것으로 나타났다. 먼저, 코로나19로 인해 예배가 받은 가장 큰 타격은 공동체성의 붕괴였다. 사회적 거리두기 단계에 따라 비대면 예배를 드리는 때가 있고, 현장 예배가 허용된다고 해도 예배에 참석할 수 있는 인원에 제한을 두다 보니 대부분의 성도가 온라인으로 예배를 드리고 있다. 설교 전에 좌우로 고개를 돌리며 인사를 나누던 교우들이, 주일에 얼굴을 맞대고 한 주 동안 그리스도인으로 살았던 기억을 나누던 동역자들이 이제는 각자의 자리에서, 모니터를 바라보며 예배드리게 됨으로써 함께함을 느낄 수 없게 된 것이다.

게다가 많은 성도가 가정에서뿐만 아니라 일터나 카페나 야외에서 온라인 예배를 드리곤 한다. 성전에 비해 집중하기 어려운 환경이다. 특히 어린 자녀가 있는 가정의 경우에는 예배 시간이 전쟁이나 다름없다고 한다. 그러다 보니 예배와 설교의 흐름을 놓치게 되는 일이 많다.

성전에서 드리는 대면 예배보다는 온라인 비대면 예배의 참여도가 현저히 떨어지는 것이 사실이다. 예전에는 예배 시간에 찬양을 따라 부르고, 뜨겁게 기도하며, 적극적으로 참여할 수 있었지만, 온라인으로 예배를 드리자니 예배에 참여하고 있다는 느낌이 도무지 들지 않는 것이다. 온라인으로 예배드리면서 찬양 인도자를 따라 찬양을 하는 성도가 얼마나 될까? 아마 대부분 듣기만 할 것이다.

이 같은 예배의 위기를 경험한 예배 담당 교역자들은 깊은 고민에 빠졌다. 다양한 환경에서 예배를 드리는 성도들을 위한 기획은 막막할 수밖에 없었다. 막막함에 길을 내어 준 것은 바로 '소통, 일관성, 참여'라는 만나교회의 예배 철학이다. 세 가지 원칙을 지킴으로써 예배의 위기를 이겨 낼 수 있었다.

비대면 예배의 위기	만나교회 예배 원칙	새로운 시도
예배의 공동체성 붕괴	**소통** 예배는 소통이다. 하나님과 성도, 성도와 성도 간의 소통이 원활하게 이루어져야 한다.	• 실시간 채팅 (환영과 안부 인사) • 줌으로 함께 드리는 예배
집중하기 어려운 예배 환경	**일관성** 하나의 예배를 구성하는 모든 요소는 하나의 주제로 모아 성도들에게 전달되어야 한다.	• 예배를 구성하는 모든 요소가 하나의 메시지로 모아질 수 있도록 '기획'의 정교화 (부록1 참조)
현장성의 결여에 따른 참여 의식 저하	**참여** 예배를 준비하는 사람과 드리는 사람 모두 전심으로 참여해야 한다.	• 채팅을 통한 결단의 고백 • 온라인 성찬

첫째, 예배는 소통이다. 하나님과 성도 간, 그리고 성도와 성도 간의 소통이 원활하게 일어나야 한다는 의미다. 코로나19 이전에도 담임 목사가 설교 중에 성도들에게 마이크를 건네서 설교에 대한 반응을 묻기도 하고, 예배 중 성가대원들에게 OX피켓을 건네고 신

앙적 이슈에 대해 질문을 한 뒤 그 응답을 모든 성도가 볼 수 있게 하기도 했다.

예배 담당 목회자들은 비대면 상황에서도 소통할 수 있는 방법을 찾아야 했고, 그 답을 온라인에서 찾았다. 바로 온택트(ontact) 예배다. 온택트란 비대면을 일컫는 언택트(untact)에 온라인을 통한 외부와의 연결(on)을 접목시킨 개념으로, 온라인을 통해 소통하는 방식을 의미한다.

온택트 예배의 첫 번째 사례는 바로 '실시간 채팅'이다. 만나교회는 유튜브를 통해 정규 예배를 송출하는데 모든 예배에는 실시간 채팅을 운영하고 있다. 만나의 성도들은 채팅창을 통해 인사를 나누고 서로 안부를 묻는다. 담임 목사 역시 예배 중간에 직접 채팅에 참여하며 성도들을 환대하고, 인사를 건네는 일을 중요한 사역으로 여기고 있다.

도입 초기에는 많은 이가 채팅창 운영에 반대했다. 예배 중 채팅

설교 후 오픈 마이크를 통한 성도들의 반응

1시간 5분 5초 부터

온택트 예배 중 실시간 채팅

창에서 발생할 수 있는 돌발상황 때문이다. 실제로 안티 기독교인들이 들어와 욕설을 남기고 가는 경우도 있었고, 성인 사이트 광고를 하는 이들도 있었다. 가장 대응하기 힘든 사례는 악의는 없으나 지속적으로 질문을 남기는 경우다. 채팅창을 열어 놓고 예배하는 이들이 방해를 받기 때문이다.

그럼에도 불구하고 성도들이 은혜를 나누고 서로를 위해 중보하는 공간으로서의 실시간 채팅 운영을 중단하지 않았다. 시간이 점점 흐르자 채팅창 운영에 노하우가 생겨났다. 다수의 관리자를 선임하여 악의적인 채팅 글은 즉각 삭제하고, 예배와 관련 없는 질문은 카카오톡 채널로 문의를 돌렸다.

실시간 채팅의 가장 큰 특징은 기독교에 대한 비판 글이라고 해서 무조건 삭제하지는 않는다는 점이다. 일부러 시간까지 내서 찾아와 비판하는 이들은 우리의 적이 아니라 품어야 할 아픈 영혼이기 때문이다.

이제는 실시간 채팅이 완전히 정착됐다. 담임 목사의 설교 도중에 성도들이 쉴 새 없이 아멘을 외치고, 말씀에 대한 자신의 결단을 표현하고 있다. 예전 같았으면 상상도 할 수 없는 일들이 매주 채팅창에서 일어나고 있음을 보게 된다. 코로나19 이전에 비해 소통의 질적인 차원이 한층 높아졌다.

온택트 예배의 두 번째 사례는 화상회의 솔루션 줌을 활용하는 것이다. 모니터 상으로나마 사랑하는 동역자들의 얼굴을 마주 보며 예배를 드리는 것이 감동적이다.

아래의 QR을 스캔하면 영상을 볼 수 있다.

—
줌으로 드리는
온택트 예배

둘째, 예배는 일관성이 있어야 한다. 즉 찬양, 기도, 설교, 영상, 무대 연출 등 예배의 모든 요소를 하나의 주제로 수렴해야 한다는

나 주님만을 섬기리
헛된 마음 버리고

2021년 온라인 변화산 새벽기도회를 마치는 날,
실시간 채팅에 참여하여 결단을 고백하는 성도들

1시간 24분 30초부터

뜻이다. 온라인 환경에서 드려지는 예배는 한 시간이라도 모니터나 스마트폰으로 보기에는 상당히 긴 시간이다. 그렇기 때문에 예배 콘텐츠 기획이라는 것이 필요해졌다. 예배에 집중할 수 있도록 모든 요소를 하나의 주제로 통일하는 것이다. 예배를 마친 후 성도들의 가슴 속에 단 하나의 메시지가 각인될 수 있도록 하기 위해서 일관성에 모든 노력을 기울인다.

셋째, 예배자는 제물의 각을 뜨는 마음으로 참여해야 한다. 예배에 참석하는 성도는 그 누구도 구경꾼이 되어서는 안 된다는 뜻이다. 구약 시대에는 제물을 가져온 사람이 그 제물을 직접 잡았다. 그렇듯이 예배를 준비하는 사람이나 예배에 참여하는 사람 모두 힘을 다해 예배에 임해야 한다.

어떻게 하면 성도들이 온라인 예배에 적극적으로 참여할 수 있을까? 그 해결책을 찾는 데는 그간 실시간 채팅방을 운영해 온 오랜 경험이 큰 도움이 되었다. 예배는 하나님의 은혜 선포와 성도의 응답으로 이루어지는데, 찬양 인도자가 성도들에게 각자의 자리에서 결단하기를 요청할 때, 서로 떨어져 있는 예배자들이 채팅을 통해 자신의 결단을 쏟아내게 한 것이다. 성도들의 결단이 빠르게 쌓여가는 것을 보는 예배 참여자 모두가 큰 위로와 은혜를 경험한다.

또 온라인으로 성찬식을 거행하기도 했다. 매년 고난주간 성금요일이 되면 성전에 모여 예수 그리스도의 몸과 피를 나누는 성찬식을 가지곤 했다. 그러나 현장 예배가 중단된 시점에서 성찬식의 진행 여부를 결정하는 일은 결코 쉽지 않았다. 온라인 성찬에 관한 찬반 의견이 첨예하게 대립했기 때문이다.

성금요일을 며칠 앞둔 때까지도 결정을 내리지 못하던 중에 감리교신학대학교에서 예배학을 가르치는 박해정 교수의 짧은 칼럼을 읽게 되었다.

온라인 성찬식

56분 51초부터

"이미 지금의 교회는 온라인을 통해서 예배 공동체로 함께 예배하고 있는 상황인 것을 인식해야 한다. 온라인을 통해서 공동체성은 이미 형성되어 있다. 성찬을 통한 그리스도의 체현(embodiment)은 수찬자의 적극적인 참여로 충분히 경험될 수 있다. 성찬을 통한 그리스도의 신비는 성령 하나님의 역사와 수찬자의 소망을 통해서 경험된다."[8]

우리는 온라인 성찬에 관한 신학적인 논쟁의 선을 넘어서기로 결단하고, 2020년 고난주간 성금요일에 평생 잊지 못할 성찬식을 경험했다.

당시 실시간 채팅방으로 올라온 한 성도의 글을 소개하고자 한다.

"남편의 출근과 아이의 연습으로 새벽부터 무척이나 분주한 가운데서도 특별한 성찬에 참여하게 하신 주님께 감사드립니다. 제 손으로 직접 준비하는 성만찬은 처음이었고 또 이런 일이 있을지 알 수 없으나 믿음 없는 남편까지도 잠시나마 참여했던 성만찬을 잊지 못할 것 같습니다. 모든 것을 아시는 주님, 부족하지만 예배가운데 임재하셨을 것을 믿습니다."

그 외에도 전에 없던 다양한 시도를 했는데, 매월 첫째 주에 신설한 'Pray On' (온라인) 새벽기도회에 평소보다 10배나 많은 성도가 참

---

8 박해정, 〈코로나19 사태 온라인 성찬에 대한 소고〉, KMC NEWS, 〈http://www.kmcnews.kr/news/articleView.html?idxno=11470〉, 2020. 4. 7

여하여 큰 감격을 안겨 주었다. 성도들이 같은 시간에 각자의 처소에서 온라인을 통해 기도의 불을 밝힌 것이다. 성도들이 성전에 모이지 못하는 위기 상황을 오히려 기회로 해석하니 각자의 자리에서 기도의 불을 켜는 것이 가능하지 않을까 하는 생각이 들었다. 그 결과로 Pray On 새벽기도회가 시작된 것이다.

또 오스왈드 챔버스의 《주님은 나의 최고봉》을 가지고, 유튜브 트렌드에 맞추어 찬양과 함께 매일 묵상을 나누는 예배 콘텐츠를 10분 내외로 만들어 운영하기 시작했다. 코로나19로 신앙생활에 큰 위기를 겪고 있는 성도들과 매일 영적인 채움을 갈구하는 성도들이 손쉽게 접할 수 있어 '2022년 365 묵상'도 기획 중이다.

그리고 시도 때도 없이 드리는 예배라는 개념으로 '금요일 오후 4시, 찬양에 빠지는 시간', 약칭 '금.4.빠'를 기획했다. 음악부 목회자들이 코로나19로 모일 수 없게 된 음악부 봉사자들을 대상으로 진행한 찬양 콘서트다. 지금은 교회 공식 유튜브 채널에서 라이브로 진행하고 있다.

김병삼 목사의 매일 만나

찬양이나 가요를 3~4곡 부르는 가운데 성도들의 소소한 일상을 다루거나 교회의 중요한 공지 사항을 전달하기도 한다. 어려움을 겪는 성도들의 사업장을 소개하는 한편, 교회에 출석하는 인플루언서를 초청하여 통찰력을 나누기도 한다. 앞으로는 정규 예배 시간이라는 선을 넘은 이런 일상의 작은 예배를 담는 콘텐츠가 늘어날 전망이다. 그렇기 때문에 온라인 교회 콘텐츠를 고민하는 목회자라면 성도들에게 예배가 가장 필요한 순간이 언제인지를 늘 주의 깊게 살피고, 그에 알맞은 예배를 기획할 수 있도록 준비할 필요가 있다.

금요일 4시 찬양에 빠지는 시간 (금.4.빠) - 김유진 변호사 편

예배 팀이 예배를 기획하고, 준비하고, 실행하는 과정을 나누고자 한다. 먼저 예배 기획 팀의 조직도와 예배 기획 과정을 공개한다.

만나교회의 예배 기획 프로세스는 다음과 같다.

1) 6개월 전 설교 원고 미리 확보

성경별 또는 신학 주제별 시리즈로 예배를 진행하므로, 담임 목사의 설교 원고가 6개월 전에 미리 예배 팀에 전달된다. 이때 평신도로 구성된 묵상 팀이 성도의 입장에서 묵상한 내용이나 간증을 설교문에 더하기도 한다.

2) 예배 기획 회의

예배팀은 해당 시리즈를 어떻게 운영할 것인지에 관해 회의를 열어 시리즈의 전체 콘셉트를 정하고, 주제에 맞는 찬양을 선곡하는 등 성도들이 주제를 더 깊이 묵상하고 적용할 수 있도록 참여 요소를 구성한다.

3) 예배 기술 회의

시리즈에 관한 기획이 완성되면, 미디어 팀 소속 직원들과 예배 기술 회의를 연다. 이때 디자인 팀에서는 시리즈의 콘셉트를 잘 드러낼 수 있는 디자인을 만들고, 영상 팀은 전체 주제를 직관적으로 이해할 수 있게 돕는 설교 인트로 영상을 제작한다. 설교 인트로 영상은 찬양 인도자와 설교자의 동선을 가려 주는 역할을 하여 예배의 전체 흐름을 부드럽게 이어 주는 장점이 있다. 인트로 영상을 만드는 것이 여의치 않으면, 강단에 서는 사람들이 위치를 바꿀 때 커버 이미지를 넣어 주는 것도 한 가지 방법이다. 편곡 팀은 음악부 소속 연주자들과 성가대에 전달할 악보를 제작하고, 웹 팀에서는 이 모든 내용을 홈페이지와 앱, 그리고 각종 교회 SNS에 반영하여, 성도들이 현재 어떤 시리즈가 진행되고 있는지를 한눈에 알 수 있게 한다.

4) 무대 연출 준비

예배 2주 전에 영상 팀, 조명 팀, 음향 팀 등이 악기와 음향 장비를 미리 점검하고, 찬양 인도자, 싱어, 설교자, 성경 봉독자, 성가대 등 예배를 섬기는 모든 이의 동선을 체크하여 조명과 촬영 앵글을 결정한다. 만나교회의 예배는 생방송으로 진행되기에 모든 상황을 20명에 달하는 예배 팀 목회자와 직원이 모두 초 단위로 공유해야 한다.

5) 예배 보고 회의

예배 2주 전에는 준비된 모든 기획안과 큐시트를 가지고 담임 목사, 예배 팀, 목회지원 팀, 교구, 청년부 목회자가 한자리에 모여 최종 결정을 내리는 시간을 가진다. 여러 부서의 목회자들이 회의에 참여하는 것은 예배가 교회 사역의 중심이기 때문이다. 예배 보고 회의를 마치면 각 부서 참여자들은 해당 부서에 돌아가 회의 내용을 공유하고, 예배 흐름에 따라 본인들의 사역을 조정한다.

예를 들면, 만나교회에서 가장 큰 행사인 변화산 새벽기도회에 관한 기획안을 예배 팀이 보고하고, 그것이 통과되면 교구, 청년부, 교육부 등 각 부서가 기획안을 공유하고, 해당 부서에 맞게 구체화시키는 과정을 거친다.

6) 진행과 피드백

실제로 예배를 진행하는 순간이다. 특히, 주일 10시 예배의 경우, CBS TV를 통해 실시간으로 송출되기 때문에 예배 시간은 늘 긴장의 연속이다. 예배를 마친 후에는 잠시 모여 피드백 시간을 갖고, 특별한 행사가 진행된 경우에는 별도로 AAR(After Action Review) 문서를 작성하여 다음 기획에 반영한다. 같은 실수를 두 번 반복하는 것을 피하기 위해서다.

2021년도 주일 설교 계획(안) "Go Together"

작성일: 2021. 01. 08)

주차	날짜	교회력	시리즈 주제 및 특이 사항	설교제목	주차	날짜	교회력	시리즈 주제 및 특이 사항	설교 제목
1주	1월 3일	신년주일	하나님과 함께	1. 예배	27주	7월 4일	맥추 감사		5. 고집을 꺾지 않았더라면
2주	1월 10일			2. 묵상	28주	7월 11일			6. 친밀함의 장소가 없었더라면
3주	1월 17일			3. 공동체	29주	7월 18일	전도집회		
4주	1월 24일			4. 소명	30주	7월 25일			7. 그 사람, 마주치지 않았더라면
5주	1월 31일			5. 부르심	31주	8월 1일			8. 박해를 피해 도망하지 않았더라면
6주	2월 7일			6. 응답_WHB	32주	8월 8일			9. 계획대로 되었더라면
7주	2월 14일			7. 응답_세상과 이웃	33주	8월 15일			10. 불순종하며 순종하기
8주	2월 21일			조현철 목사 (자유 주제)	34주	8월 22일			11. 광풍을 만나지 않았더라면
9주	2월 28일		전반기 변화산 〈여호수아〉	1. 하나님의 전쟁	35주	8월 29일			12. 긴박함이 없었더라면
월	3월 1일			2. 하나님의 손끝	36주	9월 5일		후반기 변화산 〈은혜로 날다〉	1. 예수 안에 살기
화	3월 2일			3. 하나님의 지혜	월	9월 6일			2. 내려놓기
수	3월 3일			4. 하나님의 종	화	9월 7일			3. 울법에서 죽기
목	3월 4일			5. 하나님의 분배	수	9월 8일			4. 죄를 이기고 살기
금	3월 5일			6. 하나님의 구원	목	9월 9일			5. 하나님의 뜻 알기
토	3월 6일			변화산 셀레브레이션	금	9월 10일			6. 하나님만 바라보기
10주	3월 7일		예수님과 함께	1. 넌 누구냐	토	9월 11일			7. 한껏 즐기라
11주	3월 14일		(요한복음)	2. 무엇을 구하느냐	37주	9월 12일		믿음으로 함께	1. 당신의 믿음을 하나님께서 인정하실까요
12주	3월 21일			3. 어떻게 나를 아시나이까	38주	9월 19일		(믿음으로 항해하라)	2. 네 믿음이 둔하구나
13주	3월 28일			4. 나와 무슨 상관이 있나이까	39주	9월 26일			3. 너에게 믿음이 있는가
14주	4월 4일	부활주일		5. 거듭나다니 도대체 무슨 말씀입니까	40주	10월 3일	교회창립 기념주일		
15주	4월 11일			6. 있는 모습 그대로 오거라	41주	10월 10일			4. 교만은 불신앙이다
16주	4월 18일			7. 믿었더니 진짜구나	42주	10월 17일			5. 하나님을 믿음으로 믿음을 보이라
17주	4월 25일			8 다시는 죄를 범하지 말라	43주	10월 24일			6. 내적인 증거를 보이라
18주	5월 2일	어린이 주일		9. 누구의 죄 때문인가요	44주	10월 31일			7. 불신의 옷을 벗으라
19주	5월 9일	어버이 주일		10. 주를 위한 곳에서	45주	11월 7일		광야에서 함께	1. 가나안에서 만나는 광야
20주	5월 16일			11. 끝까지 사랑 하시니라	46주	11월 14일			2. 광야에서 흘리는 눈물
21주	5월 23일			12. 믿음 없는 자가 되지 말라	47주	11월 21일	추수감사		
22주	5월 30일				48주	11월 28일	강림절1		3. 광야 구덩이에서 시작된 구원
23주	6월 6일		성령님과 함께	1. 기다리지 않았더라면	49주	12월 5일	강림절2		4. 아무도 기억하지 않는 곳 광야에서 부르심
24주	6월 13일		(사도행전)	2. 나누지 않았더라면	50주	12월 12일	강림절3		5. 전 광야
25주	6월 20일			3. 인정에 굶주리지 않았더라면	51주	12월 19일	강림절4		6. 상실의 광야에서
26주	6월 27일			4. 스데반을 죽이지 않았더라면		12월 25일	성탄절		
					52주	12월 26일	송년주일		7. 믿음이 흔들리는 침체의 광야에서
						12월 31일	송구영신		8. 절망의 광야에서 피어난 꽃

만나교회 2021년 주일 설교 계획표

부활절 온 세대 예배

NO	순서 (RT)	시작(시:분)	RT(분)	RT(초)	내용	비고 (공유할 내용, 특이 사항 등)
1	예배 전 준비				16;45 BGM 송출(Mic Mute)	
2	예배 시작 영상	16:56	4	0	예배 시작 안내 영상 만나 스토리	
3	경배와 찬양	17:00	15	0	•경배와 찬양(싱어 : 인도자 포함 5명) - 멘트 : 인도자(1) 1' 1. 믿음의 세대(브릿지 없이) / 인도자(2) 3' 2. 무덤 이기신 예수 / 인도자(2) 2' - 살아계신 주 (입례ver.) 2' 3. 주님께 영광 (찬 165) D 3' 30" 4. 무덤에 머물러(연결, 찬 160 후렴만) Bb 2	밴드 + 색소폰 - 싱어 초등부, 마이블루 협력 - 율동 4명(마블 2, 어린이2) & 바닥에 보조교사1 명
4	목회 기도	17:15	1	0	목회기도로 마무리	
5	기도송	17:16	2	0	곡 '주기도문송' / 다같이 ㄴ 기도송 후 찬양 팀 하단	
6	특순	17:18	4	0	'주의 은혜라(손경민)' / 시니어 중창 4명 (김○○ 권사, 신○○ 권사, 최○○ 권사,박○○ 권사) 지휘. 신○○ 전도사, 반주. 진○○ 집사 ㄴ 특순 中 봉헌함 등단	- 무선 핸드 필요 - 봉헌 자막 송출
7	성경 봉독	17:22	2	0	성경 봉독: 마가복음 10:42-45 /류○○ 집사 가족(손유희, 43-44절)	손유희 영상
8	영상	17:24	0	30	설교 인트로 영상 ㄴ 영상 중 담임 목사님 등단	
9	설교	17:24	25	0	- Welcoming & 구두 광고 / 김병삼 목사 ㄴ 구두 광고 중 비움과 채움 이벤트 소개 및 시상 제목: 십자가, 세상을 바꾸는 힘 / 김병삼 목사	
10	결단/합심 기도	17:49	8	0	결단 곡 '험한 십자가 능력있네 + 살아계신 주'	
11	봉헌 기도/축도	17:57	2	0	담임 목사님	
12	축도송	17:59	3	0	결단 곡	
13	예배 후 마무리	18:02			결단 곡 후	

만나교회 부활절 온 세대 예배 큐시트

온라인 예배를 기획하면서 온갖 시행착오를 겪었다. 실패의 쓰라린 기억도 있지만, 만나교회의 실패가 다른 누군가의 표지판이 될 수 있음을 기대한다.

① Purpose(목적 의식)
목적을 분명히 하라

온라인 예배를 운영하다 보면 여러 가지로 신경 써야 할 부분이 많다. 매끄러운 화면과 음질로 주일 예배를 송출해야 하기도 하고, 상황에 맞는 은혜로운 콘텐츠를 만들어 내기도 해야 한다. 또한 예배와 신앙 콘텐츠를 교인들에게만 제공할 것인지 아니면 선교 도구로 활용할 것인지 등에 관해 의사결정을 해야 할 때도 있다. 특히 신생 교회에서는 선택과 집중의 과정이 반드시 필요하다. 인적, 물적 자원이 많이 투입되어야 하기 때문이다. 무엇보다도 담임 목사와 담당 교역자와 성도들이 함께 모여 온라인 예배의 목적을 공유하는 것부터 시작해야 한다.

② Professional(전문성)
장비보다 전문가가 먼저다

최근 관계를 맺고 있는 여러 교회를 다니며 미디어 컨설팅을 할 기회가 있었다. 온라인 환경에 적응하기 위해 미디어 시스템을 구축하려는 교회가 많았다. 그들을 바라보며 가장 안타까웠던 점은 실무를 담당하는 미디어 전문 인력이 없어 업체 선정은 물론 향후 운영에 이르기까지 목회자가 오롯이 그 역할을 감당해야 했던 것이다.

시설에 투자할 여력이 있는 교회라면 장비를 사는 일보다 미디어 전문가를 고용하는 것을 추천한다. 현재 있는 장비를 최대한 활용하고, 향후 장기 계획을 세울 줄 아는 사람을 보유해야 소중한 헌금이 낭비되는 일을 미리 방지할 수 있다. 그럼에도 불구하고 인력을 고용할 여력이 없는 교회가 많이 있다. 그런 교회들은 장기적인 안목으로 사람을 키워야 한다.

만나교회 미디어 팀은 미디어 전문 목회자를 양성하기 위해 2021년부터 교단 신학교인 감리교신학대학교와 MOU를 체결하고 대학원생을 대상으로 '만나 미디어 장학생' 프로그램을 운영하고 있다. 매 학기 5-6명을 선발하여 장학금을 지급하고 음향, 영상, 조명, 디자인, 웹 등 교회 미디어 전반에 대한 기본기부터 실무까지를 교육하는 과정이다. 잘 정착되어 교회 현장에 미디어 전문 사역들이 넘쳐나기를 소망한다.

③ Pivoting(전환의 기술)

거침없이 방향을 전환하라

트렌드는 빠르게 변화한다. 이 말은 성도들의 라이프스타일 역시 빠르게 변화한다는 것을 의미한다. 피보팅(pivoting)이란 원래 '축을

옮긴다'라는 뜻의 스포츠 용어인데, 코로나19 이후에는 사업 전환을 일컫는 중요한 경제 용어가 됐다. 제품, 전략, 마케팅 등 경영의 모든 국면에서 다양한 가설을 세우고 끊임없이 테스트하면서, 그 방향성을 상시로 수정해 나가는 과정을 의미하게 된 것이다.[9]

목회자들은 설교를 준비할 때 성도들의 삶의 자리를 치열하게 살피고 고민한다. 마찬가지로 온라인 예배와 콘텐츠를 준비하는 담당자 역시 성도들의 라이프스타일을 반드시 면밀히 살피고, 그때그때 전략을 수정해 나가야 한다. 그럼으로써 성도들이 볼 만한 콘텐츠를 생산해 내야 한다는 의미다.

④ Platform(플랫폼)

가장 적합한 플랫폼을 선택하라

온라인 예배를 송출하고 콘텐츠를 배포하기 위해서는 플랫폼을 거쳐야 한다. 자체 홈페이지를 운영할 수도 있고, 유튜브나 비메오(Vimeo), 카카오 TV 등을 활용할 수도 있다. 그렇다면 어떤 것이 가장 좋은 플랫폼일까? 그것은 바로 가장 많은 교인이 사용할 수 있는 플랫폼이다. 아무리 좋은 플랫폼이라도 교인들, 특히 나이 드신 어르신들에게 낯선 것이라면 최선의 결과를 낼 수 없다.

9 김난도, 전미영 외, 《트렌드코리아 2021》, 미래의 창, 2020, p.223.

⑤ People(참여자)

전달할 사람이 필요하다

온라인 예배는 성도들이 찾아서 들어와야 예배에 참여할 수 있는 구조다. 철저하게 끌어당기기(pull) 방식인 것이다. 그렇기 때문에 성도들의 자발성에 기대야 할 때가 많다. 그러나 예배 시간을 미리 알려 줄 리더가 있다면, 교회에서 제작하는 여러 가지 신앙 콘텐츠들을 배포해 줄 사람이 있다면, 성도들이 예배에 참석하거나 콘텐츠를 열람할 가능성이 더 커질 것이다. 물론 각 플랫폼에서 제공하는 알림(push)을 사용할 수도 있겠지만, 나와 함께 신앙생활을 하고 있는 동역자가 전달하는 것이 훨씬 강력할 것이다.

많은 교회가 온라인 예배 시스템을 갖추고 콘텐츠를 제작하는 데 열을 올리지만, 실제 조회 수를 보고 실망하는 경우가 있다. 그것을 방지하려면, 열심히 전달해 줄 사람을 세우는 것이 하나의 방법이다.

⑥ Pastoral Care(목양)

성도들은 잘 만든 콘텐츠보다 전화 한 통을 기억한다

온라인 교회를 운영하다 보면 주객이 전도되는 경우를 자주 보게 된다. 온라인 예배 및 콘텐츠를 열심히 준비하느라 정작 영적인 돌봄이 필요한 성도들의 요구에는 귀를 기울이지 못하게 되는 경우다. 성도들은 잘 만든 콘텐츠보다 자신을 위한 심방 전화 한 통을 더 기억하고 감사해 한다는 것을 잊어서는 안 된다. 어떤 상황에서도 성도가 먼저다. 무조건 사람이 먼저다. 그것이 바로 예수님이 일하신 방식이기 때문이다.

⑦ Prayer(기도)
하나님이 일하신다

코로나19 위기를 지나며 우울감을 경험하는 이들이 많다. 독박으로 육아를 전담해야 했던 이들, 직장을 잃거나, 사업장을 더 이상 운영할 수 없게 된 성도들 등 이루 말할 수 없이 많은 슬픈 이야기들이 들려온다.

목회자들이라고 다를까? 교회가 만난 초유의 위기 앞에 아무것도 할 수 없는 무능력을 경험한 목회자들이 부지기수다. 텅 빈 성전에서 외로이 설교하고, 생전 처음 보는 장비들과 시스템 앞에서 하염없이 눈물을 흘리며 자신의 부족함에 좌절하기도 한다. 애석하게도 현실은 우리에게 좌절할 틈마저 허락해 주지 않는다. 당장 달려가서 눈물을 닦아 줘야 할 성도들이, 영적 갈급함을 호소하는 영혼들이 많기 때문이다.

그러나 염려하고, 한 영혼에게라도 하나님의 마음을 들려주기 위해 몸부림치며 만든 예배와 콘텐츠는 성령님이 사용하신다는 것을 믿어야 한다. 그것을 믿지 않는다면 내로라하는 콘텐츠와 입담을 자랑하는 유튜버들 사이에서, 성도들의 시간을 사로잡는 여러 플랫폼 사이에서 어떻게 우리가 하나님의 말씀을 선포할 수 있겠는가?

우리의 힘과 능력이라는 선을 넘어 일하시는 주를 신뢰하며 오늘

도 눈물로 자신을 바치는 모든 목회자와 성도들에게 하나님의 은혜
와 평안이 넘치기를 기도한다.

Chapter 5.

교회학교
올라인 교회학교
| 박혜신 목사(만나교회 교육국장)

"코로나19 이후 교회학교 운영은 가능한가?"

이 질문에 "가능하다!"고 조심스럽게 대답해 본다. 이렇게 용기를 낼 수 있는 것은 만나교회의 교회학교 사역을 소개할 수 있기 때문이다.

만나교회 교회학교는 2021년부터 대면과 비대면 상황 모두에서 가능한 올라인 시스템을 운영해 오고 있다. 이는 오프라인이든, 온라인이든 자녀들의 신앙교육이 계승될 수 있도록 하기 위함이다. 그리고 그 결과는 교회에서 모였을 때와 동일하게 가정에서도 신앙교육이 될 수 있다는 것을 보여 주고 있다.

그렇다면 '교회는 필요가 없는가?' 아니다. 신앙교육의 주된 '장'이 달라졌고, 주체가 달라졌을 뿐이다. 그동안 자녀들의 신앙을 교회에게 위탁했다면, 이제는 가정에서 그 몫을 감당하게 되었다. 그러나 잘 생각해 보면 원래의 자리로 돌아간 것이다. 자녀의 신앙을 부모가 책임져야 하는 것은 당연한 것이기 때문이다. 그리고 교회는 부모가 그 역할을 잘할 수 있도록 적극적으로 도와야 한다. 코로나19는 이런 전환점을 한국 교회에 시사하고 있다.

사실 코로나19가 아니었다면, 한국 교회는 여전히 교회와 가정의 자리를 바꾸지 못했을지도 모른다. 2015년부터 '교회와 부모가 함께하는 신앙교육'이라는 목표를 가지고 지속적으로 부모에게 같이하자고 요청했지만, 꼼짝도 하지 않는 부모들을 목격했기 때문이다. 그러나 지금은 부모가 나서지 않으면 자녀들의 신앙교육이 가능할 수 없다. 조금이라도 부모를 움직이게 했다는 점에서 코로나19의 유익도 생각해 본다.

그래서 수많은 학자가 현시대를 가리켜 '위기가 기회'라고 외친다. 그리고 그 기회는 '변하지 않으면' 절대 얻을 수 없다. 그동안 '꼼짝' 안 했지만, 지금이라도 '꼼짝'한다면 그 결과는 달라질 것이다.

■ 풍년의 때에 흉년을 대비하듯 항상 준비하라

우리가 잘 아는 '요셉'의 이야기는 애굽 왕의 꿈을 해석해 주면서 절정에 이른다. 왕은 같은 맥락의 꿈을 두 번이나 꾸게 되는데 그 내용은 아름답고 살진 일곱 암소를 흉하고 파리한 다른 일곱 암소가 먹어 버리는 것이었다. 또한 무성하고 충실한 일곱 이삭을 가늘고 동풍에 마른 일곱 이삭이 삼켜 버리는 것이었다(창 41:1-7). 연거푸 꾼 꿈 때문에 애굽 왕의 마음은 매우 심란했고 그 꿈이 의미하는 바를 알고자 애쓸 때 감옥에 있던 요셉이 천거되었다.

놀라운 것은 애굽 왕의 꿈에 대해 요셉은 지체 없이 해석과 대안을 내놓았다는 점이다. 그는 다음과 같이 시작한다.

> 요셉이 바로에게 대답하여 이르되 내가 아니라 하나님께서 바로에게 편안한 대답을 하시리이다 창 41:16

요셉은 불안해하는 애굽 왕을 향해 하나님이 편안한 대답을 주실 거라며 안심시키고 있다. 그의 말은 "하나님이 그가 하실 일을 바로에게 보이심이니이다"(창 41:25)라는 것으로 이어지면서 꿈대로 행하실 하나님의 일을 확실히 한다. 그러나 요셉은 여기에서 그치지 않는다. "명철하고 지혜 있는 자를 택하여 7년의 풍년 동안 7년의 흉년을 대비하면 망하지 않을 것"이라는 대책(창 41:33-36)까지 주었다.

요셉의 말을 들은 애굽 왕은 명철하고 지혜 있는 요셉을 총리로 삼아 풍년의 때에 흉년을 대비하게 했다. 그 결과는 굉장했다. 애굽뿐 아니라 근동 지역 전체를 살렸고, 요셉의 '가족'이 애굽으로 내려와 '이스라엘 민족'이 되는 결정적인 계기가 되었다.

우리는 지난 수년간 다음세대 교회학교에 대한 염려와 걱정을 많이 해 왔다. 만나교회도 마찬가지다. 매년 성장했던 교회학교가 2010년도 연말 회의에서 0%의 성장률을 보고하면서 그때 처음 '저출산'을 언급했던 기억이 난다. 당시 교회학교는 이러한 사회적인 현상을 고려하여 사역자의 전문성을 키우는 것과 자녀들을 위한 전략적인 목회, 그리고 체계적인 행정 시스템을 구축했다.

다음 자료는 2018년 전반기 교역자 회의 때 제출한 것으로 교회학교가 변화에 어떻게 대응해 왔는지를 구체적으로 보여 준다.

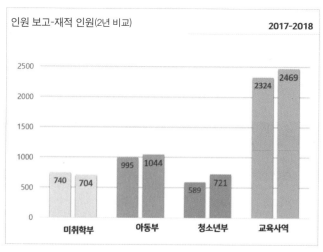

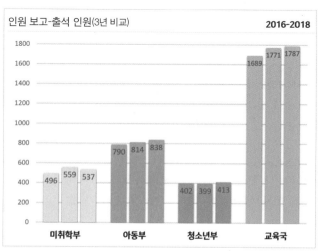

꾸준히 상승하던 재적 인원이 2018년부터 변화하는데, 바로 미취학 부서의 경우다. 교회학교 전체를 보았을 때는 증가했지만, 미취학부의 재적이 처음으로 줄었다는 사실은[10] 저출산이 심각하다는 것이고, 당연히 미취학부는 출석에도 영향을 받았다. 그리고 이 결과가 앞으로 아동과 청소년으로 이어질 것이라는 사실은 자명하다.

이에 교회학교는 다음과 같은 자료를 모아 비교 분석해 보았다. 2018년, 교회학교에 소속된 자녀들의 연령대와 해당 연도의 출생아 수[11]의 추이를 살피면서 대한민국 사회 현상을 분석하고, 지나온 시간 속에서 교회가 어떻게 반응해 왔는지도 함께 살펴봤다.

교육국 추이 설명(2018년 현재)								
연도	생애 주기	나이 학년	출생아수	사회 현상	교육국 공간	교육국 부서	교육국 사람	프로 그램
2000		19세-고3	64만	밀레니엄 베이비				
2001		18세-고2	60만				교육 목사 1명	한나학교 2001년
2002	청소년기	17세-고1	50만					
2003		16세-중3	50만					
2004		15세-중2	48만					
2005		14세-중1	44만	저출산 대책			교육 목사 2명	사무엘학교 변화산 개근 시상식

---

10 같은 해, 교역자 회의에서 장년부서가 보고한 내용에는 30-40대 장년이 느는 추세였다.

11 KOSIS(국가통계포털) 자료에 근거해 반올림한 수치다.

연도	구분	나이	출생아수					
2006		13세-초6	45만		전체 리모델링			
2007	아동기	12세-초5	50만	황금 돼지띠		부서 통합		세례 캠프 교사 어워즈 수험생
2008		11세-초4	47만			예수마을 신설		시리즈 예배
2009		10세-초3	44만					
2010		9세-초2	47만		공파 2층 리모델링			
2011		8세-초1	47만					
2012		7세	48만					
2013		6세	44만			유아부 신설	교육 목사 3명	
2014	미취학기	5세	44만					작은 제자학교
2015		4세	44만			마이블루 2부신설		
2016		3세	41만	메르스	영아/유아 리모델링		교육 목사 4명	아빠가 들려주는 성경이야기
2017		2세	36만		공파 3층 리모델링	교육국 통합		유아세례
2018		1세	33만	미세먼지				

2000년부터 2018년까지의 자료를 보면서, 꾸준히 감소하던 출생아 수가 2016년 대비 2018년에 41만에서 33만으로 급격히 감소했다는 사실에 크게 놀랐다. 앞으로 줄면 줄었지 더 늘어날 가능성이 없다는 것을 알기 때문이다.

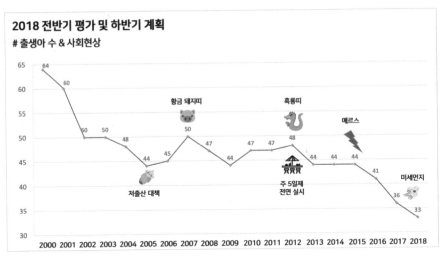

전반기 평가 및 하반기 계획 - 출생아 수와 사회 현상

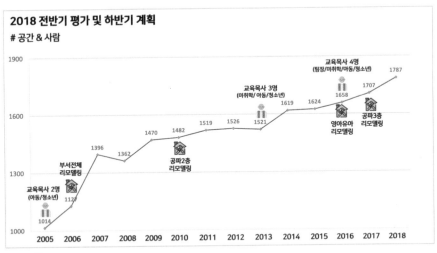

전반기 평가 및 하반기 계획 - 공간과 사람

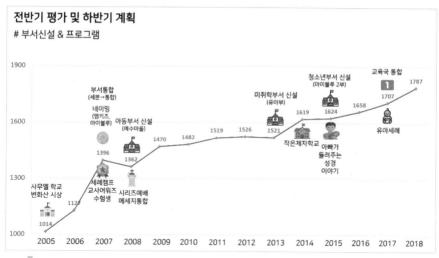

전반기 평가 및 하반기 계획
부서신설 & 프로그램

전반기 평가 및 하반기 계획 - 부서 신설과 프로그램

　감사한 것은 그동안 교회와 교회학교가 시류에 대응하며 꾸준히 변화해 왔다는 사실이다. 공간 리모델링을 네 번 했으며, 필요에 따라 새로운 부서를 신설하거나 조직을 통합하기도 했다. 또한 교육목사를 증원했고, 교회학교의 연령별 특성을 고려한 탁월한 운영은 선착순 등록 문화를 정착시킬 정도로 매력적이었다.

　하지만 이제 대한민국은 자녀들이 급격히 줄어드는 초저출산의 시대로 들어섰다. 이러한 흐름에 맞춰 담당 교역자는 다음과 같은 대안을 제시했다.

　첫째, 교회학교가 지속적으로 성장하려면 다음세대를 위해 환경과 사람에 대해 계속적으로 투자해야 한다.

　둘째, 양적인 성장을 기대하기보다 질적인 부분에 승부를 걸어야 한다.

셋째, 기회가 된다면 미취학부서와 아동부서에 대한 리모델링을 요청한다.

넷째, 부모와 자녀가 오프라인뿐 아니라 온라인상에서도 신앙교육의 접점이 이루어질 수 있도록 미디어 콘텐츠 개발과 활용으로 사역의 범위를 넓혀야 한다.

그리고 이에 대해 교회는 2019년에 미취학부(3개 부서), 아동부(2개 부서) 예배실을 리모델링함으로써 부모와 자녀의 접근이 용이하게 했고, 자녀들의 눈높이에 맞는 예배 환경을 마련해 주었다. 또한 사역자 11명 중에서 교육 목사가 7명이나 될 정도로 교육의 질을 높이는 데 주력했다.

그 결과, 2019년 연말에 긍정적인 보고를 할 수 있었다. 특별히 이때 '교육국 미디어' 사역에 대해 제시했는데, '교회와 부모가 함께 하는 신앙교육' 플랫폼을 온라인에서도 가능하게 하기 위함이었다. 이를 통해 교회학교 사역을 가정과 공유하고 은사 있는 성도들의 자발적 참여를 마련하고자 했다. 또한 교회학교가 오프라인뿐 아니라 온라인에서도 이루어질 수 있도록 사역의 범위를 넓히는 데 목적을 두었다.

다음 자료는 그때 제시한 내용으로 존 맥스웰의 'Plan Ahead'[12]에 따른 계획(검은색)과 그 계획에 따라 교회학교가 응답한 내용(파란색)이다.

---

12 존 맥스웰, 《리더십의 법칙 2.0》, 정성묵 역, 비전과리더십, 2019, p.120-121.

단계별 계획	내용
1. 필요한 변화를 미리 정하라	어떤 사역에 어떤 변화가 필요한가? 혹은 중점적인 사역을 어떻게 지속할 것인가? 교회학교 미디어 활성화 - '유튜브' (교회와 부모가 함께하는 신앙교육이 되기 위한 온라인 플랫폼)
2. 단계를 정하고, 우선순위를 조정하라	변화하려는 사역은 기존에 어떤 문제를 안고 있었는가? 이것을 해결하기 위해 어떤 단계로 변화를 진행할 것인가? ① 기술적인 문제(녹음/편집-전문 기술) 　→ 하드웨어나 소프트웨어로 상쇄 가능 ② 콘텐츠 개발의 제약(신앙교육) 　→ 원하는 것과 필요한 것의 간격 좁히기
3. 핵심인물들에게 통지하고, 받아들일 시간을 허용하라	① 변화에 관해 통지할 핵심 그룹은 누구인가? ② 이후 모든 사람이 받아들이도록 변화를 어떻게 알릴 것인가? ① 교회학교 교역자, 제작에 협력할 봉사자 ② 개발된 콘텐츠 꾸준히 제공
4. 행동에 돌입하고, 문제를 예상하라	① 언제 실행할 것인가? ② 변화를 진행할 시 예상되는 최악의 상황은 무엇인가? 　그 최악의 상황을 어떻게 대비할 것인가? ① 이미 진행되고 있음 ② 콘텐츠 제작에 필요한 봉사자 섭외 실패 　→ 봉사자에게 포트폴리오의 기회가 되게 함 ③ 원하는 것과 필요한 것의 간격이 넓어짐 　→ 지속적인 트렌드 분석 및 다양한 시도
5. 항상 성공을 가리키고, 매일 진행사항을 검토하라	① 변화가 잘 정착될 수 있도록 팀원들을 격려하라. ② 변화가 정착될 때까지 끊임없이 이야기하라. ① 교회학교 유튜브의 사역적 의미 부여(교역자, 봉사자) ② 교회학교 유튜브 홍보 - '구독'과 '좋아요'

바로 다음 해인 2020년에 코로나19가 발발했다. 우리는 교회학교 미디어 사역에 관해 제시했던 계획을 곧장 실행할 수 있었다. 흉년의 때와 같은 코로나19 사태에도 교회학교가 그 기능을 감당할 수 있었던 건 미리 준비했던 시간이 있었기 때문이다. 돌아보면 우리에게는 많은 사인이 있었다. 다만 그것을 애굽 왕처럼 심각하게 받아들였는지, 그 일을 위해 전전긍긍했는지, 편안하게 대답해 주시는 하나님의 음성에 반응했는지에 대한 여부에 따라 다른 결과를 낳는다.

구약의 이스라엘은 하나님의 백성이지만 그릇 행했고, 그 결과 심판을 받아 바벨론의 포로로 끌려갔다. 그들은 자신들이 목숨처럼 여겼던 예루살렘 성전이 불타 없어지는 것을 보았고, 또한 그들이 가증이 여기던 이방 나라에 살게 되었으니 몹시 슬펐을 것이다. 어떻게 기도해야 할지, 어디에서 예배드려야 할지 몰랐지만, 혹시라도 하나님이 그들을 구원하실까 노심초사하며 언제든지 고국으로 돌아갈 준비를 했다.

그런 그들에게 하나님은 예레미야를 통해 편지를 보내셨다.

"너희는 집을 짓고 거기에 살며 텃밭을 만들고 그 열매를 먹으라. 아내를 맞이하고 자녀를 낳아 자녀들로 결혼하게 하여 너희가 줄어들지 않게 하라. 바벨론에서 70년이 차면 너희를 돌보아 이곳으로 돌아오게 하리라. 너희를 향한 나의 생각은 평안이다. 재앙이 아니다. 너희에게 미래와 희망을 주는 것이다. 너희가 내게로 와서 기도하고 나를 찾으면 나를 만나리라. 나는 너희를 포로 된 중에서 다시 돌아오게 하리라"는 내용이었다(참조, 렘 29:5-14).

하나님은 당황스럽고 혼란한 위기의 시간에 함몰되지 말고, 오히려 미래를 준비하라고 이스라엘에게 말씀하신다. 그리고 정말로 그들은 70년 후에 다시 돌아오게 되었다. 그것도 그들의 부모 세대와는 달리 하나님의 백성으로서의 정체성을 갖춘 이들이 되어 돌아왔다. 우리가 잘 아는 총독 스룹바벨, 학사 에스라, 왕후 에스더, 그리고 느헤미야 같은 놀라운 인재들이 돌아온 것이다. 그러고 보면 하나님의 심판은 심판 자체가 목적이 아니라 그들의 백성을 새롭게 하시는 은혜의 통로다.

코로나19 사태가 하나님의 심판이라고 이야기하려는 것이 아니다. 심판을 뒤집으면 미래가 있으니, 심판처럼 느껴지는 흉년의 때에 미래를 준비하자는 것이다. 그 준비는 주어진 일상을 성실히 살아 내는 것이다. '이 사태가 끝나면 다시 돌아가겠지…' 하며 주저앉아 있을 게 아니라 변화에 적응하는 편이 낫다.

2020년 말, 교회학교는 교역자 회의에서 다음과 같이 제안했다.

첫째, 교회학교는 재적의 80%를 온라인에서 만나야 하는 상황 속에서 2021년 모든 사역을 올라인으로 준비한다.

둘째, 이를 위해 교회학교는 접근이 용이한 부서 조직으로 개편하고, '교회와 부모가 함께하는 신앙교육'이 될 수 있도록 가정과 연대한다.

셋째, 신앙교육의 내용인 예배와 훈련의 콘텐츠 기획, 전달 방법에 관한 꾸준한 연구를 통해 다음세대에 믿음의 유산을 이어 줄 수 있도록 최선을 다한다.

- 봉사자 발굴 및 동역

- 온라인 환경 구축(편집실/녹음실)

- 공유 오피스 플랫폼 활용

  (카카오톡 채널/구글 워크스페이스(Google Workspace) 등)

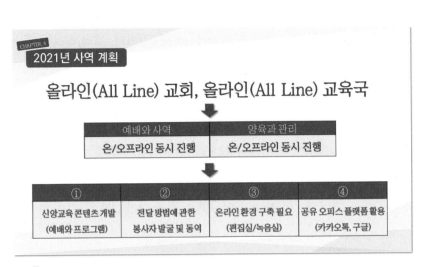

2021년 사역계획

실제로 교회학교는 2021년 조직개편을 통해 각 부서를 통폐합하여 온라인상에서 쉽게 접근할 수 있도록 했으며, 예배와 분반, 새친구 등록, 심방, 주중 신앙교육까지 온/오프라인에서 동시에 가능하도록 시스템화하여 가정과 연대하고 있다. 또한 교회학교 예배와 프로그램을 위해 온라인 환경을 마련 중에 있다(스튜디오 엠).

특별히 사역의 온라인화는 굳이 큰 예산을 들이지 않아도 된다.

구글 워크스페이스, 줌, 카카오톡 채널, 각종 SNS 등 사용할 수 있는 툴이 이미 많이 나와 있기 때문이다. 문제는 우리의 생각이다.

주일 예배 후 아이들과 '구글 미트(Google Meet)'[13]로 분반하자고 처음 제안했을 때, "좋아요"라고 대답한 교사는 거의 없었다. 그러나 새롭게 바뀌는 시스템을 익혀야 하는 과정에서 부서별로 연습하고 훈련하는 시간을 통해 "괜찮은데요"라며 인식이 바뀌기 시작했다. 교사들의 우려와는 달리 참여하는 자녀들과 부모들의 만족도가 높았기 때문이다. 교회학교의 사역 대상인 아이들이 디지털 세대라는 걸 간과했던 것이다. 시도하는 교사들은 불편했을지 모르나 아이들은 너무나 자연스러웠다.

그러므로 우리가 할 일은 변화된 일상에서 미래를 준비하는 일이다. 우리를 위한 하나님의 생각은 재앙이 아니라 평안이기 때문이다. 하나님의 생각 속에서 우리 일상을 성실하게 살아 내는 일, 그것이 오늘 우리가 해야 할 일이다.

■ 본질에 충실하라

트렌드 분석가 김용섭은 그의 책《프로페셔널 스튜던트》에서 미래가 되어도 금수저는 유리하고, 양극화는 더 심해진다고 말했다. 정부를 비롯해 모두가 애쓰긴 하겠지만, 생각보다 쉽지 않으니 여

---

13 구글에서 개발한 화상 통화 서비스

유 부리지 말라고 한다. 특히 로봇과 자동화 때문에 일자리가 사라지는 상황 속에서 개인의 위기는 더 심각하다고 한다. 그는 다음과 같이 말한다.

"어떤 상황이어도 자신의 가치를 발현하며 일을 할 수 있어야 하는데 그러기 위해서는 진짜 실력자가 되어야 한다. 조직의 힘, 경제 상황의 힘, 외부 변수가 아니라 자신의 실력 자체로 살아남을 수 있어야 어떤 위기에도 쓰러지지 않는다. 결국, 실력자는 '오리지널'이어야 한다. 자기만의 독자적 콘텐츠, 대체 불가한 것이 있어야 그게 없다면 실력자가 아니다"[14]

그의 말에 고개가 끄덕여진다. 태초부터 지금까지 오리지널인 하나님의 말씀은 여전히 역사하고 있기 때문이다. 아브라함을 부르시어 구원 프로젝트를 시작하신 하나님은 예수님을 보내심으로 그 약속을 이루시고, 지금도 성령님 안에서 당신의 일을 진행하고 계신다. 그것이 가능한 것은 '오리지널'이기 때문이다. 코로나19는 한국 교회가 잊고 있던 '오리지널'에 집중하게 했다. 교회 본연의 사명에 대해 생각하게 한 것이다.

연세대 이민형 박사는 〈코로나19 상황에서의 한국 개신교 신앙 지형 연구〉[15]에서 코로나19로 인해 온라인 예배를 드리게 된 것은 약 1,500여 년간 이어져 내려온 기독교의 제의 형태, 즉 '한 공간에

14 김용섭, 《프로페셔널 스튜던트》, 퍼블리온, 2021, p.49.

15 이민형, 〈코로나19 상황에서의 한국 개신교 신앙 지형 연구: '2020 주요 사회 현안에 대한 개신교인 인식조사'의 결과를 중심으로〉, 제78회 한국실천 신학회 정기학술대회, 제2발표, 2020, p.39.

물리적으로 모여서 드리는 예배'의 전통에 균열이 생겼음을 의미한다고 했다. 이는 종교적 시공간의 변화로 '주일' 그리고 '교회'는 매일의 '일상'과 '가정'으로 바뀌게 되었다는 것이다.

여기서 주목할 것은 시공간은 바뀌었지만, 그 내용은 바뀌지 않았다는 것이다. 그러므로 우리 눈은 바뀐 형태를 볼 줄 알아야 한다. 교회 중심의 신앙생활에서 개인과 가정의 신앙생활로 옮겨 간 그 현장에서 어떻게 하나님의 자녀로 살아 낼 수 있는지 이제 우리의 삶을 가지고 이야기해야 한다.

앞서 언급한 김용섭은 우리가 주로 배운 방식은 19세기 이후 현대 교육 방식이라는 것을 지적한다. 안타까운 것은 20세기를 거쳐 21세기가 되었지만, 여전히 그 방식에 머물러 있다는 것이다. 21세기인데 19세기 방식으로 교육하고 있으니 빨리 거기에서 벗어나라고 한다.

또한 한국교육개발원의 연구보고서 〈교육 혁신 사례 분석을 통한 미래 교육 실천 과제〉[16]는 '과거-지식을 전달하는 학문 중심의 교육 과정'에서 '미래-삶과 융합이 되는 역량 중심의 교육 과정'으로 전환될 것으로 전망한다. 이 말은 미래 교육은 듣는 데서 그치는 것이 아닌, 들은 것을 실제로 살아 내는 것에 역점을 두게 된다는 것이다. 그래서 '역량'(어떤 일을 해낼 수 있는 힘이나 기량)이라는 단어를 사용하고 있다.

---

16 황은희, 〈교육 혁신 사례 분석을 통한 미래 교육실천 과제〉 한국교육개발원 연구보고서, 2019.

따라서 21세기의 교육은 엄청난 정보와 지식의 양이 아니라 그것을 살아 낼 수 있는 삶의 능력에 있다. 4차 산업혁명으로 기계가 모든 것을 할 수 있는 가능성의 시대에서 사람만이 할 수 있는 역량(판단력, 창의력, 인성, 품성, 교양 등)에 집중해야 한다는 것이다.

그리고 이것을 가능케 하는 것이 신앙교육이다. 경제학자인 클라우스 슈밥(Klaus Schwab)은 그의 책《위대한 리셋》[17]에서 코로나19 이후 우리의 세상은 경제, 사회, 지정학, 환경, 기술, 산업과 기업, 그리고 개인까지 '리셋'(reset, 초기화)하지 않으면 미래는 심각한 고통에 시달릴 것이라고 말한다. 특히 코로나19는 인간의 취약점과 결점을 깨닫게 함으로 협력, 공동체주의, 공익을 위한 사리사욕의 희생, 배려 등 인간 본성의 선한 천사들을 소환하는 계기가 되었다고 한다.

들으면서 어떤 생각이 드는가? 인간 본성의 선한 천사를 소환하는 것이야말로 교회가 가장 잘할 수 있는 것이 아닌가? 이것이야말로 교회의 '오리지널'이 아닌가? 그래서 만나교회 교회학교는 신앙을 삶으로 살아 낼 수 있는 역량에 집중하고자 교회 본연의 기능에 초점을 맞추고 있다.

코로나19가 발발했을 때, 교회학교가 할 수 있었던 것은 주일 예배밖에 없었다. 모일 수가 없으니 다른 활동을 일체 할 수 없었기 때문이다. 그것도 오직 온라인으로만 송출 가능했기에 12개 부서의 예배는 크게 미취학부, 아동부, 청소년부 3개로 축소되었다. 12개

---

17 클라우스 슈밥, 티에리 말르레《위대한 리셋》, 이진원 역, 메가스터디북스, 2021.

예배가 3개로 줄었으니 한결 수월해졌을까? 아니다. 온라인 예배가 생각보다 훨씬 손이 많이 가기 때문이다. 그중에서도 가장 중요한 것은 메시지의 내용과 전달 방법에 관한 것이다.

코로나19의 유익이라면 교회학교 교역자들이 이 부분에 대해서 심각하게 생각하기 시작했다는 점이다. 사실 교회학교는 종합목회다. 예배를 비롯하여 양육, 관리, 행정, 기획, 프로그램 진행 등 멀티플레이어로 사역해야 한다. 그렇기 때문에 예배와 메시지가 중요한 것을 알면서도 에너지를 집중하기가 어려웠다. 하지만 '예배'만 드리게 되었을 때는 사정이 달라진다. 더군다나 '한 사람'이 예배를 전부 책임지는 것이 아니라 '팀'이 예배를 준비하게 되니 그 시너지는 훨씬 강력했다.

또한 이제 자녀들의 예배는 자녀들만의 것이 아니다. 코로나19는 교회학교 예배의 문을 활짝 열었고, 자녀들을 향한 메시지를 부모와 가정이 들을 수 있게 했다.

교회학교는 이 부분을 놓치지 않았다. 2021년부터 매주 온라인으로 교회학교 예배를 드린 후 '예배 일기'를 제출하는 시스템을 마련했기 때문이다. 예배 일기는 각 가정과 자녀들에게 보내진 링크를 통해서 전달되는데 그 링크를 클릭하면 출석 체크와 본문 말씀 암송, 예배를 드리면서 가장 기억에 남은 것과 마음에 주신 생각, 기도 제목 등을 적을 수 있다.

2021년 1월 10일 시리즈 '만나교회가 좋아요'와 3월 7일 시리즈 '예수님을 기억해요'에 관한 주일 예배를 드린 후 아동부 아이들이 쓴 예배 일기는 다음과 같다.

2021년 1월 10일, 주일 예배 시리즈 '만나교회가 좋아요' 아동부 예배

1	오늘 예배를 드릴 때 잠옷 차림이어서 죄송했습니다.
2	하나님, 저는 오늘 예배와 말씀을 듣기 전까지는 예배드리는 것을 매우 귀찮게 생각했습니다. 예배를 제때 드리지 않은 적도 있고요. 그러나 이 행동은 하나님을 나보다 낮게 생각한다는 행동임을 알고 반성했습니다. 하나님은 오늘 저에게 예배를 드려야 하는 이유를 알려 주시고 잘못된 것을 깨닫는 은혜를 주셨습니다. 감사합니다.
3	앞으로 예배드릴 때 자세를 똑바로 하고 먹을 것을 먹지 않고 복장을 단정히 하고 예배드리겠습니다.
4	하나님, 저는 여태 '교회만 가면 되겠지'라는 생각을 몇 번 해 본 것 같아요. 또 요즘에 온라인으로 예배하면서 집중을 안 하고 딴짓을 하거나 잠옷 차림으로 예배드린 적이 많았어요. 하지만 이제부터는 하나님과의 약속이라고 생각하고 성실히 하나님을 기쁘게 하는 예배를 드릴게요. 저에게 도움을 주세요!
5	하나님, 이 시간이 하나님을 진심으로 예배하는 시간이 되게 해 주세요. 올해에는 하나님의 말씀에 제가 반응하고 하나님을 진심으로 예배하는 예배자가 되게 해 주세요. 비록 제가 아는 게 많지 않지만, 성령님이 저를 인도해 주세요. 하나님을 높이고 저를 도우시는 걸 고백할게요. 저를 사용해 주세요.
6	교회가 아니라서, 집에만 있기 때문에 온라인으로는 예배하는 것이 쓸모없다고 생각하는 사람들에게 장소보다도 예배를 대하는 마음가짐이 더 중요하다는 것을 일깨워 주셨다.

| 7 | 예배란 단순히 '주일에 전도사님을 통해 하나님의 이야기를 듣는 것'이라고 생각했는데 이제 '하나님의 행동과 모습을 알아 가고 본받는 시간'이라는 것을 깨닫게 되었다. |

2021년 3월 7일, 주일 예배 시리즈 '예수님을 기억해요' 아동부 예배

1	하나님이 없다고 생각을 하는데, 하나님을 만나게 해 주세요.
2	무엇이든 하실 수 있는 하나님이 나의 하나님이시라는 것이 감사했습니다. 마음속에 항상 하나님을 모시고 무엇이든 하나님께 의지하고 기도하며 살아가야겠다는 생각을 했습니다.
3	하나님 아버지, 감사합니다. 오늘은 예수님이 하나님의 아들이므로 예수님이 전능하신 하나님이라는 걸 배웠습니다. 나에게 두려움이나 어려움이 닥칠 때 예수님을 기억할 수 있게 도와주세요.
4	하나님, 요즘에는 예수님이 하나님과 같다는 얘기를 잘 믿지 못하게 되는 것 같아요. 커 가면서 불신도 커졌는데, 많은 영상을 찾아보니 불신이 점점 더 커지는 것 같아요. 하지만 오늘 말씀을 잘 적용하고 실천해서 예수님을 믿고 따르는 자녀가 될 수 있도록 도와주세요.
5	하나님과 예수님은 동등하시고 하나님이 말씀으로 모든 만물을 창조하시고 하나님 말씀이 능력 있음을 알았어요.

| 6 | 성경과 하나님에 대한 궁금증이 더 많이 생긴 것 같고, 성경을 연구해 보고 싶다는 생각이 들었습니다. |
| 7 | 전능하신 하나님을 믿어 하나님의 능력을 경험해 보고 싶습니다. |

매주 700여 명이 넘는 아이들이 예배 일기를 제출하는데 읽다 보면 은혜가 되고, 감사가 밀려온다. 코로나19가 아니었으면 듣지 못했을지도 모른다. 생각보다 아이들은 예배와 말씀에 집중하고 있었다는 것을 알 수 있었다. 코로나19 이후 교회마다 교회학교의 메시지가 드러나게 되었으니 진짜 실력자가 되지 않으면 안 될 것이다.

■ 가정과 연대하라

신앙교육은 모름지기 교회와 부모가 함께해야 한다. 앞서 2015년부터 만나교회 교회학교는 '교회와 부모가 함께하는 신앙교육'을 목표로 잡았다고 밝힌 바 있다. 만나교회는 2004년과 2014년 두 차례에 걸쳐 비전 수립의 과정을 진행했는데 지금의 만나교회는 미래를 예측하고 준비하는 과정을 밟아 온 결과다.

2014년의 비전 수립에서는 2004년에 세웠던 향후 20년 사역에 대한 비전을 진단하여, 예측했던 것과 달라진 것은 개선하고 수정하여 바람직한 '미래상'을 그려 보았다. 그래서 나온 것이 '미래 사역 우선순위'였고, 1위가 '다음세대'였다. 성도 모두가 참여해 나온 결과가 '다음세대'였다는 사실에 담당 교역자도 놀랐다. 만나교회는 저출산 시대에도 30-40대 가정이 찾아오는 교회로 미래에도 지속적으로 건강한 교회가 되기 위해서는 다음세대에 대한 꾸준한 관심과 지원이 필요하다는 것을 온 교회가 화답한 것이다.

이에 교회학교는 2015년부터 다음세대를 위한 신앙의 계승이 이루어지도록 교회와 가정이 통합된 전략으로 사역의 방향을 잡았다. 그러나 그해 '메르스'와 '세월호' 사건이 생기면서 외부 활동에 제한이 따르게 되었고, '주일성수'라는 짐에서 벗어나고자 하는 심리적 욕구가 생겨났다. 통합하자고 했지만, 오히려 자유분방해진 것이다. 시간이 흐르면서 육아 부담, 자연 환경, 여가 생활, 학업 등에 따라 가정과 연대하는 일은 점점 요원해져 갔다.

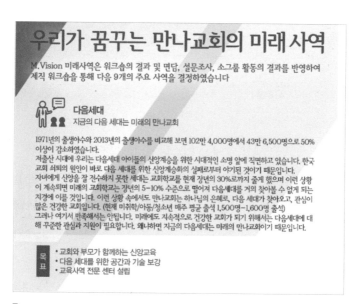

우리가 꿈꾸는 만나교회의 미래 사역

그러나 코로나19가 발발했다. 그리고 코로나19를 기점으로 새로운 세상이 펼쳐졌다. 마치 가나안 땅 앞에 선 이스라엘 백성이 된 듯이 막막했다. 그들은 자신들 앞에 약속의 땅이 있었지만, 한 번도 경험해 보지 못한 곳이기에 두려워했다. 그때 모세가 이스라엘의 각 가정에 이렇게 선포한다.

이스라엘아 들으라 우리 하나님 여호와는 오직 유일한 여호와 이시니 너는 마음을 다하고 뜻을 다하고 힘을 다하여 네 하나님 여호와를 사랑하라 오늘 내가 네게 명하는 이 말씀을 너는 마음에 새기고 네 자녀에게 부지런히 가르치며 집에 앉았을 때에든지 길을 갈 때에든지 누워 있을 때에든지 일어날 때에든지 이 말씀을 강론할 것이며 너는 또 그것을 네 손목에 매어 기호를 삼으며 네 미간에 붙여 표로 삼고 또 네 집 문설주와 바깥 문에 기록할지니라 신 6:4-9

모세는 새로운 세상 앞에서 이스라엘 가정을 준비시키는데 그것은 오직 유일하신 하나님을 사랑하는 것과 그 하나님의 말씀을 자녀들에게 가르치는 일이었다. 그리고 그 결과는 놀랍게 이루어졌는데 하나님이 약속하신 가나안 땅을 정복했으며 더 이상 노예가 아닌 실거주자로 살게 되었다는 것이다. 이는 신앙교육의 열매다.

그래서 우리도 2021년 만나교회 가정과 부모에게 이런 당부를 했다.

"하나님을 사랑하고, 그 하나님의 말씀대로 살기를 노력하며, 자녀들에게 가르치십시오. 그럴 때 우리는 변화의 세상 속에서 새로운 일을 이루시는 하나님의 계획을 누리게 될 것입니다. 그리고 만나교회 교회학교는 이 일을 부모님들이 홀로 하지 않도록 적극 도울 것입니다."

2021년 만나교회 교육국 소개

그리고 교회와 부모가 어떻게 연대할지를 자세히 소개했고, 현재 진행 중에 있다.

중요한 것은 지금부터 자녀의 신앙은 가정의 신앙 교사인 부모에게 그 성패가 달려 있다는 것이다. 얼마만큼 적극적으로 함께할 것인가? 얼마만큼 하나님을 사랑하고, 그 하나님의 말씀을 가르치기를 힘쓸 것인가는 전적으로 부모의 몫이다. 이건 누가 대신해 줄 수 없기 때문이다. 그러나 분명한 것은 그 결과는 놀랍다는 것이다. 새로운 땅 가나안에 들어갔지만, 악순환을 반복했던 사사시대로 살 것인지, 아니면 바벨론의 포로로 살면서도 신앙교육에 힘써 성전과 성벽을 세우고 무너진 백성의 마음을 일으킨 놀라운 인재들을 길러 낼 것인지는 부모에게 달렸다.

반면, 신앙교육의 새로운 장이 된 가정과 일상에서 자녀와 부모가 어떻게 살아 내야 할지 그 방법을 찾도록 적극적으로 돕는 일이 교회가 해야 할 '오리지널'임을 기억해야 할 것이다. 감사 넘치는 다음세대의 열매를 얻으려면 교회와 가정은 반드시 연대해야 한다. 요지부동한 부모들을 흔들어 깨우기란 몹시 어렵다. 그러나 그들을 깨워 함께 연대하기를 시작할 때, 복음을 삶으로 살아 낼 '역량' 있는 믿음의 자녀를 얻게 될 것이다.

1) 설득하고, 보여 주라

모든 교회학교가 당면한 현실은 말은 쉽게 하지만 그렇게 따라
주지 않는다는 것이다. '다음세대'가 중요하다고 말하지만 언제나
우선순위에서는 밀리는 것이 교회학교다. 만나교회도 마찬가지다.
2008년부터 교회학교는 시리즈 예배와 커리큘럼을 만들면서 자체
예배 팀을 구성했다. 이유는 교회 직원들의 여력이 되지 않기 때문
이다. 미디어, 디자인 등 예배를 구성하는 요소에 대해서 전문 인력
들의 손길이 닿지 못했다. 대부분 교회학교 사역은 2순위로 밀리는
것이 사실이다.

이러한 상황은 코로나19가 발발했을 때에도 동일하게 일어났다.
교회학교는 코로나19가 오기 전까지 한 번도 온라인 예배를 제작해
보지 못했다. 그러나 어떠한 도움도 받을 수 없었다. 이렇게까지 이
야기하는 것은 이 책을 읽는 분들에게 만나교회 교회학교 상황도
똑같다는 것을 알려 주기 위함이다.

그러면 물리적 한계와 심정적 요소가 허락되지 않는 상황에서 어
떻게 관심을 기울이겠는가? 방법은 우리 사역을 보여 주는 것이다.
그리고 그것이 가능하도록 설득하는 것이다. 온라인 예배를 제작해
본 사람은 알겠지만, 교회학교는 전적으로 '콘텐츠'에 방점이 있다.
우선은 '무엇을 전할 것인가'가 있어야 한다는 것이다. 그리고 그것
을 잘 전달할 수 있는 기술이 있어야 한다.

백석대 이은철 교수는 〈미래 교육 전망을 통한 기독교 교육의 혁신 방향 탐색 : 교육 과정 및 교육 방법을 중심으로〉[18]에서 미래의 교육 환경은 에듀테크를 중심으로 학습자 중심의 교육으로 전환될 것이라고 했다. 이에 대한 기독교교육의 대응 과제로 ①신앙을 토대로 한 역량 중심 교육 과정 개발과 ②에듀테크를 활용한 교회교육 방법의 혁신 및 전문가 양성에 대해 제안했다.

말만 들어도 너무 먼 이야기처럼 들리는 건 담당 교역자만이 아닐 것이다. 그러나 이미 공교육에서는 스마트디바이스를 이용해서 ①디지털교과서와 ②AR과 VR이 적용된 콘텐츠와 ③지능형 학습 플랫폼을 통해서 교육하고 있다.[19] 이에 반해 교회 교육은 아직도 인쇄된 교재를 벗어나지 못하고 있으며 앞서가는 콘텐츠라고 하더라도 동영상 콘텐츠 또는 애니메이션을 기반한 교육용 동영상에 국한되어 있다고 이은철 교수는 이야기하고 있다.

콘텐츠의 내용도 중요하지만 그것을 전달하는 방법, 곧 '현실적인 기술'도 간절하다. 그래서 그 일을 위해 설득하고, 보여 주는 일이 필요하다. 대개 교회 안에서는 누구도 경험해 보지 못한 일이기에 증명하는 일이 필요하다. 시간이 걸리더라도, 어렵더라도 아무것도 하지 않는 것만은 하지 말라. 사역을 통해 증명해 보라. 그 과정은 고단하나 변화된 세상에서 다음세대를 얻기 위한 것이라면 끊

18 이은철, 〈미래 교육 전망을 통한 기독교 교육의 혁신 방향 탐색: 교육 과정 및 교육 방법을 중심으로〉, 제79회 한국실천신학회 정기학술대회, 2021, p.318.

19 Ibid, p.324.

임없이 도전하기 바란다.

　다음은 설득하고, 보여 주는 일의 실례다. 코로나19 발발로 교회학교 예배를 온라인으로만 드려야 했을 때, 주중에 예배를 촬영하고 편집해 송출하는 형식을 취했다(2020년 3월 1일-5월 10일, 11주). 이때 교회학교는 예배를 기획하고 연출하고 전달하는 방식에 상당한 노력을 기울였다.

NO	시리즈 예배	주제	포인트
1	Fruit Store (성령의 열매)	온유	온유는 철저하게 주인을 위한 것으로 난폭한 성품이 따뜻하고 부드럽게 변하는 것이다.
2		절제	절제는 내가 하고 싶은 대로 하지 않고 꼭 해야 할 일을 하는 것이다.
3		정리	성령의 열매는 구원받은 자녀로 살아갈 때 나타나는 현상이다.
4	예수님 이야기	사람으로 오셨어요	하나님의 아들이신 예수님은 우리와 똑같이 사람이 되셨기에 누구보다 우리를 잘 아신다.
5		시험을 이기셨어요	사람이 되신 예수님은 우리처럼 시험을 당하셨고 말씀으로 이기셨다.
6		십자가에서 죽으셨어요	예수님이 이 땅에 오신 이유는 우리 죄를 대신하여 죽으시기 위함이다.

7		다시 살아나셨어요	예수님을 믿는 이들에게는 죽음이 끝이 아니다. 왜냐하면 예수님은 죽음을 이기고 부활하셨기 때문이다.
8	예수님 이야기	하늘로 올라가셨어요	우리의 구원을 위해 이 땅에 오셨던 예수님은 원래 계셨던 곳으로 돌아가셨고, 다시 오실 것을 약속하셨다.
9		성령을 보내 주셨어요	육으로 계신 예수님은 하늘로 올라가셨지만, 영으로 계신 성령님을 보내 주심으로써 우리와 함께하신다.
10	Fun Story (예수님의 비유 이야기)	좋은 땅 이야기	좋은 땅은 열매를 맺는 땅으로 씨앗이 심기고, 싹을 틔우며, 자랄 수 있는 환경을 갖춘 것으로 농부의 손길이 닿은 땅이다.
11		포도원 일꾼 이야기	하나님의 나라는 하나님의 뜻이 이루어지는 곳으로 모든 사람을 차별 없이 대하는 곳이다.

당시 시리즈 예배는 표에 있는 것처럼 'Fruit Store' '예수님 이야기' 'Fun Story' 순으로 진행되고 있었고 기존 오프라인에서 하던 방식과는 다른 새로운 형식을 취했다. 애니메이션, 찬양 녹음/촬영, 주제 제기 및 적용 영상, 토크 설교, 교구 활용 등 다양한 도구와 장소를 활용하고 기획했다.

교회학교의 예배는 콘텐츠가 주 내용이기 때문에 이에 따른 콘셉트와 필요성에 대해 보여 주기 전까지는 이해하지 못하는 부분이 많이 있었다. 영상으로 송출되고 가정과 자녀에게서 긍정적인 반응이 나오게 되자 우리의 필요에 반응하기 시작했다. 그때부터 장비와 시간 사용 등 여러 요구 사항들에 대해 귀를 기울여 주었다(외부의 도움 없이 교회학교 교역자와 교사들의 협력으로 자체 제작하였음).

애니메이션 – "좋은 땅 이야기"

'센싱' 도구 활용한 설교 – "온유"(미취학부)

말씀 적용 - "흔들리는 밭들 속에서"(아동부)

찬양 - "공감하시네"(청소년부)

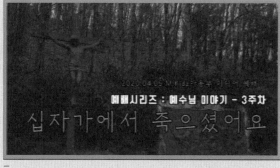

고난주간 묵상 예배 - "십자가에서 죽으셨어요"(아동부)

_
부활주일 예배 – "증인들의 고백: 다시 살아나셨어요"(아동부)

_
토크 설교 - "온유"(청소년부)

　　단번에 되는 일은 없다. 다음세대의 필요에 반응하기 위해서는 여러 가지를 시도해 보는 것이 중요하다. 설득하고 보여 주는 일을 반복함으로써 실현 가능했던 일도 있었기 때문이다.

온 세대 예배 - "엠키즈 온더 블럭"(아동부)

2020년 온라인 여름 집회 - "엠키와 떠나는 창조여행"(아동부)

M.Kidz 미취학 예배 - "홈키트 언박싱!"(미취학부)

겨울 영성 수련회(청소년부)

2) 활용하라

주변을 돌아보면 교회학교 사역을 위해 사용할 '플랫폼'이 많다. 만나교회 교회학교는 다음과 같은 플랫폼을 주로 활용했다.[20]

첫째, 유튜브

유튜브에 대해서는 많이 알고 있을 것이다. 이것은 단순히 영상을 소비하고 즐기는 데서 끝나는 것이 아니라 사역의 적극적인 도구로 활용할 수 있다. 사역자들에게는 만들어진 영상을 업로드하고

---

20 소개하는 플랫폼들은 대부분 무료이거나 소액 결제를 할 수 있어 활용하기에 부담이 없다.

공유할 수 있고, 특별히 다른 플랫폼들과 연계가 가능하기에 다양하게 사용할 수 있다. 유튜브에는 '스튜디오 모드'라는 관리자 페이지가 있는데 제작한 콘텐츠를 세부적으로 분석해 줌으로써 사역의 객관적인 피드백을 받아 볼 수 있다는 점이 유익하다.

그리고 목양 대상들에게는 제작한 양질의 콘텐츠를 쉽게 전달해 줄 수 있다. 걱정되는 한 가지는 '알고리즘'에 의해 저절로 노출되는 유해 콘텐츠로부터 자녀를 지키는 일이다. 그러나 부모가 조금만 관심을 가지고 지도한다면 염려할 수준은 아니다.

둘째, 구글 워크스페이스가 있다. 온라인 수업용 구글 클래스룸(Google Classroom)과 구글 미트, 구글 설문지 등을 사용할 수 있다.

a. 구글 클래스룸

만나교회 교회학교는 작년 가을에 부모를 대상으로 '성경 읽기'를 시도했다. 매주 화요일과 목요일 밤 10시에 유튜브를 통해 구약의 역사서 6권을 11주 동안 읽었다. 이 시간은 'Kings in the Bible'이라는 시리즈 예배 기간에 부모에게 자녀들의 신앙과 함께하자며 권해 본 일이었다. 이 프로그램의 중점은 단순히 '읽기'에 있는 것이 아니었다. 온라인이지만 수업이 가능한 구조가 되게 하여 부모 스스로가 목표한 과정을 따라오게 하는 데 있었다. 그래서 이용했던 툴이 '구글 클래스룸'이다. 구글 클래스룸은 구글이 학교를 위해 개발한 무료 웹 서비스로, 종이 없이 과제를 만들고, 배포하고, 점수 매기는 것을 단순화해 준다.

11주 21회 동안 진행되는 역사서 여섯 권 '사무엘상, 사무엘하, 열왕기상, 열왕기하, 역대기상, 역대기하'에 관한 개요와 자료들, 그리고 매회 성경 읽기 영상과 출석 체크 및 퀴즈를 할 수 있도록 준비했다. 학부모들은 다양한 자료와 참여 요소를 통해 성경을 이해하고 읽기에 대한 복습을 함으로써 수업에 대한 성취를 맛보게 했다. 구글 클래스룸의 장점은 강의 자료가 '독창적'인 것과 더불어 허락된 다른 이의 자료들도 업로드할 수 있다는 데 있다. 그리하여 원하는 강의에 필요한 자료들을 모아 놓을 수 있어서 학습에 참여하는 이들이 그 수업에 집중할 수 있게 되는 것이다.

또한 11주를 시즌 1, 2로 나누어 중간에 시상함으로써 지루함을 없앴으며, 온라인 수료식을 통해 개근자와 성적 우수자를 격려했다. 동시에 참가자들의 인터뷰와 실시간 영상 통화, 그리고 매회 퀴즈에 대한 상호 피드백을 통해 온라인이지만 양방향 수업처럼 느끼도록 했고, 교적부에 수료 여부를 체크함으로써 교회학교의 일이 교회의 일이라는 것을 인식하게 했다.

무엇보다도 진행하는 교역자들이 성도들의 삶의 자리를 이해하는 장이 되었다는 점이 감사하다. 예배 일기를 통해 자녀들의 생각을 공유했다면, 구글 클래스룸을 통해서는 부모의 생각과 고민을 알 수 있는 계기가 되었다.

킹스인더바이블 성경 읽기

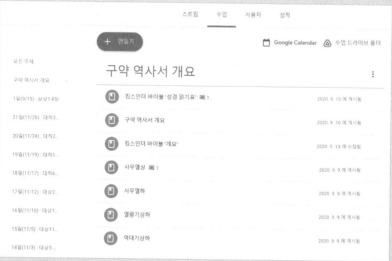

킹스인더바이블 성경 읽기

성경 읽기 클래스룸

교회학교 부모님과 함께하는 구약 역사서 읽기(역사서 소개)

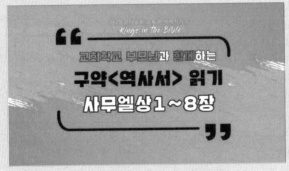

교회학교 부모님과 함께하는 구약 역사서 읽기(삼상 1-8장)

21회 '마지막 읽기'를 하며 부모들이 적어 준 내용을 소개해
본다.

| 1 | 역사서를 읽으며 온 땅의 주인이신 하나님을 다시 한번 깨닫게 해 주셔서 감사합니다. 창조주 하나님을 늘 기억하고 아버지를 내 안에 모시며 참 평안 가운데 그분 안에서 살아가게 하옵소서. |

2	이방 사람을 통해서도 하나님은 나라를 세우시고, 일을 성취하신다. 지금 이 시대에 우리 아이들이 하나님의 비전을 품고 세상의 스펙이 아닌 하나님 나라의 스펙을 향해 나아가는 군사가 될 수 있도록 기도해야겠다.
3	히스기야와 같이 믿음의 예배자로 서기를 간절히 기도한다. 우리 아이들과 내가 악한 자가 아닌 하나님 편에 선한 자로 기록되길 소망하며 말씀 앞에 더 바로 서야겠다고 다짐해 본다.
4	스물한 번의 말씀 읽기가 사실 쉽지는 않았지만, 우리 아이들이 이 시간을 기억하며 "엄마, 말씀 읽는 날이에요"라고 말해 주었고, 어렵게만 느꼈던 역사서를 읽고 뜻하지 않게 성경 퀴즈까지 하게 되면서 말씀의 재미도 느꼈다. 영적으로 더 성숙하게 되는 시간이었다.
5	이 시간까지 이끌어 주신 하나님의 인도하심에 감사드리며 비록 오늘로 부모 성경 읽기는 끝이 나지만 말씀이 얼마나 중요한지 알기에 앞으로도 말씀을 늘 가까이하며 읽어 나갈 수 있는 습관이 생겼기를 바라며, 교육국 담당 사역자분들께 감사 인사를 드립니다.
6	여러 왕들을 보며 나 자신을 돌아봅니다. 주님의 자녀로 살며 실수했지만 다시 돌이키고 회개하며 하나님과의 관계를 회복했던 왕들과 자신의 생각과 교만으로 주님 보시기에 악을 행했던 왕들을 보며 한 가정의 부모로서 올바르게 서 있어야 함을 봅니다.
7	말씀을 함께 읽고 묵상하며 문제까지 풀어 보는 시간이 쉽지 않았지만, 의미 있는 시간이었습니다. 기획과 자료 정리, 문제 출제 등을 늘 준비해 주셔서 정말 감사합니다.

이러한 피드백이 있어서인지 그다음 시기에는 이전보다 더 많은 부모가 참여했다.

b. 구글 미트

교회학교는 웹 기반의 '화상 통화' 서비스인 구글 미트를 통해 매주 분반을 비롯하여 각 부서 교사 회의, 일대일 심방 등을 진행하고 있다. 왜 '구글 미트인가?'라고 묻는다면 사용자의 편리함 때문이다. 여러 번의 절차를 거치지 않고, 링크 한 번으로 접속이 가능하기 때문에 쉽게 접근할 수 있다는 장점이 있다. 이 부분이 비슷한 유형의 플랫폼과의 차별점이다. 자녀를 둔 부모 입장에서는 번거로운 절차로 인해 포기하게 되는 상황을 줄일 수 있기 때문에 가정과의 연대에 있어서 좋은 '툴'이다.

c. 구글 설문지

구글 설문지는 참여자가 시공간의 제약을 받지 않고 몇 번의 클릭만으로 설문자의 요청에 응답할 수 있다. 만나교회 교회학교는 예배 일기를 비롯하여 각종 프로그램 신청과 접수, 그리고 주일 출석에 관한 것을 구글 설문지를 통해 진행하고 있다. 장점은 다양한 데이터를 수합하여 원하는 카테고리별로 정리해 보여 준다는 점이다. 또한 정리된 데이터는 한데 모아 빅데이터로 활용하여 이후 사역에 적용할 수 있다.

셋째, 카카오톡 채널이 있다. 이 플랫폼은 앞서 말한 구글 워크스페이스와는 다르다. 구글 워크스페이스는 요청한 것에 대해 반응하는 거라면, 카카오톡 채널은 학부모가 자신의 필요를 먼저 요구할 수 있다는 것이다. 따라서 부모들의 필요를 고려한 키워드를 구성해 놓는 것이 중요하다. 더 나아가 그들이 요청했을 때 즉시 반응함으로써 적절한 목회의 타이밍을 놓치지 않을 수 있다는 장점이 있다.

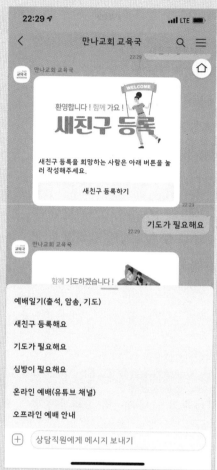

만나교회 교육국
카카오톡 채널

넷째, 스마트 스토어를 활용하라. 스마트 스토어는 온라인 쇼핑몰 사이트를 만들 때 직접 서버를 구축해 가며 만들거나 외주 개발에 맡길 필요 없이 누구나 손쉽게 쇼핑몰을 개설, 운영 관리할 수 있도록 다양한 도구를 제공한다. 이 플랫폼의 장점은 교회에서 제공하는 '교육 키트'[21]들을 복잡한 절차를 거치지 않고 학부모가 수령할 수 있게 한다는 것이다. 명단과 입금 확인, 배송 관련한 문제들을 간단히 해결할 수 있다. 그러나 아쉽게도 아직은 희망사항이다. 전자상거래에 관한 절차들이 '교회'라는 이름으로 접근할 때 한계가 있기 때문이다. 상황이 열리면 시도할 만한 가치가 충분히 있다고 보는 것은 교역자의 에너지를 목회에 집중할 수 있게 하기 때문이다.

3) 팀으로 사역하라

이러한 것이 가능하기 위해서 필요한 작업이 있는데 그것은 조직 구성을 바꾸는 일이다. 현재 만나교회 교회학교의 교역자는 총 11명인데, 각각 부서를 담당하고 있다. 그러나 예배는 크게 3개로 구성되어 있어 여러 명이 하나의 예배를 만든다. 그러다 보니 모두가 똑같은 역할을 하지 않아도 된다. 각자가 잘하는 것에 집중하는 것이 전하는 이나 듣는 이에게 유익하기 때문이다.

---

21 성경학교 활동 키트, 가정에서 헌금할 수 있는 헌금 키트, 미취학부는 시리즈마다 교육 활동 키트를 제공한다.

교역자마다 특정한 부분에 은사가 있기 마련이다. 함께 울어 주고 웃어 주며 마음을 따뜻하게 하는 건 아무나 할 수 없다. 또한 성실하게 자기 부서를 살피며 세심한 돌봄을 할 수 있는 것도 모두가 할 수 없다.

온라인 예배를 드리면서 미디어 부분에 감각이 있는 교역자를 발견할 수 있었는데, 영상에서 예쁘게 보이는 일, 오디오 소리를 조절하는 일, 카메라와 조명과 마이크를 능숙하게 다룰 수 있는 일도 11명이 모두 잘할 수는 없다. 또한 무엇을 전할 것인가에 관한 내용을 만들고 기획을 하는 것도 누군가에는 쉽고 자연스러운 일이다. 이처럼 한 편의 온라인 예배는 화면에 나온 사람의 것만이 아니라 보이지 않는 곳에서 함께한 여러 사람의 수고와 헌신의 결과다.

이 책을 읽는 젊은 사역자들에게 말해 주고 싶은 건, 변화된 세상에서는 그동안의 목회가 꼭 답이 아니라는 사실이다. 다양한 형태로 펼쳐질 수 있다는 것을 염두에 두고 많이 배우고 멀리 도전해 보라. 그대의 부르심에는 시대적 환경도 포함되어 있다는 것을 꼭 기억하길 바란다!

Chapter 6.

청년사역
올라인 '휴먼 터치'로
청년들을 충전시켜라!
| 김종윤 목사(만나교회 청년국장)

■ **신앙생활 하기 점점 힘들어지는 청년 세대**

"너 아직도 교회 다녀?"

"○○씨, 지난 일요일에 설마 교회 갔다 온 건 아니죠?"

"자자, 지난 주말에 교회나 사람 많은 곳 다녀온 분들
체크하세요."

코로나19 시기를 지나며, 우리 청년들이 직장이나 관계 가운데
자주 듣는 말들이다. 문자 그대로 '교회 가기 힘든 시대'가 되었고,
특별히 청년은 '교회 가기 힘든 세대'가 되었다. 목회데이터연구소
의 보고에 따르면, 지난 1년간 코로나19 감염자 중 교회발 확진자
수가 전체 감염자의 11% 정도였지만, 일반 국민들은 교회발 확진자
수가 전체 평균 44% 정도로 인식하고 있었다. 실제와 크게 차이가

나는 것이다. 이러한 인식 탓인지, 기윤실(기독교윤리실천운동)의 조사에 따르면, 2020년 초 대한민국 국민들이 생각한 '한국 교회 신뢰도'는 32%였는데, 2021년 1월에 조사한 결과, 무려 11%가 하락한 21%로 나타났다.

지난 1년간 코로나19를 겪으면서,
한국 교회 신뢰도 32%에서 21%로 급락!

• 코로나19 발생 직전인 2020년 1월에 측정한 한국 교회 신뢰도가 32%였는데, 1년 후인 2021년 1월 동일한 문항으로 조사한 한국 교회 신뢰도는 21%로 1년간 무려 11%p가 하락한 것으로 나타나, 코로나19로 인해 한국 교회가 신뢰도에 얼마나 큰 타격을 받았는지 알 수 있다.

[그림] 한국 교회 신뢰도 변화(2020.01 vs 2021.01)　　　　　　　　　　　　　　　　(%)

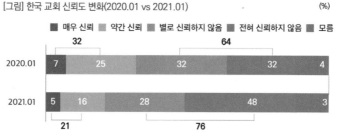

*자료 출처 : 기윤실, '2020 한국교회의 사회적 신뢰도 조사', 2020.01 (일반 국민 1,000명, 전화면접 조사, 2020.01.09.~11.)
** 자료 출처 : 목회데이터연구소, '코로나19 정부방역조치에 대한 일반국민 평가 조사', 2021.01 (일반 국민 1,000명, 온라인 조사, 2021.01.12.~15.)
***Note : 2020.01 조사는 전화면접 조사, 2021.01 조사는 온라인 조사 방법 임에 유의할 것

코로나19로 인한 한국 교회 신뢰도 변화(2020. 01 vs 2021. 01)

더욱 주목해야 할 통계는 '비개신교인의 한국 교회 신뢰도'가 불과 9%밖에 되지 않는다는 점이다. 예수를 믿지 않는 국민의 거의 대부분이 교회를 전혀 신뢰하지 않는다는 뜻이다. 이러한 형편이

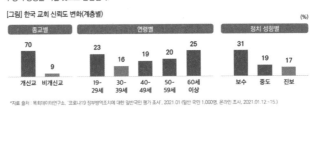

● 비개신교인의 한국 교회 신뢰도, 9%

• 한국 교회 신뢰도를 '개신교인'과 '비개신교인'으로 나누어 살펴보면, '개신교인'은 70%, '비개신교인'은 9%로 극명한 차이를 보이는 것으로 나타났다.
• '비개신교인'의 한국 교회 신뢰도가 10%도 안 되는 상태로 떨어졌는데, 이 정도면 전도와 선교 활동에 매우 부정적 영향을 미칠 것으로 판단된다.

비개신교인의 한국 교회 신뢰도

니 비개신교인들과 늘 접촉할 수밖에 없는 청년들이 "교회 다녀요", "교회 갔다 왔습니다"라는 말을 꺼낸다는 것은 거의 불가능한 일이다.

이러한 21세기의 '박해'에도 불구하고 신앙생활의 열심을 포기하지 않으려는 청년들도 있지만, 문제는 이런 시대의 분위기 속에서 아직 믿음이 약한 청년들이 너무나 쉽게, 너무나 빠른 속도로 교회를 떠나고 있다는 것이다. 코로나19 시대 속에 한국 교회 역시 온라인 사역을 확대하고, 많은 노력을 기울이고 있으나 이미 10여 년 전부터 페이스북, 인스타그램 등과 같은 'SNS'와 '유튜브'의 흡입력 있는 콘텐츠에 노출되어 있던 청년 세대에겐 교회의 콘텐츠는 '전혀 매력적이지 않은 것들'이다. 자신의 관심사를 바탕으로 끊임없이 새로운 영상을 추천해 주는 유튜브 알고리즘 세계에서 가만히 앉아 한 시간 동안 '노잼'인 예배와 설교를 꾹 참고 듣고 있을 청년은 많지 않다.

신앙생활을 열심히 하고자 하는 청년들은 '눈치'라는 '사회적 압박과 박해'로 신앙을 지키기가 어렵고, 신앙생활의 열정이 없던 청년들에겐 이제 교회를 떠날 '충분한 이유'가 생겨 버린 시대다. 과연 이런 시대적 상황 속에 한국 교회의 미래, 나아가 대한민국의 미래라고 할 수 있는 '청년 세대'를 향한 청년 목회는 어떤 모습이어야 할까?

■ 청년들에게 필요한 것은 휴먼 터치다

매년 청년 목회의 방향을 고민하기 위해 해마다 찾아보는 책이 있다. 《아프니까 청춘이다》를 쓴 김난도 교수가 주도하는 '서울대학교 소비트렌드분석센터'가 매해 발간하는 《트렌드 코리아》라는 책이다. 2021년을 전망하는 《트렌드 코리아 2021》에서는 코로나19 시대의 대한민국 주요 트렌드를 10가지 주제로 선정했는데, 그중 하나가 '휴먼 터치(Human Touch)'다.

"(코로나19 시대에 필요한) 전략은 인간적 요소, 즉 '휴먼 터치'의 강화다. 팬데믹 발생 이후 사람끼리 접촉하지 않는다는 의미의 언택트(Untact), 이제 모든 것이 온라인에서 이루어진다는 의미의 온택트(Ontact)라는 용어도 등장하고 있지만, 그럴수록 사람의 온기가 더욱 그리워진다. 휴먼 터치란 어떻게 하면 조직 관리와 경영의 많은 국면에서 최대한 사람의 숨결과 감성을 불어넣을 수 있을까를 고민하는 트렌드다."[22]

언택트, 온택트의 최전선에서 '온라인 환경'의 진면모를 오롯이 경험하고 있는 세대가 바로 청년 세대다. 온라인을 통한 활동과 커뮤니케이션이 빈번해질수록, 한 개인이 느끼는 불안과 외로움은 아이러니하게도 더 깊어졌다. '코로나 블루'라는 신조어가 생길 만큼 코로나19 시대에 각 개인이 느끼는 우울감은 비단 어느 한 사람만의 문제가 아니다. 이 책은 이런 현상의 원인을 다음과 같이 분석했다.

"온라인을 통한 과잉 연결은 현대인을 연결 강박에 빠뜨려 버렸다. 과거에는 외로움이란 삶에서 불가피하게 맞닥뜨리게 되는 것으로 여겨졌지만, 스마트폰으로 누군가와 어느 순간이든 연결될 수 있게 된 현대인들은 외로움을 언제나 달랠 수 있는 무언가로 생각한다. 연결 강박에 시달리면서 우리는 혼자 있을 때도 자기 자신에게 침잠할 생산적인 기회를 갖기보다는 스마트 기기를 통해 누군가와 끊임없이 연결되고자 한다.

스마트 기기는 SNS를 통한 타인과의 교류 욕망을 끊임없이 자극함으로써 현대인의 외로움을 오히려 증폭시킨다. 고독에 대한 두려움이 온라인으로 연결될수록 역설적으로 외로움이 더 심해지는 '언

---

22 김난도, 전미영 외, 《트렌드 코리아 2021》, 미래의 창, 2020, p.13.

택트 패러독스' 현상이 나타나고 있는 것이다."[23]

언택트 패러독스에 빠진 현대인들은 역설적으로 '인간의 손길'을 그 어느 때보다 간절하게 요구하고 있다. 인간의 손길, 즉 휴먼 터치에 대한 내용을 읽어 내려가다 앞으로의 청년사역의 핵심 목표를 잡을 수 있는 두 문장을 발견했다.

"인간의 손길은 여전히, 언제나 필요하다."

"인간과 달리 AI에게 없는 것은 바로 공감 능력이다."

코로나19 시대, 유튜브가 해 줄 수 없는 것, 온라인 플랫폼이 해 줄 수 없는 것, 불안과 외로움을 잠시 달래 줄 이 '세상의 것들'이 해 줄 수 없는 것, 그것은 바로 교회를 통해 흘러가는 하나님의 '휴먼 터치'다.

코로나19 시대 청년사역, 청년 목회의 방향을 휴먼 터치로 결정하고 고민하고 있을 때, 성경의 한 인물이 떠올랐다. 바로 엘리야다. 갈멜산 위에서 바알과 아세라 선지자 850명과 홀로 맞서 당당히 승리했던 엘리야. 그러나 왕비 이세벨의 살해 위협에 금새 불안과 두려움에 휩싸여 외로이 광야로 도망쳤던 엘리야. 이제는 내 생명을 거두어 달라며 '자살'을 기도하는 엘리야에게 하나님은 휴먼 터치를 행하셨다.

(엘리야가) 로뎀 나무 아래에 누워 자더니 천사가 그를 어루만지

며 그에게 이르되 일어나서 먹으라 하는지라 … 여호와의 천사
가 또다시 와서 어루만지며 이르되 일어나 먹으라 네가 갈 길을
다 가지 못할까 하노라 하는지라 왕상 19:5, 7

이 시대 청년들이 마치 로뎀 나무 아래의 엘리야 같아 보였다. 불
안과 두려움에 어찌할 바를 알지 못하는 청년들, 혼자 스스로 외롭
게 모든 문제를 감당해야만 하는 청년들, 그래서 완전히 방전되어
도저히 살아갈 희망을 찾지 못해 죽지 못해 살고, 죽고 싶은 심정으
로 살아가는 청년들이 딱 엘리야 같아 보였다.

그런 엘리야에게 하나님은 천사를 보내셔서 그를 어루만지셨다.
휴먼 터치다! 하나님은 천사를 통해 그를 어루만지시고, 먹이시고,
그래도 일어서지 못하는 그를 또다시 어루만지사 일으켜 세우셨다.
그렇게 새 힘을 얻은 엘리야는 다시 사명의 자리로 나아갔다.

코로나19 시대의 청년 목회는 바로 이 '천사'의 역할이어야 한다.
청년사역자들이 바로 이 천사가 되어야 한다. 세상이 결코 줄 수 없
는 하나님의 손길, 이기적이고 계산된 사랑이 아닌 그리스도께서
보여 주신 섬김의 사랑의 손길, 바로 그 휴먼 터치가 교회를 통해,
청년사역을 통해 이루어져야 한다. 그렇다면, 이 휴먼 터치를 청년
목회에 어떻게 구체적으로 적용할 수 있을까? 세 가지 영역으로 구
분해 보았다. 첫째는 예배를 통한 '워십 터치(Worship Touch)', 둘째는
긴밀한 교제를 통한 '공감 터치(Sympathetic Touch)', 마지막으로 온라인
매체를 통한 '유튜브 터치(YouTube Touch)'다.

청년을 살리는 휴먼 터치	
1. 워십 터치 (Worship Touch)	예배를 통해 하나님 임재의 손길을 경험하게 한다.
2. 공감 터치 (Sympathetic Touch)	일대일 및 소그룹을 통해 공감의 손길을 경험하게 한다.
3. 유튜브 터치 (YouTube Touch)	온라인 매체를 통해 지혜의 손길을 경험하게 한다.

■ NO MORE, MORE, MUST

휴먼 터치의 세 가지 방향성을 잡기 위해 먼저 코로나19 상황 속에 '더 이상 하기 힘든 일(No more)', '더 해야 할 일(More)', 그리고 '반드시 해야 할 일(Must)'의 도식으로 사역을 구상해 보았다.

NO MORE 더 이상 하기 힘든 일		MORE 더 해야 할 일		MUST 반드시 해야 할 일
대규모 집회/이벤트 대규모 단기 선교	⇨	삶의 예배자 일상의 선교사 양성	⇨	워십 터치
관리형 목양 시스템	⇨	자기 주도형 목양 시스템	⇨	공감 터치
오프라인 중심 교육/강의	⇨	온라인(특별히 유튜브) 교육 콘텐츠 제작	⇨	유튜브 터치

반드시 해야 할 첫 번째 일은 예배를 통한 하나님 임재의 손길을 느끼게 하는 것이다. 코로나19로 인해 대규모 집회나 이벤트성 프로그램은 더 이상 불가능해졌다. 사실 코로나19가 오기 전에도 청년들 사이에서 대규모 연합집회나 이벤트들은 매력을 잃고 있었다. 각기 저마다의 취향과 개성대로 자기가 원하는 콘텐츠를 스스로 주도적으로 선택하는 세대다. 이런 문화에 익숙한 청년들이 본인의 자발적인 선택이 아닌 그저 의무감에 의해 참석해야 하는 대규모 집회, 대규모 이벤트 프로그램은 소위 '말 잘 듣는 착한 청년'을 제외하고선 이제 더 이상 먹히지 않는다. 국내외 단기 선교 역시 상황이 비슷하다. 20-30명씩 선교 팀을 이루어 여름 단기 선교를 떠나는 일은 너무나 그리운 일이지만 당분간은 어려울 것이다. 그리고 섣불리 예측할 수는 없지만, 코로나19가 종식된 이후에도 안전과 방역을 염두에 둔 지역별, 국가별 이동에 대한 여러 제약이 심해진다면, 앞으로 대규모 단기 선교는 쉽지 않을 것 같다.

그러면 함께 모이는 예배와 모임, 복음을 위한 선교는 포기해야 한다는 말인가? 그렇지 않다. 예배, 모임, 선교는 계속되어야 한다. 다만 그 방향과 방식이 바뀌어야 한다. 앞으로의 청년사역은 단기적인 이벤트나 선교 프로그램이 아닌 일상의 자리에서 삶으로 예배하며, 꾸준히 자신의 삶을 통해 선한 영향력을 나타내는 '일상 선교사'를 길러 내는 방향이 되어야 한다.

감사하게도 여전히 '예배'의 자리를 지키고, 갈망하는 청년들이 많다. 그러므로 '예배'는 크리스천 청년들을 일상 선교사로 세우는 맨 첫 자리이자, 가장 중요한 자리다. 청년들은 예배를 통해 세상에서는 경험할 수 없는 하나님 임재의 휴먼 터치를 경험할 수 있어야 한다. 또한 주일의 예배와 주중의 삶이 실제적으로 연결될 수 있는 구체적이고 명확한 '일상 선교' 지침을 얻을 수 있어야 한다.

이를 위해 만나교회 청년부(이하 만청)가 새롭게 시도했던 예배 사역의 요소들을 소개하고자 한다. 만나교회 청년들은 주일 2시 반 예배에 모여 함께 예배드린다. 주일 예배는 온라인과 오프라인 모두를 고려한 대표적인 올라인 사역이다. 코로나19 이전 예배 인원(평균 900~1,000명)에 비교해 볼 때, 코로나19 이후 3분의 1 정도의 청년들이 오프라인 예배의 자리를 지키고 있으며, 3분의 2 정도의 청년들은 실시간 온라인 스트리밍을 통해 예배하고 있다. 즉 더 많은 청년이 '온라인'으로 예배를 드리고 있다는 전제하에 예배 요소를 고민해야 했다.

예배를 통해 하나님의 임재를 경험하는 워십 터치 덕분에 청년들이 '일상 선교사'로 세워지고 있다. 그 실제적인 동기부여를 위해 '심플', '스타일리시', '스파크'라는 세 가지 키워드로 예배를 디자인했다.

첫 키워드는 심플(#Simple)이다. 청년들이 주로 클릭하는 유튜브 콘텐츠의 재생 시간(RT: Running Time)'은 몇 분 정도나 될까? 길어 봤자 10분이다. 정말 유명한 유튜버의 동영상이 아닌 바에는 15분을 넘는 영상은 아예 클릭조차 되지 않는다. 그러므로 청년을 대상으로 한 예배 요소는 호흡이 짧고, 간결해야 한다. 특별히 오프라인 예배당이 아닌 온라인으로 예배를 '시청'하고 있는 청년들에게는 더욱 그러해야 한다. 이들이 예배에 계속 몰입할 수 있도록 예배 요소를 밀도 있게 구성해야 하며, 설교는 지루하지 않아야 한다.

이를 위해, 우선 '경배와 찬양' 시간을 기존 22-25분에서 15-16분으로 줄였다. 예배당에 함께 모여 찬양할 때 22분은 때로는 짧다고 느껴지는 시간이지만, 영상을 통해 찬양을 '듣는' 경우에 22분은 너무나 긴 시간이다. 더불어 광고 순서도 축도 뒤로 바꿨다. 찬양과 설교를 하나의 흐름으로 자연스럽게 연결시키기 위함이다.

'설교 시간' 역시 수정했다. 코로나19 전 설교 시간은 보통 35분, 길 때는 45분 정도였다. 오프라인 회중에겐 이 시간이 '조금 긴' 시간 정도이지만 온라인 예배자들에게는 '도저히 버틸 수 없이 긴' 시간이다(7~8개의 유튜브 영상을 볼 수 있는 시간이니…). 그래서 설교 시간을 20~25분 수준으로 과감히 줄였고, 20분 분량의 메시지조차 7-8분 단위의 소주제로 나누어 후편집할 수 있도록 설교문을 구성했다.

둘째 키워드는 스타일리시(#Stylish)다. 설교 시간만 줄인 것이 아니라 '설교를 전하는 방식' 자체에도 큰 변화를 주었다, 과거에는 일반 장년 예배와 동일하게 설교자는 양복을 입고, 강대상에 위치를 고정한 '정적인 형태'로 메시지를 전했다. 그러나 영상을 통해 설교를 '시청'하고 있을 청년들을 염두에 두어 복장도 캐주얼하게 변화를 주었고, 무엇보다 설교 전달 방식 자체를 다이내믹한 형태로 바꾸었다. 이른바 청년들이 공감하고 함께 호흡할 수 있는 스타일리시한 방식의 설교를 추구하는 것이다.

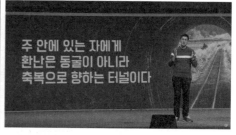

코로나19 전　　　　　　　　　　코로나19 후

　　이를 위해 큰 강대상 대신 조그마한 스탠딩 테이블을 사용하고 있으며, 종이 설교문 대신 태블릿을 들고 단 위에 오른다. 사이드 스크린, 센터 스크린, 하단 자막 등 활용할 수 있는 모든 영상 요소를 설교 중간중간에 배치하여 고정된 화면이 주는 지루함을 방지하고, 설교 내용을 보다 직관적으로 이해할 수 있도록 다양한 '교보재'를 활용하기도 한다. 〈믿음의 망원경을 들라!〉는 설교를 전할 때는 전문가용 천체 망원경을 빌려 강단 위에 올려 둔 채 설명했고, 〈아픈 만큼 깊어지고, 깊어진 만큼 풍성해진다〉라는 설교에서는 인생의 고난과 역경을 고무줄이 늘어나는 고통에 비유하여, 고무줄총으로 수북이 쌓인 종이컵 무더기를 무너뜨리는 시연을 하기도 했다. 청년들은 '직관적인 메시지'에 익숙하기 때문에 어린이 성경학교 때나 사용할 법한 교보재나 도구들을 사용하여 복음을 설명하면 굉장히 빨리 이해하고, 핵심 메시지도 오래 기억한다.

　　위에서 언급했던 대로 심플하고 스타일리시한 예배와 설교의 목

〈믿음의 망원경을 들라〉설교 중
천체 망원경 사용

〈아픈 만큼 깊어지고, 깊어진 만큼 풍성해진다〉설교 중
종이컵과 고무줄총 사용

적은 이를 통해 청년들을 삶의 자리에서 선한 영향력을 끼치는 '일
상 선교사'를 세우는 것이다.

이를 위해 세 번째 키워드 스파크(#Spark)가 필요하다. 청년들의
삶이 예배가 될 수 있게 하려면, 예배와 설교를 통해 듣고 깨달은
영적인 원리가 구체적인 삶의 자리에서 적용되고 실천되어야 한다.
그저 "말씀대로 삽시다"라고 말만 해서는 안 될 일이란 말이다. 그래서 설교 후반부에 '미션 커넥트(Mission Connect)'라는 별도의 순서를 만들었다.

설교의 중심 주제가 청년들의 삶에 구체적으로 적용될 수 있도록, 아래와 같은 질문들을 '구글 설문 링크'로 예배 중에 실시간으로 제공한다.

이러한 과정을 통해 청년들은 '오늘 드린 예배'와 '내일부터 살아낼 삶'을 연결할 수 있다. 여름에만 저기 멀리 가서 하는 선교가 아니라, 바로 오늘 지금 여기에서부터 선교사로서의 사명을 실천할 수 있게 된다.

이를 위해 매주 미션 커넥트의 질문과 문항을 만들기 위해 동역하는 청년사역자들과 긴 시간 회의하며 문장을 다듬곤 한다. 왜냐하면, 청년들의 실제적인 삶을 '터치'할 수 있는 제대로 된 질문 하

설교 후 '미션 커넥트' 링크

나가 이들을 일상 선교사로 세우는 가장 강력한 방법이 되기 때문이다. '하나님의 말씀'으로 어루만져진 청년들이 다시 일어나 사명의 자리로 달려가는 '청년 엘리야'가 될 것을 기대하는 마음이다(참조, 부록 4 미션 커넥트 예시).

반드시 해야 할 두 번째 터치는 일대일 및 소그룹을 통한 공감의 손길이다. 청년 세대는 '공감'을 강력히 요구하고 있다. 공감 욕구를 만족시켜 주기 위해, AI 제품들은 사용자의 이용 패턴과 날씨, 표정 등을 학습하여 그날의 기분이나 상태에 알맞은 음악을 틀어 주거나 영화를 추천해 주기도 한다. 그러나 기계가 해주는 공감은 피상적일 수밖에 없으며 분명히 한계가 있다.

예수님은 우리 죄와 아픔, 연약함과 한계에 공감해 주시려고 친히 인간의 몸을 입고 우리에게 오셨다. 이제 예수님의 공감이 세상 그 어느 곳도 아닌 바로 교회 공동체를 통해서 세상에 흘러 나가야 한다.

우리는 청년사역을 위해 #뉴트로-1:1, #M/C Connect, #만청 카카오톡 채널이라는 세 가지 키워드에 따라 공감 터치를 시도했다.

첫 키워드는 #뉴트로-1:1다. 사회적 거리두기 수준에 따라 5인 이상 집합 금지를 시행하고, 현장 예배 인원을 제한하는 이유가 무엇인가? 바로 불특정 다수와의 접촉에 대한 우려와 공포 때문이다. 그러므로 코로나19 시대에 가장 안전한 만남은 가장 오래된 방식(레트로)인 '1:1(일대일)'이다. 불특정 다수가 아닌 내가 알고 있는 '한 사람'과의 만남이다. 또한 피상적이지 않은 제대로 된 휴먼 터치가 일어날 수 있는 가장 효과적인 세팅 역시 일대일이다. 일대일이라는 만남의 방식은 '단 한 사람'과의 밀도 깊은 휴먼 터치를 일으킬 수 있는 오래되었지만 가장 강력한 방법이다. 우리의 사역에도 뉴트로가 필요한 셈이다.

그래서 다시 일대일 심방, 일대일 양육에 집중했다. 각 공동체 담당 사역자들은 소그룹 리더들을 일대일로 심방하고 격려했다. 오프라인으로 만날 수 있는 상황이라면, 직접 만나서 고민과 아픔을 나누고 서로 격려했다. 사회적 거리두기나 코로나19 상황에 따라 오프라인의 만남이 어려울 때는 전화나 화상 채팅으로 일대일의 만남을 이어 나갔다. 다수의 모임이 아니기 때문에 온라인 환경이라도 서로가 서로에게 충분히 집중할 수 있었다.

언택트 패러독스에 빠져 코로나 블루로 몸과 마음이 상한 청년들을 다시 미소 짓게 하는 가장 강력한 방법은 '일대일 심방/일대일 양육'이라는 아주 오래된 방법이다. 한 영혼이 천하보다 귀하다고 진실로 고백하고 있다면, 만나라 그리고 공감하라!

둘째 키워드는 #M/C Connect다. 오늘날의 청년들은 자기 주도성이 강하다. '왜?'라는 질문에 답이 주어지지 않는 일에 대해서는 동기 부여가 되지 않는 세대다. 이를 일찌감치 간파한 만청은 2019년부터 소그룹 구조를 개편했다. 기존 소그룹 공동체 구성은 연령을 기준으로 편성했었지만, 소그룹에 참여할 '목적과 이유'를 만들어주기 위해, '활동 목적별 공동체'로 구조를 개편한 것이다.

기존	연령 구분	2019년 이후	목적 구분
요셉 공동체	20~26세	믿음 공동체	신앙 활동 (예. 성경 통독, 묵상, 신앙 서적 읽기 등)
다윗 공동체	27~33세	소망 공동체	설교를 바탕으로 한 은혜 나눔
여호수아 공동체	34세 이상	사랑 공동체	취미나 선교 활동 (예. 목욕 봉사, 공방, 맛집 탐방, 볼링 등)

2019년 공동체 구조를 개편한 뒤, 이 방식이 한 해 동안 잘 정착되어 소그룹 평균 참여 인원이 기존 400여 명에서 500여 명으로 25% 성장하는 열매를 거두었다. 이 흐름을 바탕으로 몇 가지 시행착오를 보완한 '활동 목적별 공동체 구조'를 2020년에도 적용했다.

그런데 코로나19가 찾아왔다. 오프라인 모임이 어렵게 되어, 줌이나 카카오톡을 활용한 온라인 소그룹 모임을 진행했지만, 성경 묵상이나 설교 나눔 목적의 나무[24]들을 제외하고는 목적한 활동대로 모일 수 있는 나무가 거의 없었다. 하나의 극단적인 예지만, '볼링 나무'같은 경우에는 아예 모이지 못했고 모일 이유도 없었다.

그래서 모여야 할 목적의 구심점을 온라인과 오프라인으로 바꿨다. 온라인의 형태로 모여서도 모임의 목적을 충분히 달성할 수 있는 소그룹, 모임 방식에 있어서 온라인 형태가 더 편하고 좋은 청년들을 중심으로 〈M-Connect〉라는 이름의 '온라인 중심 공동체'를 만

---

24 만나교회는 소그룹 모임을 '나무 모임'으로 칭한다.

들었다.[25] 반대로 오프라인 만남을 기반으로 모여야 하는 소그룹과 온라인보다는 오프라인 형태의 소그룹 나눔이 더 편하고 좋은 청년들을 모아 ⟨C-Connect⟩라는 이름으로 '오프라인 중심 공동체'를 만들었다.[26]

온라인 중심 공동체	오프라인 중심 공동체
M-Connect	C-Connect
#Mobile	#Chair
#Messenger	#Circle
#Media	#Contact

셋째 키워드는 #만청 카카오톡 채널이다. 공동체 구조 개편에도 불구하고, 코로나19 상황 가운데 소그룹 모임을 하지 않겠다는 청년들이 많아졌다. 그러나 그들에게도 목회자의 돌봄(Pastoral Care)이 여전히 필요했다. 사실 기존의 목회 방식은 '관리형 목양'이었다. 담당 사역자가 출결을 점검하고, 리더를 통해 기도 제목이나 상황을 수합하는 형태다. 그런데 코로나19를 지나며 출결의 의미가 흐릿해졌다. 그래서 목양에 있어서도 방향을 바꿔야 했다. '자기 주도형 목양 시스템'이 바로 그것이다. 청년 스스로가 목회적인 돌봄을 요청

---

25 모바일(Mobile)과 메신저(Messenger)와 미디어(Media)를 활용한 모임으로, 각각의 첫 글자 'M'을 따서 ⟨M-Connect⟩로 명명했다.

26 의자(Chair)에 둘러앉아(Circle) 직접 얼굴을 보며(Contact) 모이는 모임으로, 각각의 첫 글자 'C'를 따서 ⟨C-Connect⟩로 명명했다.

하고 신청할 수 있는 시스템을 만든 것이다.

이를 위해 카카오톡 채널을 활용했다. 카카오 플랫폼의 카카오톡 채널은 청년들에게는 너무나 익숙하고 쉬운 방식이다. 언제든 삶의 고민이나 영적인 돌봄, 긴급한 상황을 목회자와 나눠야 할 때, 카카오톡을 열고 터치 몇 번이면 손쉽게 요청할 수 있는 방식인 것이다. 카카오톡에 개설된 〈만청 커넥트〉라는 채널을 통해 청년들은 만청

카카오톡 채널
〈만청 커넥트〉

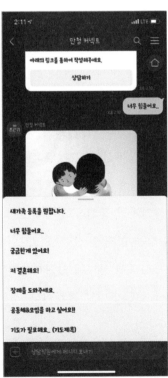

〈만청 커넥트〉를 통한
목회적 돌봄 요청

의 사역자들과 언제나 '커넥트(connect, 연결)'되어 있고, 원할 때는 언제든 휴먼 터치할 수 있다는 심리적 안정감을 갖게 되었다.

청년에게 반드시 필요한 세 번째 터치는 온라인 매체를 통한 지혜의 손길을 경험하는 유튜브 터치이다. 근래 유튜브 없이 사는 청년이 과연 몇 명이나 될까? 청년사역을 하는 이들은 잘 알겠지만, 요즘 청년들은 유튜브로 영상만 보는 게 아니다. 유튜브로 음악을 듣고, 유튜브로 검색하며, 유튜브로 공부한다. 사실, 이는 코로나19의 영향으로 시작되었다기보다는 코로나19로 인해 가속화되고 확연히 드러났을 뿐이다. 청년들은 이미 수년 전부터 '유튜브 나라'에서 살고 있었다. 지금은 유튜브 없이는 청년사역이나 청년 선교를 논할 수 없는 시대다.

청년들은 이제 흔한 검색 엔진 대신에 유튜브를 통해 정보를 검색한다. 그래서 유튜브에는 '~하는 법' 식의 썸네일 제목들이 많다. 청년들은 유튜브에서 지식을 찾고, 해결 방법을 찾는다. 그러므로 우리는 이제 유튜브 터치를 통해 그들에게 '인생의 고민과 염려'에 대한 '답'을 줄 수 있어야 한다. 성경은 이를 '지혜'라고 말한다. 세상의 지식과 해결 방법이 말해 주지 않는 '삶의 지혜와 통찰력', 바로 그런 알맹이를 담아내야 하는 것이다.

그렇다면 유튜브 사역에 대한 청년 목회의 방향은 어떠해야 할까? 2005년에 유튜브가 탄생한 이래 엄청난 양의 동영상이 지금 이 순간에도 쉴 새 없이 업로드되고 있다. 유튜버(YouTuber)로 불리는 사용자는 그 수가 수억에 달한다. 엄청난 노하우와 인프라, 재정을 겸비한 기존 방송사나 영화 제작사나 광고 회사 등도 유튜버가 되는 세상이다.

이런 환경에서 영상 전문가가 아닌 전도사나 목사들이 기독교적이면서도 청년들이 관심을 가질 만한 콘텐츠 영상을 제작해야 한다. 레드오션(red ocean)[27]도 이런 레드오션이 따로 없다. 코로나19 시대 청년 목회를 감당하는 사역자들은 마치 이 엄청난 레드오션에서 이제 막 뗏목 하나 가진 뱃사공이 항해를 시작해야 하는 꼴이다.

유튜브를 시청하는 청년들 입장에서는 볼 게 정말 많다. 아니 많아도 너무 많다. 앞에서도 언급했지만, 10분을 넘어가는 영상은 일단 클릭하지 않는다. 짧으면서도 자극적이고, 자신의 흥미를 채워 줄 영상이어야 한다. 레드오션에서 구독자를 확보하려면 기술적으로 화려한 영상미, 누구라도 알 법한 출연자, 그리고 클릭을 유발하는 자극적인 콘텐츠가 있어야 한다. 그러나 청년 목회의 현장에서 위의 세 가지 요소를 갖춘 영상을 만드는 건 불가능하다. 그러므로 청년 목회를 위한 유튜브 콘텐츠는 그 방향성이 완전히 달라야 한다. 레드오션을 떠나 블루오션(blue ocean)[28]으로 가야 한다는 말이다.

여기서 블루오션이란, 세상이 줄 수 없는 진리와 지혜의 통찰을 주는 내용, 즉 알맹이에 초점을 맞춘 콘텐츠를 의미한다. 자기가 아는 것을 콘텐츠로 삼아야 공감을 얻을 수 있다. 그래서 유튜브 사역

---

27 경쟁이 치열하여 성공을 낙관하기 힘든 시장을 의미한다.

28 현재 존재하지 않거나 알려져 있지 않아 경쟁자가 없는 유망한 시장을 가리킨다.

의 키워드는 통찰(#insight)과 내가 아는 것(#I know)이다. 두 키워드를 중심으로 만청이 제작했던 유튜브 콘텐츠를 몇 편 소개하겠다.

먼저 통찰의 키워드로 제작한 세 편의 시리즈를 살펴보자.

① 그리스도인의 관점으로 문화를 다시 보는, 〈만청 문화 살롱〉

청년들이 주로 접하는 영화, 드라마, 음악, 책 등의 '문화 요소' 속에서 삶의 지혜와 성경적인 답을 찾을 수 있도록 돕는 콘텐츠다. TV 드라마 〈부부의 세계〉가 한창 화제가 되었을 때는 〈부부의 세계 리뷰〉를 통해 청년들이 고민하는 연애, 결혼, 가정에 관한 이슈를 다뤘다. 또 '마블 시리즈 캐릭터'를 중심으로 각 영웅의 모습 속에서 발견할 수 있는, 누구나 품고 있을 법한 심리적인 고민들을 다루기도 했다.

그리스도인의 관점으로 문화를 다시 보는 문화 살롱 - 부부의 세계 리뷰

② 신앙 QnA, 〈크리스천 라이프 밸런스(크.라.밸)〉

'~하는 법'을 자주 찾아보는 청년들에게 기독교 신앙과 우리의
삶이 어떻게 구체적으로 연결될 수 있는지에 대한 지혜와 방법을
제안하는 프로그램이다. 아래와 같은 주제들로 콘텐츠를 기획 연재
하고 있다.

"하나님, 나 솔직히 싫어하죠?(고통의 문제에 대하여)"

"내가 가는 이 길이 어디로 가는지?(진로, 직업 선택의 기준)"

"천국, 지옥 다녀온 썰 풉니다(천국/지옥에 대한 성경적 개념)"

"결혼… 꼭 해야 하나요?(결혼에 대한 청년들의 FAQ 10개)"

"전도… 꼭 해야 하나요? 어떻게 해야 하나요?"

"자살하면 지옥에 가나요?"

"[납량 특집] 귀신이 진짜 있나요?"

"문신하면 안 되나요?"

"크리스천은 만날 참아야 하나요?(관계/갈등 해결의 성경적 지혜)"

신앙 QnA - 하나님 솔직히 나 싫어하죠?

③ 성경 QnA, 〈어머! 이건 알아야 해(어.이.알)〉

지혜와 진리는 성경 속에 있는데, 막상 청년들이 진지한 마음으로 성경을 읽어 내려가다 보면, 궁금한 게 한둘이 아니다. 그런데 그런 궁금증에 대해 속 시원하게 대답해 주는 유튜브 콘텐츠는 그리 많지 않다(있더라도 이단 단체에서 올린 것이 많다). 만청은 일 년 성경 통독 일과를 공유하며, 함께 통독해 나가는데 해당 월에 읽었던 성경 본문들을 바탕으로 청년들이 질문한 난해한 단어나 구절, 상황에 대한 설명을 담아내는 '성경 QnA' 프로그램을 제작했다.

성경 QnA - 여호수아/사사기 편

이번에는 내가 아는 것(# I know)이란 키워드로 제작한 네 편의 동영상을 살펴보자. 청년들에게 담당 목사나 전도사는 그야말로 인싸(insider)[29] 중의 인싸다. 나를 알고, 내가 아는 사람이기 때문이다. 청년 공동체 유튜브의 연예인은 다름 아닌 청년사역자들인 것이다.

---

29 각종 행사나 모임에 적극적으로 참여하면서 사람들과 잘 어울려 지내는 사람을 이르는 말.

내가 아는 사람의 소박하고 솔직한 인간적인 모습에 청년들은 관심과 흥미를 가진다. 자주 만날 수는 없지만, 유튜브를 통해 가까이에서 만난 것 같은 느낌을 갖는다.

④ 만청 사역자 인싸력 테스트

청년부 사역자들이 출연하여, 청년들이 주로 사용하는 '줄임말'을 몇 개까지 맞출 수 있을지를 '도전 골든벨' 형태로 알아본 콘텐츠다. 청년들의 문화에 청년사역자들이 얼마나 공감하고 있는지를 확인하려고 제작했는데 반응이 아주 좋았다.

인싸력 테스트 - 만청 사역자

⑤ 평양냉면 리뷰

내가 잘 아는 전도사가 평양냉면을 맛있게 먹으며 평양냉면에 담긴 '영적, 신앙적 의미'를 설명해 주는 콘텐츠다. 친숙한 인싸 전도사의 식성을 확인하는 재미가 있을 뿐만 아니라 일상의 소소한 것들도 충분히 신앙과 묵상의 소재가 될 수 있음을 알려 주었다.

문화 살롱, 음식 이야기 - 평양냉면

⑥ **신앙QnA 번외편,**

〈사모님, '저 냥반이랑' 왜 때문에 결혼하셨어요?〉

청년사역자의 사모들이 출연하여, 각자 자기 남편의 이야기를 쏟아 놓는 콘텐츠다. 출연자 언급만으로도 청년들은 이미 클릭할 준비가 되어 있었다. 이 콘텐츠를 통해 청년들은 목사님 집에 놀러 간 것 같은 친밀감을 느꼈다고 한다.

⑦ **찾아가는 청년 심방 프로젝트, 〈만청 스타렉스〉**

tvN 예능 프로그램 〈택시〉를 패러디한 콘텐츠다. 교회 차량에 청년들을 태우고 그들의 이야기와 고민을 나누는 내용이다. 청년들이 마주하고 있는 일상의 고민과 걱정에 대한 목회자의 진솔한 답을 들을 수 있을뿐더러, '내가 알던 그 청년'의 보다 깊은 이야기를 들을 수 있는 시간이었다.

누군가는 코로나19를 교회의 위기라 말하기도 하고, 또 누군가는 새로운 사역을 향한 기회라 말하기도 한다. 코로나19 시대와 그 이후의 목회와 사역이 위기가 될지 기회가 될지는 결국 자신에게 달렸다. 코로나19가 오기 전부터 이미 N포 세대로 살아갔던 청년들이 코로나19라는 핵펀치를 맞고 엘리야처럼 두려움과 절망, 외로움 속에서 자신의 삶을 자포자기하려 한다. 이런 때에 청년사역자들마저 엘리야처럼 기진맥진해 버린다면, 사역자 스스로는 물론이거니와 이 땅과 한국 교회의 미래를 세워 갈 '주님의 청년'들을 모두 잃게 되고 말 것이다.

그러나 청년사역자가 자신의 포지션을 엘리야가 아닌 천사로 여기고, 다른 누군가가 아닌 바로 자신이 예배와 설교(워십 터치), 일대일 심방과 양육(공감 터치), 그리고 진리와 지혜의 알맹이와 이야기를 담은 유튜브(유튜브 터치)로 휴먼 터치를 행한다면, 나도 살고 우리 청년들도 다시 살아나게 될 것이다.

만청 스타렉스 6화

하나님 나라를 세워 가기 위한 '재정 사용'에 관한 메시지를 들은 뒤

1-1. 이번 한 주 '나를 위해' 사용한 돈은 얼마쯤인가요?

① 3만 원 이하 ② 3~5만 원 ③ 5~10만 원 ④ 10만 원 이상

1-2. 이번 한 주 '타인을 위해' 사용한 돈은 얼마쯤인가요?

① 1만 원 이하 ② 1~3만 원 ③ 3~5만 원 ④ 5만 원 이상

1-3. 베풂에 있어서 머뭇거리는 이유가 있다면 무엇인가요? (중복 가능)

① 돈이 아까워서 ② 돈이 없어서 ③ 나눌 사람이 없어서

④ 기타_____ (직접 기입)

1-4. 이웃을 위해 나는 앞으로 재정을 어떻게 사용하겠습니까? (중복 가능)

① 커피를 대접하겠습니다.

② 밥을 대접하겠습니다.

③ 지하철역의 노숙자를 돕겠습니다.

④ NGO 등의 정기 후원에 동참하겠습니다.

　(예. 월드휴먼브릿지, 컴패션, 월드비전 등등)

2-1. 나는 현재 어떤 헌금을 하고 있나요? (중복 가능)

① 주일헌금

② 십일조 : 나의 재정이 하나님의 것임을 인정하며 소득의 10분
　　의 1을 드리는 헌금

③ 감사헌금 : 하나님 앞에 감사한 일이 생겼을 때 드리는 헌금

④ 절기헌금 : 부활절, 맥추감사, 추수감사, 창립감사, 성탄절 등

⑤ 한셈치고 헌금 : 특정한 목적을 위해 모금하는 헌금

2-2. 혹시 헌금을 드리고 있지 않다면, 이유가 무엇인가요? (중복 가능)

① 돈이 아까워서 ② 돈이 없어서

③ 헌금이 어떤 목적으로 사용되는지 알 수 없어서

④ 기타_____ (직접 기입)

　　헌금은 가장 확실하고 성경적인 '나눔'의 방식입니다.

　　많은 비기독교인은 교회의 헌금은 교회 스스로와 교회 리더십만
살찌우는 것이라고 이야기합니다. 그러나 대부분의 건강한 교회는
헌금을 절대로 자기 교회만을 위해 사용하지는 않습니다. 더욱이
만나교회는 예산의 50% 이상을 선교와 나눔에 사용하고 있습니다.
절기헌금과 한셈치고 헌금의 경우에는 전액(100%) 그 해당 목적에
맞게 사용합니다.

　　만나교회는 헌금을 통해 이 땅의 소망이 되기 위한 치열한 순종
을 실천해 나가고 있습니다. 헌금 생활은 재정의 나눔과 베풂을 실
천하는 가장 확실하고 성경적인 방식입니다.

2-3. 앞으로 하나님 앞에 어떤 헌금을 드릴지 결단해 봅시다. (중복 가능)

① 주일헌금

② 십일조 : 나의 재정이 하나님의 것임을 인정하며 소득의 10분의 1을 드리는 헌금

③ 감사헌금 : 하나님 앞에 감사한 일이 생겼을 때 드리는 헌금

④ 절기헌금 : 부활절, 맥추감사, 추수감사, 창립감사, 성탄절 등

⑤ 한셈치고 헌금 : 특정한 목적을 위해 모금하는 헌금

부록 5 | 워십 터치를 위한 적용 팁

1) 예배 요소를 짧고 간결하게 구성하라! (길면 안 본다!)

2) 양복을 벗고, 청바지를 입어라!

(공감하는 예배 인도자, 설교자가 되어야 한다.)

3) 메시지를 전달할 수 있는 적합한 교보재를 찾아 사용하라!

4) 뜬구름 잡는 설교가 되지 않도록, 삶에 구체적으로 적용할 수 있는 질문과 객관식 문항을 준비하라!

(가급적 주관식은 피하라! 착실하게 답해 줄 만큼 순박한(?) 청년은 거의 없다.)

부록 6 | 공감 터치를 위한 적용 팁

1) 사역도 '뉴트로'다! 언택트, 온택트 시대일수록 '1:1(일대일)' 만남에 에너지를 쏟아라!

(생각보다 효과가 매우 크다.)

2) 온라인이 좋은 청년도 있고, 오프라인이 좋은 청년도 있다.

(하나의 방식만을 고집하지 말고, 모이고 싶은 방법대로 모일 수 있게 하라!)

3) 카카오톡 채널을 개설하는 데 돈은 들지 않는다!

(청년들 스스로가 목회적 돌봄을 요청할 수 있는 플랫폼을 만들어라!)

4) 모든 방법을 동원하여 관리하려 하지 말고, '공감'하라!

부록 7 | 유튜브 터치를 위한 적용 팁

1) 껍데기에 공들이지 말고, 알맹이에 올인하라!

- 유튜브 콘텐츠에 담을 만한 나만의 알맹이가 있는지를 먼저 점검하라.

- 껍데기를 멋지게 만들기 위해 유료 템플릿 사용을 주저하지 말라.

(엔바토 마켓(Envato Marke)과 같은 디지털 웹 마켓을 이용하는 것도 한 가지 방법이다.)

2) 찾아보면 내가 직접 만들지 않아도 청년들에게 소개하고 보여 줄 만한 좋은 콘텐츠, 좋은 유튜버들이 많다.

(좋은 콘텐츠를 소개해 주는 것만으로도 강력한 '유튜브 터치'가 될 수 있다.

예. 〈잘.잘.법〉, 〈세바시〉, 〈비글부부〉, 〈바이블 프로젝트〉 등.)

3) 청년사역자 스스로가 청년들에겐 연예인이다.

(자신의 삶과 이야기를 진솔하게 보여 주어라! 일상의 자리에서 예수님과 동행하며 고군분투하는 실제 이야기를 들려주어라!)

Chapter 7.

교구사역

교구 사랑은
온라인과 오프라인을 타고

| 정모세 목사(만나교회 목양국장)

교구사역의 핵심은 심방과 소그룹이다. 방문과 교제를 통해 이루어지는 사역이 대부분 그렇듯이 비대면 상황에서 두 사역 또한 큰 장벽을 만났다. 비대면 상황에서의 돌파구는 온라인에서 주로 찾을 수밖에 없기 때문에, 새로운 방법과 사역에 대한 고민도 주로 온라인상에서 이루어졌다.

온라인 사역이 주된 고민거리였지만, 그것은 코로나라는 상황이 전제된 것임을 기억해야 한다. 그래서 이전으로 다시 돌아갈, 그러나 이전과는 달라진 오프라인의 일상도 함께 염두에 두어야 한다. 즉 장기적인 면에서 두 가지 모두를 생각하는 올라인 사역이 필요하다는 뜻이다.

그런 면에서 교구사역이 왜, 어떻게 진행되는지에 관해 이야기하고자 한다. 물론, 교회의 규모나 지역 분위기에 따라 공감하는 정도에 차이가 있을 것이다. 그러나 그럼에도 코로나19 시대의 목양에 대해 함께 고민해 보는 것만으로도 유익한 기회가 되리라 믿는다.

■ 목양, 이제는 쉽고 빠른 것이 중요하다

코로나19와 같은 상황에도 기존과 변함없이 유지되거나 오히려 강화되어야 하는 목양 사역이 있다. 그것은 바로 전화 심방이다. 전화 통화는 비대면이고 온라인상에서 이루어지는 것이지만 메신저나 화상 모임에 비해 아날로그에 가까운 소통 방법이라 할 수 있다. 그러나 전화 통화는 서로 교감하고 소통하는 데에 있어서는 그 어느 것 못지않은 효과가 있다. 일대일의 관계라서 더 그렇다.

특히 코로나19 사태가 벌어진 시기에 교구 목사들에게 전화 심방을 강조하곤 했다. 전화 심방을 하다 보면 이전과는 분명 다른 느낌을 받는다. 성도들이 평소보다 더 반가워하기도 하고 고마워하기도 한다. 그리고 전화로라도 기도해 드리면 눈물과 감격으로 받기도 한다. 그래서 전화 한 통에도 더 마음을 담고 성도들을 위해 기도하는 마음으로 심방하게 된다.

한번은 사업의 어려움에 처한 성도에게 전화 심방을 했는데, 마침 퇴근하는 길이었다. 기도를 해 주겠다고 하니 갓길에 차를 세우고 기도를 받았다. 그런데 기도를 마쳤는데도 얼마나 흐느껴 울던지 결국 인사도 제대로 못하고 전화를 끊을 수밖에 없었다. 나중에 그분에게서 정말로 감사했다는 메시지를 받을 수 있었다.

코로나19 기간에 전화 심방을 통해 목회의 본질에 대해 다시 생각해 보는 계기가 되었다. 성도들을 위한 영상 제작도 필요하고, 참여에 대한 독려도 필요하다. 하지만 가장 중요한 것은 관심과 사랑이다.

목회는 돌봄이고, 그것은 소수에 집중될수록 더 효과적이다. 전화를 통한 아날로그 목양이 어떤 면에서는 구시대적이고 느린 방법인 것 같지만, 비대면 시대에서는 오히려 반대다. 들이는 시간에 비해 전화로 안부를 묻고 기도해 드리는 것만큼 효과적이고 빠른 방법도 없다. 휴대전화와 성도를 사랑하는 마음만 있다면 언제든 어디서든 가능한 목양이기 때문이다. 심방하면서 느끼는 것은 목회자의 전화 한 통을 기다리는 성도들이 많다는 것이다.

비대면 상황은 전화 이외에도 성도들에게 쉽고 빠르게 다가갈 수 있는 다양한 방법을 모색하게 했다. 코로나19가 발생한 지 한 달 정도 되었을 때, 담임 목사님이 단톡방마다 다니며 성경 통독을 하는 교인들을 심방하신 적이 있다. 라이브톡이라는 기능을 이용한 것이었는데, 이것은 원래 있던 기능이었지만 당시에는 그다지 많이 사용하지 않던 것이었다. 서로가 얼굴을 볼 수 있는 것도 아니고 라이브톡을 주최하는 사람을 제외한 참여자들은 채팅으로만 소통할 수 있었기 때문에 손이 느린 장년층에서는 더욱이 잘 사용하지 않던 기능이었다. 그래서 평소에 늘 사용하던 메신저였지만 참여하는 것이 쉬운 일만은 아니었다. 시작하기 버튼을 누르는 것에서부터 소리를 켜는 것까지 모든 것 하나하나가 생소한 성도들에게 온라인으로 설명해 주는 것도 한계가 있었다.

그러나 막상 시작해 보니 의외로 많은 성도가 참여했다. 그리고 반응은 뜨거웠다. 담임 목사님의 얼굴을 보고, 목소리를 들을 수 있다는 것만으로도 성도들은 감격해 했다. 어떤 성도는 본인의 얼굴이 보이지 않는다는 것도 모르고 화장하고 기다리신 분도 있었고, 어떤 분은 들리지도 않는데 담임 목사님이 대답하실 때까지 큰 목소리로 계속 인사를 했다는 웃지 못할 에피소드도 있다.

그렇게 모두에게 익숙하지 않은 상황이었지만 우여곡절 끝에 경험한 한 번의 시간이 많은 분에게 새로운 배움과 도전의 기회를 열어 주었다. 그리고 누구나 할 수 있다는 자신감도 갖게 해 주었다. 그렇게 라이브톡도 어려워하던 성도들이 1년이 지난 지금은 화상 모임을 통해 자유롭게 만나고 있다.

최근에는 화상회의 솔루션인 줌을 이용하여 약 3천 명의 성도가 담임 목사님과 만났다. 성도들의 온라인에 대한 경험치가 누적될수록 교회는 새로운 것에 대한 두려움, 단절에 대한 두려움에서 점차 벗어나게 된다.

물론, 익숙지 않은 공간과 새로운 형태의 모임에 선뜻 발을 들이지 못하는 성도들도 여전히 많다. 그러나 못하는 성도들을 위해 잘하는 성도들을 포기할 이유는 없다. 성서 시대의 목자들은 양과 염소를 3:1 비율로 키웠다. 성향이 너무나 다른 두 동물을 함께 사육한 이유는 소수의 염소가 양을 이끌어 주는 역할을 했기 때문이다. 겁이 많은 양이 험한 길을 선뜻 가지 못할 때, 염소는 그 길을 앞장서 가고 그러면 양들은 그 염소를 따라간다. 그래서 염소를 먼저 앞서가게 하는 것은 양을 포기하거나 방치하는 것이 아니라 오히려 그 양을 옳은 길로 인도하기 위함이다. 그래서 신앙의 모델이 필요한 것이다. 누군가는 그 모델의 처음이 되어야 한다. 두려움은 경험을 통해 극복된다. 그리고 경험은 관심과 사랑에서 시작된다.

코로나19로 괴로운 시기에 개인적으로 자주 읽었던 시가 있다. 나태주의 〈풀꽃〉이라는 시다.

자세히 보아야 예쁘다.
오래 보아야 사랑스럽다.
너도 그렇다.

삶의 분주함 속에 우리를 멈추게 하신 그분의 뜻이 있다고 믿는다. 그동안 자세히 보지 못하고, 오래 보지 못했던 서로에 대한 관심을 다시금 회복할 시간을 우리에게 허락해 주신 것이라 믿는다. 더 미루지 말고 믿음의 식구들을 생각하고, 맡겨 주신 양들을 생각하며 지금은 어떤 방법으로든 찾아가야 할 때다.

■ 나이는 숫자에 불과하다, 온라인 소그룹

　2020년 6월, 사회적 거리두기가 계속 이어지는 가운데 신앙생활에 대한 실태 파악을 해 보았다. 562명의 나무(만나교회 소그룹 명칭) 리더들에게 온라인 설문 조사를 했는데, 놀랍게도 리더의 90% 이상이 온라인 신앙생활에 잘 적응하고 있었다. 그런데 더 놀라운 것은 그 리더의 64%가 50~60대의 고령층이라는 사실이다.

　적응도에 관한 기준은 유튜브나 만나교회 앱을 통해 예배드릴 수 있고 구글 아이디로 로그인해서 채팅이나 댓글로 글을 남길 수 있는 정도의 능력치를 기준으로 보았다. 물론 일반 성도들보다는 더 적극적인 리더 그룹이라는 특수성이 있지만 나이로만 보았을 때는 편견을 깨기에 충분한 수치라고 할 수 있다.

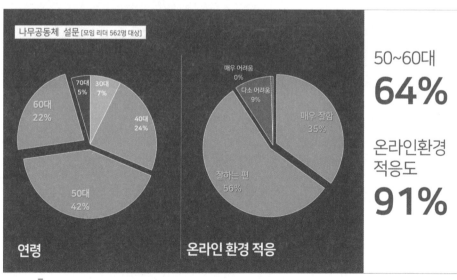

나무공동체 설문 조사 - 연령대별 온라인 환경 적응도

2021년 1월, 앱 분석 업체인 와이즈앱에서 조사한 스마트폰 이용자의 세대별 앱 이용 현황을 보면, 유튜브 사용자 중 50대 이상의 고령층이 가장 많았고, 이용 시간 또한 50대 이상이 가장 많았다. 사실 고령층의 이용 시간은 코로나19가 시작되기 전부터 이미 젊은 세대를 앞질렀다. 이런 통계는 50대의 비중이 높은 리더들의 설문 결과에도 잘 반영되고 있다.

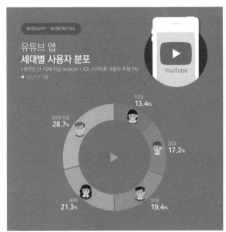
유튜브 앱 사용자의 세대별 분포도

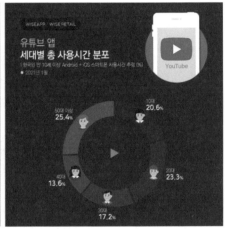
세대별 유튜브 앱 총 사용 시간 분포도

리더를 대상으로 한, 또 다른 설문 결과를 보면 코로나19 기간 유튜브를 통해 온라인으로 예배를 드린 리더가 98%에 이르렀고, 그중 실시간 채팅에 55%가 참여해 본 적이 있다고 응답했다. 성도들의 휴대폰에 구글 계정이 만들어져 있고, 유튜브에 로그인이 되어 있다는 것은 중요한 의미가 있다. 왜냐하면 이것은 리더 그룹의 주 연

온라인으로 예배를 드린 적이 있다!

크롬　드라이브　Gmail　Play

98.2%

설문　YouTube　Meet　캘린더

55.5%

실시간으로 채팅에 참여한 적이 있다!

온라인 예배에 대한 나무공동체 설문

령층이 온라인에서 목양을 받을 준비가 되어 있다는 것을 의미하기 때문이다. 구글에 로그인이 되어 있으면 설문지, 공유 문서, 화상채 팅 등 다양한 기능을 목양의 툴로 사용할 수 있다.

이런 점에서 50대 이상을 무조건 디지털 소외 계층으로 분류하는 것은 섣부른 판단일 수 있다. 이미 50대 이상의 상당수가 스마트기 기에 익숙해져 있고, 무엇보다도 그들 곁에는 모바일 기기에 뛰어 난 감각을 가진 밀레니얼 세대(Millennial Generation) 자녀들이 있어 언제 든지 도움받을 수 있다는 것을 잊지 말아야 한다. 즉 리더들을 목양 의 다양한 툴 안으로 얼마든지 들어오게 할 수 있고, 그것을 소그룹 에도 적용하는 것이 가능하다는 것이다.

그런데 의외로 성도들 스스로도 그렇고 목회자들까지도 고령층은 모두 온라인 환경에 적응하기 어려울 것이라고만 생각한다. 그런데 통계는 우리의 편견과는 다른 결과를 보여 준다. 어쩌면 온라인 목양의 가장 큰 장애물은 우리 마음속에 있는 선입견일지도 모른다. 그래서 목회자와 리더들이 격려와 긍정적인 마음을 통해 그리고 서로에 대한 믿음을 통해 성도들을 새로운 신앙의 자리로 이끌어 가는 것이 중요하다.

소그룹에서 가장 중요한 것은 리더다. 리더들이 온라인 인프라를 갖추고 있다는 것은 온라인 목양의 새로운 가능성과 잠재력을 말해 주는 것이다.

사적인 시간과 일들로 갈수록 분주해지는 성도들의 삶은 점점 교회로의 발걸음을 멀어지게 만들고 있다. 교회의 소그룹 모임에 대한 참여도와 횟수의 변화는 그것을 잘 반영해 주고 있다. 만나교회 교적 프로그램에는 소그룹에 대한 통계를 볼 수 있는 기능이 개발되어 있다. 그래서 몇 년 전부터 데이터를 축적해 왔고 이를 통해 매월 모임 횟수별 소그룹 수 변화의 추이를 분석해 보았다.

그림의 통계를 보면, 2017년도만 해도 매월 3회 이상 모이는 소그룹의 수가 가장 많았다. 그런데 불과 2년이 지나, 3회 이상 모이는 소그룹은 급격히 줄어들게 되었다. 대신 월 2회 모임의 소그룹 수가 가장 많아지게 된 것을 볼 수 있다. 이것은 소그룹 모임이 '매주 모임'에서 '격주 모임'으로 옮겨 갔다는 것을 의미한다. 이런 추세로 가다 보면, 소그룹의 다수가 더 적은 횟수 쪽으로 이동하게 될 것이다.

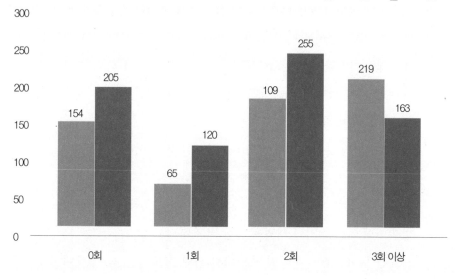

매월 모임 횟수별 소그룹 수 변화

　신앙생활에서 성도의 만남과 교제의 기회가 줄어드는 것은 결코
좋은 사인이 아니다. 성경은 분명 성전에 모이기를 힘써야 함을 강
조한다(행 2:46). 그리고 모이기를 폐하는 사람들의 습관을 경계한다
(히 10:25). 그래서 모임의 횟수가 줄어든다는 것은 성경적 소그룹에
빨간 신호가 들어왔다는 것이다. 어떤 이는 모임의 양보다 질이 중
요하다고 이야기한다. 그러나 모임의 횟수가 줄어든다고 질이 저절
로 높아지는 것은 아니다. 신앙 공동체의 만남의 횟수는 숫자 이상
의 의미가 있다. 성도의 만남은 단순히 교제에서 그치는 것이 아니
라 사랑과 관심 속에 은혜의 불을 피우게 한다. 그 불은 자주 모일

수록 더 뜨거워지게 되어 있다.

그런데 코로나19가 찬물을 끼얹음으로써 오히려 정신을 차리게 되었다. 이때, 불씨를 다시 살릴 불쏘시개를 찾아야 한다. 교구사역에서 불쏘시개란 온라인 소그룹이라고 할 수 있다. 온라인 소그룹은 여러 가지 핑계로 멀리했던 모임 활동을 다시금 시작할 계기를 마련해 줄 것이다.

온라인상의 모임은 분주한 현대인들에게 많은 이점이 있다. 가장 큰 이점은 모임 장소로 이동하는 시간을 획기적으로 절약해 준다는 것이다. 시간뿐 아니라 체력도 아껴 준다. 게다가 만나서 의례적으로 먹어야 하는 식사나 다과에 대한 비용 부담도 없다.

그런 무미건조한 온라인 모임에서 과연 정을 나눌 수 있겠냐고 반문할 수 있다. 그러나 온라인 모임의 역할은 오프라인을 온전히 대체하는 것이 아니라 오프라인 모임이 채우지 못하는 공백을 채우는 데 있다는 점이 중요하다. 즉 오프라인 모임에 다시금 불이 붙도록 도와주는 역할을 해야 하는 것이다. 결국, 온라인의 기능은 오프라인으로의 유도다. 그렇게 한 번이라도 더 보고 나누고 교제하는 시간은 분명 오프라인 모임에 대한 사모함을 만들어 줄 것이기 때문이다.

최근 새가족으로 등록한 한 성도가 온라인 소그룹 모임에 들어왔다. 삶에 상처와 아픔이 많아 차마 얼굴을 보이기는 어렵다며 비디오는 켜지 않고 나누는 이야기를 듣기만 하겠다고 했다. 돌아가며 말씀을 나누고 서로에 대한 이야기를 나누고 있는데 어디선가 우는 소리가 들렸다. 그 소리는 검은 화면 속에 모습을 드러내지 않은 그 성도의 울음소리였다. 나누는 이야기들이 자신에게도 공감이 되고 위로가 되어 눈물이 났다고 한다.

놀랍게도 그 성도는 그다음 주 모임에서 자신의 모습을 드러냈다. 지난주에는 어둡기만 했던 화면이 환하게 켜졌다. 마치 그 성도의 마음이 신앙의 공동체 안으로 환하게 열린 것만 같았다. 이렇게 온라인 모임은 오프라인이라면 엄두조차 내지 못할 이들이 용기를 내어 공동체 안으로 첫발을 내딛게 하는 디딤돌이 될 수 있다. 그리고 온라인에서 얼굴을 대했던 이들이 언젠가 오프라인에서도 깊은 만남과 교제를 나누게 될 것이다. 이것이 온라인 모임을 통해 우리가 기대하고 바라는 모습이다.

■ 소그룹 전략, 블렌딩과 살롱 커뮤니티

온라인 모임은 오프라인 모임의 포기를 의미하지 않는다. 아직은 온라인이 오프라인 모임을 보조하고 보완하는 역할을 해야 한다. 그래서 소그룹 목양에도 오프라인과 온라인을 적절하게 섞는 블렌딩(blending, 조합) 전략이 필요하다.

서울대, 고려대, KAIST 대학에서는 이미 코로나19 이전부터 온라인과 오프라인을 병행한 블렌디드 러닝(blended learning)의 방식을 적용하는 수업들이 있었다. 학생들이 교수가 제공한 강의 영상을 온라인을 통해 미리 학습하고, 오프라인 강의실에서는 토론이나 과제

2021 나무 교육 - 복음과 삶

풀이를 진행하는 형태로 수업이 진행되는 방식이다. 코로나19 이후 온라인 환경에 더 익숙해진 수업들은 이러한 방식을 채택하며 교육의 효과를 극대화해 가고 있다. 현재 초·중등 교육에서도 요일을 정해 등교하면서 온라인과 오프라인 수업을 병행하며 블렌디드 러닝의 교육 방식을 활용하고 있다.

2021년 3월부터 교구에서는 이러한 방식의 나무 교육을 시작했다. 먼저 유튜브를 통해 교육 영상을 시청하고 자료를 통해 생각을 정리한 후에 소그룹으로 모이는 것이다(유튜브에서 '나무공동체'를 검색하여 채널에 들어오면 다양한 영상과 자료를 받아 볼 수 있다). 현재는 온라인 소그룹만을 운영하지만, 앞으로는 온라인과 오프라인을 병행하게 될 것이다.

그러나 온라인에 대한 경험치가 아직은 많이 부족하다. 그래서 최소 한 달의 한 번은 온라인 모임에 참여하도록 권장하고 있다. 이것은 코로나19의 상황을 염두에 둔 것이 아니다. 코로나19 이후에도 온라인 모임은 적절한 비율로 계속되기를 바라는 마음에서 시작한 것이다. 이유는 앞서 말한 것처럼 코로나 이전부터 오프라인 모임들은 이미 공백이 생기기 시작했고, 그것을 채울 방법과 대안이 온라인 모임에 있다고 생각했기 때문이다. 문제는 그것을 어떻게 온라인으로 전환시키고 어떻게 적응하게 만들 것인가이다.

다행인 것은 코로나19가 사람들이 온라인에 대해 배우고 적응하는 시간을 단축시켜 줬다는 것이다. 그리고 그 필요성에 대해서 경험하고 깨닫게 해 주었다. 즉, 코로나19라는 상황이 온라인 모임을 정착시킬 수 있는 좋은 인프라를 만들어 준 것이다. 그러므로 이 시기를 온라인과 오프라인 목양의 블렌딩 전략의 적기로 삼아야 하는 것이다.

2020년 트렌드를 예상하고 분석하는 책들이 공통적으로 가장 많이 꼽은 키워드는 '느슨한 연대'다. 그림에서 보는 것처럼 최근 느슨한 인간관계를 선호하는 사람들이 생각보다 많다. 그래서인지 교

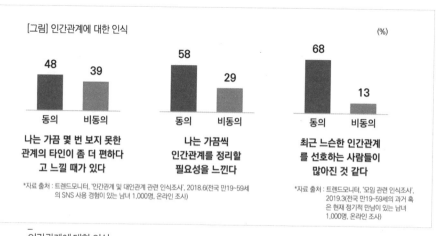

인간관계에 대한 인식

회에서도 어느 정도 거리감을 두고 신앙생활 하기를 원하는 교인들도 많아졌다.

2020년 후반기, 교구에서는 이러한 '느슨한 연대'를 모티브로 하여 새로운 온라인 소그룹을 시험적으로 시도했는데, 그것이 바로 '살롱[30] 커뮤니티(Salon Community)'다. 살롱 커뮤니티는 기존의 나무(소그룹)가 연령 또는 거주 지역을 고려했던 것과 달리 단지 관심사로만 모이는 공동체다.

기존 나무와의 다른 차이점이자 특징은 아래와 같다.

첫째, 본인의 신앙적 관심과 취향을 따라 자발적으로 참여한다.

둘째, 온라인상에서 주로 모인다(1회 이상의 오프라인 모임도 권장).

셋째, 모임에 정해진 기간이 있다.

준비 과정은 이러했다. 우선 교역자와 성도들을 통해 관심사를 조사하고, 10개 테마[31]를 선정하여 교구별로 신청을 받았다. 그 결과, 총 53개 소그룹이 만들어졌고, 400명 이상의 성도들이 신청했다. 이

---

30 프랑스어 살롱(Salon)은 '응접실, 사교 모임 등'을 뜻한다. 17~18세기 상류층 귀족들이 지식인이나 문화예술계 인사를 집으로 초대하여 자유롭게 토론하며 어울리던 공간이 바로 살롱이다. 당시 살롱은 단순한 사교장이나 오락장이 아닌 지적인 대화와 토론의 장이었다. 물론, 신분 제도가 존재했지만 남녀노소, 직위와 상관없이 평등하게 대화하고 토론을 나누는 자리였다. 2019년 트렌드 전망 중에 '살롱 문화의 부활'이라는 키워드가 있었다. 아는 사람들에 대한 감정 노동을 최소화하고, 자신의 취향을 존중받기를 원하는 낯선 사람들끼리의 모임이 생기면서 나온 말이다. 이런 새로운 사회성이 만들어지면서 전문가들은 살롱 문화가 앞으로 더 확산될 것이라고 이야기한다. 이미 젊은이들 사이에서는 '트레바리, 문토, 취향관'과 같은 느슨한 연대 속에 관심사로 만나는 모임들이 점차 늘어나고 있다.

31 유튜브 나무공동체 채널에 가면 살롱 커뮤니티 목록에서 각 테마에 관한 영상과 자료를 볼 수 있다.

수치는 한 교구의 소그룹 수 및 세대 수와 맞먹는 수치다. 즉 살롱 커뮤니티로 하나의 새로운 교구가 만들어진 셈이다. 솔직히 시작하기 전까지만 해도 이 정도로 참여도와 관심이 높을 줄 몰랐다.

모임을 시작한 지 한 달이 된 시점에 살롱 커뮤니티 리더들에게 설문한 결과, 매일 만남을 갖는 소그룹이 70%나 되었고, 3분의 2 이상의 열매들이 참여하는 나무가 87%나 되었다.

이렇게 참여도가 높을 수 있었던 것은 앞서 말한 살롱 커뮤니티의 세 가지 특징 때문이다. 자발적인 참여, 시간과 장소에 구애받지 않는 만남 그리고 단기간의 프로젝트성 모임이라는 것이 참여에 대한 동기를 높이는 이유로 분석된다. 이러한 결과는 새로운 소그룹

온라인 나무 소개 - 1

모임의 가능성과 모델을 제시해 준다.

교회의 규모가 있어야만 가능하지 않겠냐고 물을 수 있다. 그러나 꼭 많은 테마를 한꺼번에 운영할 필요는 없다. 기한이 정해져 있기 때문에 다양한 테마를 기간제로 돌려가며 운영해도 성도들에게 훨씬 더 역동적이고 지루하지 않은 소그룹 모임을 제공해 줄 수 있을 것이다. 중요한 것은 교인들의 상황과 관심을 이해하고 테마를 선정하는 것이다. 혹자는 지나치게 교인 맞춤형 소그룹이 아니냐고 말할 수 있다. 그러나 오히려 그렇지 않다. 테마를 선택하는 것은 교인들이지만, 소그룹 매뉴얼과 지침을 만드는 것은 교역자이기 때문이다. 교역자가 목회 철학과 신앙의 지침을 통해 얼마든지 하나

온라인 나무 소개 - 2

님과 교회의 방향을 소그룹 안에 스며들게 만들 수 있다.

10개 테마 중에 유일하게 교구별이 아닌 전 교구에서 신청을 받은 나무가 있는데, 바로 '다이어트 영성 나무'다. 이 나무는 본인이 감량할 체중의 목표 수치를 정하고 다이어트 노트를 통해 말씀과 삶을 실천해 가는 나무다. 이 나무를 기획한 목사는 운동과 식단 관리만이 아닌 영적인 관리도 수반되도록 매뉴얼을 설계했다. 그래서

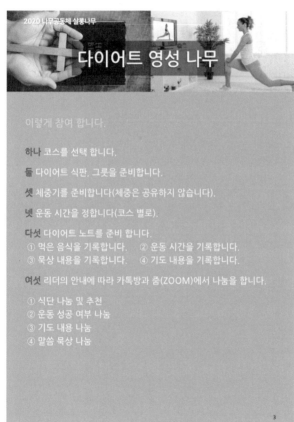

2020 나무공동체 살롱나무
다이어트 영성 나무

이렇게 참여 합니다.

하나 코스를 선택 합니다.

둘 다이어트 식판, 그릇을 준비합니다.

셋 체중기를 준비합니다(체중은 공유하지 않습니다).

넷 운동 시간을 정합니다(코스 별로).

다섯 다이어트 노트를 준비 합니다.
① 먹은 음식을 기록합니다.   ② 운동 시간을 기록합니다.
③ 묵상 내용을 기록합니다.   ④ 기도 내용을 기록합니다.

여섯 리더의 안내에 따라 카톡방과 줌(ZOOM)에서 나눔을 합니다.

① 식단 나눔 및 추천
② 운동 성공 여부 나눔
③ 기도 내용 나눔
④ 말씀 묵상 나눔

다이어트 영성 나무-
이렇게 참여합니다

3

그림에서와같이 감량 수치만 정하는 것이 아니라 기도와 통독을 하는 것도 함께 목표치로 정해 놓았다. 쉽지 않아 보이는 목표들임에도 참여자들이 시작부터 마지막까지 3개월간 열정적으로 동참했다. 온라인에서뿐 아니라 오프라인에서도 두 번 이상 모였을 정도로 참여도가 상당히 높았다.

아래 그림은 참여자 중 한 분이 자신의 다이어트 노트를 찍어서

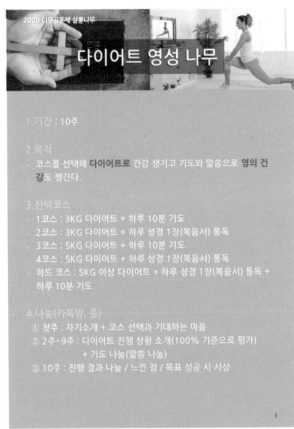

다이어트 영성 나무 -
기간, 목적

단톡방에 올린 것인데, 식단, 신앙, 운동 등 매뉴얼을 따라 꼼꼼하게 메모하고 관리했음을 알 수 있다. 그런데 이분만 이렇게 한 것이 아니라 대부분의 구성원이 동일하게 참여했다. 또 다른 참여자는 다이어트 영성 나무를 통해 기도와 말씀으로 운동하며 식단을 조절하다 보니, 오랫동안 시달려 왔던 불면증이 고쳐졌다는 간증을 하기도 했다. 그래서 코로나19 중에 서로가 격려하면서 큰 도전도 받고 건강한 삶을 크게 회복하는 모임이 되었다고 한다.

파일럿 프로그램(pilot program)[32]처럼 시작한 모임이었는데 그 반응이 매우 뜨거웠다. 안 그래도 코로나19로 인해 침체되어 있었던 소그룹 활동에 새로운 활력을 불어넣어 주었다. 이에 교구에서는 살

다이어트 영성 나무 참여자가 기록한
다이어트 노트

---

32 정규 편성에 앞서 1~2편을 미리 내보내 향후 고정적으로 방송할지를 결정하기 위해 만든 샘플 프로그램.

롱 커뮤니티 시즌2를 준비하고 있다. 그리고 코로나19가 어느 정도 종식된 이후에는 온라인으로만 모이는 미디어동산(교구)에 특화된 나무 모임으로 정착시킬 예정이다.

■ 연쇄적인 변화, 새가족 등록

만나교회에서 오래도록 온라인의 영역으로 열리지 않았던 곳은 새가족 등록 파트다. 그런데 코로나19로 인해 새신자 등록은 새로운 전환기를 맞게 되었다.

오른쪽 그림은 〈2020년 새가족 월별 등록 인원에 관한 통계〉다. 1년간 총 등록 인원은 청년을 포함하여 총 647명이었다. 아무래도 코로나19의 영향으로 작년 대비 3분의2 수준의 등록 수치를 보였다. 그런데 표에서 주목할 점은 사건 발생 시기를 기점으로 다음 달 수치에 영향이 나타난다는 것이다.

새가족 등록 인원에 이런 결과가 나타나는 것은 새가족 등록 시스템 때문이다. 만나교회의 등록 시스템은 본인이 직접 교회에 나와야만 등록이 되는 철저한 '오프라인 시스템'이다. 그러다 보니, 비대면의 상황에서는 크게 영향을 받을 수밖에 없다. 그런데 만나교회가 그동안 오프라인으로만 등록을 받았던 두 가지 이유가 있다. 하나는 본인의 분명한 등록 의사를 확인하기 위함이고, 또 다른 하나는 교인이 받는 혜택만 목적으로 등록하는 것을 방지하기 위함이다. 여기서 혜택이라 함은 차병원 할인과 '사무엘학교'(교회에서 운영

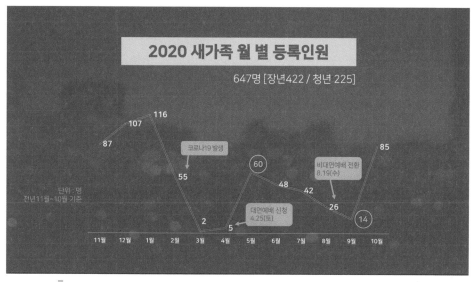

2020 새가족 월별 등록인원

647명 [장년422 / 청년225]

- 87
- 107
- 116
- 55
- 코로나19 발생
- 2
- 5
- 60
- 48
- 42
- 대면예배 신청 4.25(토)
- 비대면예배 전환 8.19(수)
- 26
- 14
- 85

단위 : 명
전년11월~10월 기준

11월 12월 1월 2월 3월 4월 5월 6월 7월 8월 9월 10월

2020 새가족 월별 등록 인원

하는 유치원) 입학이 대표적이라 할 수 있다. 그러나 현재는 그런 혜택들이 없어지거나 줄어들어 교인 혜택을 이유로 등록하는 사람은 거의 없어졌다. 이것은 코로나19와 같은 상황에 취약한 오프라인 등록 시스템을 더 이상 고집할 이유가 없어졌다는 것을 의미한다. 그래서 신중한 고민 끝에 새가족부에서는 온라인 등록을 새롭게 열기로 결정했다.

온라인 등록은 그림에서처럼 다섯 단계를 거치도록 만들어졌는데, 비대면이다 보니 등록자에 대한 검증과 의사를 확인하는 절차를 강화할 수밖에 없었다. 그래서 새가족 교육을 강화 및 의무화했고, 온라인 4주 교육과 과제를 마쳐야만 공동체에 편성이 되는 시스

On Line 새가족 등록

템을 마련하게 되었다.

새가족 교육을 온라인상에서 진행해 보니 장점도 있었다. 수료율이 높아졌고 교육의 효과도 더 좋아졌다. 온라인 등록은 2020년 9월부터 교회 홈페이지나 앱을 통해 받기 시작했는데, 오픈한 이후에 10월부터 등록자가 눈에 띄게 늘었고, 지금은 코로나19 이전의 등록 수치를 완전히 회복하게 되었다.

온라인 등록을 오픈하면서 새가족 부서의 구조적인 개편도 있었다. 등록 절차와 로드맵이 바뀜에 따라 봉사자 배치와 역할도 완전히 새롭게 주어졌다. 새가족 영접실에서 새신자들을 맞이하고 면담했던 봉사자들의 역할은 자연스럽게 온라인으로 옮겨 가게 되었다.

코로나와 관계없이 앞으로는 오프라인보다 온라인 등록자가 훨씬 더 많아질 것이다. 새가족 등록에서도 새신자들이 신앙의 뿌리를 잘 내리고 정착할 수 있도록 온·오프라인에서의 블렌딩 전략이 필요할 것으로 보인다.

■ 스마트폰 교육 "스마투게더(Smartogether)"

코로나19가 발생한 이후로 한동안 뵙지 못했던 권사님이 한 분 계셨다. 대면 예배가 일부 열리자 그 권사님이 교회에 나오셔서 그동안 온라인으로 예배를 잘 드리셨는지 물었다. 그런데 그동안 예배를 전혀 못 드렸고, 기독교 TV로만 지난주 방송을 보셨다고 했다. 조금 충격이었다. 그 권사님은 나이에 비해 매우 총명하시고 스마트 기기도 잘 다루실 만한 분이었기 때문이다. 그런데 알고 보니 스마트폰을 쓰지 않으셨다. 그러다 보니 교회 소식에 대해서는 거의 알지 못하셨다. 교회가 바로 집 앞인데도 교회에서 일어나고 있는 일들을 전혀 모르셨던 것이다. 필요성을 못 느껴서 그러실 수도 있겠지만, 그런 분들을 위한 관심과 교육이 없었던 것도 사실이다.

비대면 상황이 길어지면서 교회에서는 소식이나 정보를 온라인으로 많이 전달하게 되었다. 그뿐만 아니라 교회 행사의 참여도 대부분 온라인에서 이루어지고 있다. 예를 들어, 특별새벽기도회 기간의 출석 체크, 기도 제목 제출, 헌금 등이 온라인으로 진행되었다.

그런데 디지털 기기를 다룰 줄 모르는 분들은 신앙생활의 많은 부분을 놓칠 수밖에 없게 된다. 교회 안에서도 이런 디지털 디바이드(digital divide)[33]의 양극화 문제는 점점 심화될 것이다. 문제는 기기를 다루고 못 다루고가 문제가 아니라, 교회 공동체에서 소외되고 멀어진다는 것이 문제다. 그래서 교구에서는 이를 해소하기 위해 디지털 취약층에 있는 교인들을 대상으로 교육을 계획했다.

지난 1월, 담임 목사의 줌 심방을 위해 시니어 동산(교구)에서는 고령층 교인들을 가가호호 방문하여 사용법을 알려 드린 적이 있다. 효과는 기대 이상이었다. 3분의 1에 해당하는 50여 가정이 줌 미팅에 들어와 담임 목사님을 만날 수 있었다. 최소 65세 이상의 분들임을 감안할 때 놀라운 참여율이다. 이를 통해 디지털 기기를 이해하고 다룰 수 있도록 돕는 디지털 리터러시(digital literacy)[34] 교육은 앞으로 필수적이다. 그래서 신앙생활에 필요한 최소한의 역량을 갖출 수 있도록 디지털 교육 특히 스마트폰 활용법을 교육할 계획이다.

스마트 기기로 인해 누구도 소외되지 않고 공동체 안에서 은혜를 나누는 일에 함께하자는 의미로 교구에서는 스마트폰 교육 "스마투게더"(smart together)를 기획하게 되었다. 스마투게더는 스마트(smart)와 투게더(together)의 합성어다. 그래서 단순히 교육만 하는 것이 아니라 서로에 대한 관심과 동참의 의미로 집에서 사용하지 않는 중고 스

---

33 1990년대 중반 미국에서 처음 사용된 신조어로, 디지털 기기를 제대로 활용하는 계층과 이용하지 못하는 계층 간 격차가 증가하는 것을 뜻한다. 정보격차(情報格差)로도 표현할 수 있다.

34 디지털 시대에 필수적으로 요구되는 정보 이해 및 표현 능력. 디지털 기기를 활용하여 원하는 작업을 실행하고 필요한 정보를 얻을 수 있는 지식과 능력을 말한다.

—
고령자를 위한 스마트폰 교육

마트폰을 교인들에게 기증을 받아 기기가 없거나 노후된 교인들을
위해 제공할 예정이다. 기증을 통해 교회의 공동체가 소외된 사람
들을 돌보고 응원하는 일에 함께하게 될 것이다.

■ 사랑이 먼저다

　미래학자 최현식은 코로나19 이후 대부분의 사역이 리바운드될
것이라고 했다.[35] 이 말은 코로나 이전의 삶을 간절히 기다리는 분
들에게는 희망의 메시지가 될 수 있다. 그러나 우리가 기억해야 할
것은 사역의 본질이 사라지지 않는다는 것이지 이전과 똑같은 모습

35　최현식,《코로나 이후 3년 한국 교회 대담한 도전》, 생명의말씀사, 2020, p136-139.

으로의 회귀를 말하지 않는다는 것이다. 공이 땅에 튕겨 다시 그 자리로 올라왔을 때 같은 위치로는 돌아오지만, 위치를 제외한 속도와 힘은 다른 크기와 방향성을 가지고 돌아온다. 코로나19 이후의 교회 사역도 그렇게 돌아올 가능성이 매우 크다. 그것은 사역에 큰 충격과 변화를 줄 것이다.

그래서 어디로 튈지 모르는 사역에 대한 대비가 반드시 필요한 것이다. 감사하게도 하나님이 그것을 준비할 시간을 우리에게 허락하셨다는 것이다. 단순히 코로나가 종식되기를 바라며 하염없이 기다리는 것이 아니라 이때를 통해 미래를 준비시키시는 하나님의 계획을 바라보며 준비된 자로 거듭나야 할 것이다. 그리고 더 중요한 것은 우리는 혼자가 아니라는 것이다. 비록 서로 볼 수 없더라도 '함께'라는 마음이 시간과 장소를 초월하게 한다.

어거스틴(Augustine)은 "본질적인 것에는 일치를, 비본질적인 것에는 자유를, 그리고 모든 것에는 사랑을 주라"고 말했다. 감리교의 창시자 요한 웨슬리(John Wesley)는 '관용의 정신'이라는 설교에서 "의견이 다르고 예배 형식이 다르면 겉으로 드러나는 모습이 하나 되는 데는 방해가 되기는 하겠지만, 그것이 우리가 사랑 안에서 하나 되는 것까지 막을 필요가 있습니까?"라고 물었다.

목회에서 사랑이 본질이지 방법은 본질이 될 수 없다. 목양함에 있어서 사랑이 먼저지 형식은 그다음의 문제라는 것이다. 그런 점에서 대면이냐 비대면이냐, 오프라인이냐 온라인이냐를 놓고 시시비비를 가리는 것은 본질적인 접근이 아니다. 그런데 많은 교회가 그런 고민 속에 너무 오래 있는 것 같다. 기억해야 할 것은 영적으로 고립된 많은 성도가 다양한 목양의 손길을 기다리고 있다는 사실이다.

상황을 이유로 공동체를 언제까지나 방관하고 지켜볼 수만은 없다. 기다리는 성도들을 향해 모든 방법을 동원해 찾아가야 한다. 지금은 새로운 문을 열고 계신 하나님의 계획을 바라보고 그 선하신 뜻 안에서 서로를 사랑하고 돌보는 일에 더 적극적으로 나서야 할 때이기 때문이다.

Chapter 8.

양육
온라인 전환이 전부인가?
| 배윤주 목사(만나교회 양육 담당)

예년과 다름없는 1월이었다. 늘 그렇듯 3월에 있을 엠스쿨 (M.School)[36] 개강 준비가 시작되었다. 강의계획서를 정리하고 브로슈어 인쇄를 준비했다. 신청 접수일과 개강일, 강의실과 물품들을 점검했다. 총 38개 강좌가 개설될 예정이었다. 모두 오프라인 강의였고, 온라인은 단 2개, 교회론과 신앙의 기본을 다룬 담임 목사의 대표 강의였다.

2월이 되자 코로나19 국면이 시작되었다. 불확실성 가운데 오프라인 접수를 받았다. 일정대로 개강하긴 어렵겠지만, 2-3개월 후면

---

[36] 엠스쿨 정기 강좌는 봄/가을 학기로 진행되는 만나교회 양육 프로그램이다. "하나님의 임재를 경험한 예배자들이 예수님의 말씀으로 훈련된 제자가 되어 성령의 능력으로 지역과 세상을 섬긴다"는 사명선언문에 따라 예배-훈련-섬김이 가능하도록 신앙과 신학, 현장 사역을 위한 영성 형성 및 체계화를 돕는다. 기초/임직 필수 강의들과 주제별 선택 강의들, 각 부서 사역 훈련 등으로 구성된다. 만나교회 홈페이지 〈강의〉 세션을 참고하라.

기간이 짧은 강의들 위주로라도 봄 학기를 진행할 수 있을 것으로 생각했다. 접수 인원은 116명. 코로나19 국면이 피부로 와 닿았다. 몇 달 후면 종식되리란 예상은 결국 희망일 뿐이었다. 지금까지도 오프라인 강좌들은 개강이 불투명하다.

■ 시행 가능한 프로그램들을 보강하여 실시하다

3월, 사순절에 맞춰 '드라마바이블 온라인 통독'을 실시했다. 2019년에 시작한 프로그램으로, 2020년부터 본문 이해를 돕기 위한 〈통독 가이드〉를 제공하기 위해 준비 중이었다. 코로나19 국면으로 부서 활동이나 프로그램들뿐 아니라 대면 예배까지 중단되자 기존에 최대 700여 명이던 통독 참가자의 수가 2,316명으로 증가했다. 이에 동산별로 30여 명씩 묶어 73개 통독 단체 카톡 방을 운영했다.

오전 6시-7시 30분이 되면 방장들이 전체 카톡 방에 카드형/상세형 통독 가이드 및 본문을 공지했다. 매일 각자 있는 자리에서, 가능한 시간에, 통독 가이드를 읽고 드라마바이블 앱의 음원을 들으며 통독표에 제시된 본문을 읽었다. 당일 분량을 다 읽으면, 단톡방에 "완독" 표시를 올렸다. 그날 본문에서 발견한 예수님을 묵상한 후에 "예수님은 000다"를 서로 나누었다. 많은 사람이 있는 단톡방이기 때문에 1일/1회/5줄 이내의 묵상을 올리도록 안내했다.

방역 수칙과 거리두기로 인해 홀로 있어야 하는 시간이었지만, 우리는 혼자가 아니었다. 우리는 같은 말씀을 읽고 들으며 하루를 열고, 묵상을 나누고 소통하며 하루를 마감했다.

카카오톡을 활용한 통독은 코로나19에 대한 두려움과 만나지 못하는 아쉬움을 말씀과 온라인 소통으로 위로받는 시간이었다. 통독자들은 카카오톡과 드라마바이블(음원) 활용에 매우 만족해했다. 우리는 '완독' 알림과 묵상 나눔으로 서로 격려하며 2020년 총 4차에 걸쳐 온라인 통독을 실시했다. 이 프로그램은 코로나19 기간을 거치면서 오히려 견고하게 자리 잡은 양육 프로그램 중 하나다.

2020년 드라마바이블 온라인 통독

1차	**"예수님, 당신은 누구십니까"**
	2/26(수)-4/3(금), 사순절
	사복음서, 로마서, 갈라디아서 통독
2차	**"평범한 사람들의 성경 읽기"**
	6/8(월)-6/26(금), 3주간
	예레미야애가, 에스더, 룻기, 아가, 전도서, 에스라, 학개, 스가랴 통독
3차	**특별 통독 "믿음의 행진, 변화산으로"**
	9/28(월)-10/3(토), 변화산 특별새벽기도회 전 1주간
	여호수아서 통독
4차	**"가을엔, 편지를 읽겠어요"**
	10/12(월)-30(금), 3주간
	바울서신 통독

단톡방에 통독 안내, 자료 공유하기

1-4차 통독표 및
영상 드라마바이블

 통독 가이드
다운로드(상세형)

드라마바이블 온라인 통독 실시 방법

1. 홈페이지를 통해 신청/접수(구글 링크를 통한 신청/접수도 가능)

2. 카카오톡 단톡방 개설, 방장 선정(방당 30명 이내, 통독 1-2일 전)

3. 매일 오전 6시-7시 30분, 단톡방에 통독 자료 공유

   -방장은 당일 통독 본문 안내, 영상 드라마바이블 링크, 통독

   가이드(카드형/상세형), 공지 사항을 공유한다.

   -방장들은 방장 단톡방을 통해 매일 오후 8시, 익일 통독 가이

   드, 본문, 공지 사항을 공유한다.

4. 각자 통독한 후 "완독"과 함께 묵상 나눔(1일/1회/5줄 내로 제한)

5. 통독 시기별로 새로운 소통을 시도해 볼 수 있다.

상세형 통독 가이드(PDF, A4 사이즈)

카드형 통독 가이드(jpg, 6-8장/일)

-1차 통독 시 담임 목사가 각 단톡방을 순회하며 라이브톡 실시

-특별 통독 시 매일 담임 목사 영상 가이드 공유(4분 내외)

담임 목사 영상 통독 가이드

통독표(종이/jpg), 드라마바이블 앱

드라마바이블 음원, 영상

1) Prsi 공동체 성경 읽기 앱(구 드라마바이블 앱, 앱/플레이스토어에서 다운)

2) 영상 드라마바이블(지앤엠글로벌재단 제공, 유튜브 〈공동체 성경 읽기〉).

영상 드라마바이블
음원과 한글, 영어 자막, 본문에 따라
지도까지 함께 볼 수 있어 활용도가 높다.

유튜브
〈공동체 성경 읽기〉

통독 만족도 설문 조사(2020-1차 통독, 총 787명 응답)

1) 성경 통독 가이드 만족도(통독에 도움) 〉 82.6%

2) 카카오톡 소통 방식 만족도 〉 99.2%

3) 전체적인 통독 만족도 〉 94% 만족

4) 카카오톡 방식의 좋은 점(중복 선택)

   - 편리함 74.8% 〉 익숙함, 접근성, 파일 공유/다운

   - 함께하는 통독 74.6% 〉 긴장 늦추지 않고 완독

   - 소통 67.1% 〉 묵상 나눔, 소통, 담임 목사와의 라이브톡

5) 통독 피드백

1	신앙생활 38년 만에 이렇게 꾸준히 끝까지 성경 읽기를 한 것은 처음입니다 읽고 나서 함께 한 줄씩 표현하는 것이 좋았어요.^^ 감사합니다.
2	사순절 기간에 함께 묵상할 수 있는 자리를 마련해 주셔서 감사합니다. 매일 보내 주시는 자료와 성경 구절이 너무도 도움이 되었습니다. 함께하기에 끝까지 해낼 수 있었습니다. 감사합니다.♡
3	주일 예배만 드리던 저는 이렇게 말씀을 읽으며 성경 말씀과 가까이하기는 처음 같아요. 이제라도 성경 말씀을 매일 읽으며 주님의 말씀 안에서 살아가도록 노력해야겠다는 생각이 많이 듭니다. 이렇게 타 교회 교인에게도 프로그램에 참여할 기회를 주셔서 감사해요! 다음번에도 또 꼭 참여하고 싶습니다. 감사합니다.
4	이번 사순절 드라마바이블 성경 읽기를 통해 새신자지만 교회에 대한 소속감 등을 느끼게 되었습니다. 간간이 000 담당 목사님의 묵상을 권면하는 말씀도 너무 은혜로웠고, 담임 목사님의 묵상 말씀과 라이브톡 또한 이 힘든 시기에 양들을 돌보는 진정한 목자의 모습으로 느껴졌습니다. 그래서 교회를 위해 더 중보해야 되겠다는 다짐을 하게 되었습니다. 목사님이 늘 말씀하신 것처럼 코로나로 인해 흩어져 있기에 예배의 소중함과 감사함을 느끼며 이 모든 것을 기획하고 함께하게 하신 분들께 감사드립니다. 샬롬.
5	처음으로 해 보는 성경 통독이었는데 이렇게 함께하지 않았다면 끝까지 완주하지 못했을 것 같습니다. 정말 만족스러워서 다음번 통독도 미리 신청했습니다. 다른 사람들에게도 추천할 생각입니다. 통독 가이드가 보고 또 보고 싶을 정도로 귀한 내용이 많아서 좋았습니다. 힘써 주신 모든 분께 감사드리며 은혜가 가득하시기를 기도합니다.
6	매 주말 전체를 정리해 주신 점 감사드립니다. 함께 예수님을 묵상하며 개인으로 예수님의 성품과 사역을 나누는 동안, 그 고백대로 살고자 했던 점이 감사했습니다. 다른 지체들의 생각도 읽으면서 한 번 더 생각해 보고 도전을 받은 것은 귀한 경험이었습니다. 목사님들이 함께하여 중심을 잡아 주시니 감사했습니다.

■ 오프라인 프로그램들의 온라인 전환

1) 4월, 온라인 엠스쿨 기획

우리가 이미 가지고 있던 영상들을 살펴보니 3개 정도의 온라인 강좌가 가능해 보였다. 오프라인 강의가 주류를 이루던 일 년 전까지만 해도 '장기적인' 안목으로 준비했던 콘텐츠들이었다. 있으면 참 '좋을' 온라인 콘텐츠지만 활성화나 주류가 되기에는 시기상조라 여겼던 게 사실이다. 그러나 이제 온라인은 현실이 되었다. 영상 강의들은 '있으면 좋을' 콘텐츠가 아니라 '있어야만 하는' 콘텐츠가 되었다.

처음 가는 길에 용기 있게 합류해 준 강사들과 함께 5개의 온라인 강의를 신규 추가했다. 영상 송출 강의 5개, 라이브 강의 3개로 온라인 엠스쿨이 시작되었다(라이브 강의 2개는 중간에 영상으로 전환되었다). 구글 링크를 통해 총 663명이 신청했다. 이 중 659명이 실제 강의를 수강했으며 527명이(80%) 수료했다(강의 3분의 2 이상 출석). 짧은 기획 기간과 비대면 상황으로 홍보가 거의 되지 않았다는 점, 오프라인에 비해 강좌 수가 5분의 1로 감소한 점을 감안할 때, 처음 시도한 온라인 진행으로는 나쁘지 않은 결과였다(4월 4일 기획, 4월 26일 개강).

온/오프라인 엠스쿨 강좌 및 참가자 수 비교

년도	유형	개설 강좌 수	참여 인원	비고
2018년	3월 오프라인	42과목	681명	
	9월 오프라인	42과목	646명	
2019년	3월 오프라인	34과목	1,096명	
	9월 오프라인	42과목	891명	
2020년	3월 오프라인	38과목	116명	코로나19로 취소
	4월 온라인	8과목	659명	영상 7과목, 라이브 1과목
	9월 온(오프)라인	18(9)과목	596명	오프라인 9과목 (71명 신청, 코로나19로 취소) 영상 7과목, 라이브 9과목, 혼합 2과목

- 봄 학기 첫 온라인 엠스쿨은 개설과목 수 대비 예년에 비해 참여 인원 감소가 생각보다 적었다.
- 가을 학기에는 봄 학기 대비 과목 수가 2배 이상 늘었음에도 참여 인원은 비슷했다. 과목별로 제한 인원을 둔 경우가 많았기 때문이다. 라이브 강의나 특정 대상을 위한 부서별 강의들은 운영을 위해 인원을 제한해 실시했다.

첫 온라인 엠스쿨 실시 후, 설문 조사를 실시했다(659명 중 484명 응답). 수강자 중 50-70대가 55%를 차지했다. 예상보다 연령대 장벽이 높지 않았다. 온/오프라인 선호도를 조사했을 때, 오프라인을 선호하는 인원은 120명(24.8%)이었고, 그중 93명은 코로나19와 같은 특별한 상황일 때는 온라인을 선택하겠다고 답했다. 나머지는 어떤 방식이라도 상관없거나(120명, 24.8%) 온라인을 선호한다고 응답했다(242명, 50%).

다음은 라이브와 영상 강의 선호도를 조사한 결과다. 기획 초기, 온라인 강의라면 굳이 시간이 정해져 있는 라이브보다 영상 강의를 선호하지 않겠느냐는 의견이 많았다. 물론, 예배까지 비대면으로 드리는 상황에서 소통에 갈급한 성도들이 라이브를 더 선호할 것이라는 의견도 있었다. 영상과 라이브 강의 선호도 조사 결과, 영상 강의에 대한 선호도가 우세했으나 영상과 라이브 강의 개수(7:1)를 감안해 볼 때 꼭 영상 강의를 선호한다고는 볼 수 없었다. '둘 다 상관 없다'는 응답 수와 라이브 강의 선호자 수를 합하면 영상 선호도 수와 비슷했다.

온라인 강의 참여 연령대   온라인/오프라인 선호도

영상이나 라이브 강의 모두 단체 카톡 방을 통해 수강 안내와 유튜브, 줌 링크를 공유했다. 줌 라이브의 경우 강의실 입장, 카메라와 마이크 설정 과정을 안내하기 위해 개강 전 오리엔테이션 시간을 따로 가졌다(줌으로 진행). 라이브 강의 수강생 76명 중 프로그램 설

영상/라이브 강의 선호도

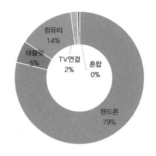

온라인 강의 수강 디바이스

치/사용에 관해 54명(71.1%)은 어려움이 없었으며 22명(28.9%)은 낯설고 어려웠지만 익숙해졌고, 다음에도 사용 가능하다고 응답했다. 온라인 수강생 대부분은 핸드폰을 사용하고 있었다(78.7%). 온라인 강의를 준비하는 이들이 염두에 두어야 할 부분이다. 자료/자막 구성뿐 아니라 채팅 참여, 화면에 보이는 인원수를 감안하여 강의를 설계해야 한다. 인터넷 환경은 원활한 강의 진행을 위해 강사나 수강생 모두가 확인해야 할 가장 기본적이면서도 중요한 부분이다.

앞서 언급했듯 본래 3개 강의가 라이브로 진행될 예정이었다. 그러나 2개는 도중에 영상 강의로 전환했다. 인터넷 환경과 소통 문제 때문이었다. 같은 시간, 같은 장소라도 인터넷 상황이 매번 같지는 않았다. 사용 채널이나 자막, 자료, 영상 등의 기술적 요소들이 추가될수록 끊김이 생기거나 싱크(Sync)가 맞지 않는 경우들이 발생했다. 라이브 강의가 처음이다 보니 강의하며 다수의 수강생과 소통하는 것 역시 쉽지 않았다. 온라인 강의 회차가 거듭되면서 이제는 강사들 스스로 전달할 수 있는 정보량과 시간, 자신에게 맞는 소통 방식 등을 발견하며 조정해 가고 있다. 줌이나 유튜브의 기술적인 요소들에도 점차 익숙해지면서 강의들이 좀 더 안정적으로 진행되고 있다.

여전히 아쉬운 점이 있지만, 온라인 강의가 지닌 명확한 장점들도 있다. 영상 강의의 경우, 시간과 공간의 제약이 없다는 점, 모집 인원의 제한이 없다는 점이다. 라이브 강의 역시도 시간의 제약은 있지만, 타 지역이나 국외 지역에 거주하는 성도들도 실시간으로 강의에 참여할 수 있으며 인원도 오프라인 강의보다는 제약이 덜하다. 온라인 소그룹실을 적절히 활용하고 기술적인 숙련도만 뒷받침된다면 라이브 강의도 큰 규모로 운영이 가능하다. 강사의 호흡과 표정, 음성이 화면과 마이크를 통해 수강생의 눈과 귀에 그대로 전달되기 때문에 오히려 집중도가 높다는 평가도 있다. 이러한 장점들은 곧 수강 인원으로 반영되었다. 강의 수 감소 대비 참여 인원 감소는 생각보다 크지 않았다. 코로나19로 급박하게 전환한 온라인 양육이었지만, 오히려 양육의 확장 가능성을 확인하는 기회가 되었다.

오프라인 양육에서는 늘 소외되는 대상들이 있었다. 하지만 이제 온라인을 통해 시간과 공간의 제약을 받는 주 양육자, 장애인, 해외 체류 성도들도 양육에 참여할 수 있다. 영상 강의는 다양한 자막 서비스를 통해 이주민, 다문화 가정을 위한 콘텐츠로도 활용 가능할 것이다. 영상 송출 형태의 강의들이 자칫 일방적인 강의가 되지 않을까 우려하는 목소리가 있다. 두 번째 온라인 엠스쿨인 가을 학기에는 영상과 줌 라이브 모임을 혼합한 강의 형태들이 시도되었다. 각자 편한 시간과 장소에서 영상 강의들을 시청한 후, 온라인 줌 모임을 통해 토의와 묵상 나눔을 진행하는 방식이었다. 만족도가 높으며 특별히 부서별 강의나 가정 사역 프로그램들에서 꾸준히 지속될 전망이다.

온라인 양육은 공교회성의 회복 차원에서도 반길 만하다. 다양한 양육을 접하기 어려운 상황의 타 교회 성도들도 만나교회 홈페이지를 통해 강의 서비스를 이용할 수 있다. 성도들뿐 아니다. 가을 학기에는 MMP 교회[37] 목회자들이 엠스쿨 강사로 참여하기도 했다. MMP 목회자들은 양육의 장을 제공 받았고 성도들은 더욱 다양한 강의를 들을 수 있었다.

온라인 양육의 다양한 장점에도 불구하고 코로나19가 아니었다면 이렇듯 속도감 있게 도입되고 확장될 수 있었을까? 하나님은 늘 일하고 계셨다. 모든 것이 멈춘 듯 보였던 코로나19 가운데에도 하나님은 쉼 없이 일하고 계신다. 재앙인 듯 보이던 코로나19를 통해서도 큰일을 행하고 계신다.

---

37 MMP 교회(Manna Mission Plan), 약 10개 교회를 선발하여 2년간 동반 성장을 위해 동행하는 파트너 교회. 재정 지원 및 결연 동산(교구)과 함께 예배하며 동역한다.

2) 9월, 일대일 심화반 신규 편성

일대일 심화반은 일대일 제자훈련을 온라인으로 진행하기 위해 양육자들을 재교육하는 수업이었다. 오프라인 일대일 제자훈련은 코로나19 국면 이후 전면 중단된 상태였다. 심리적인 우울함과 영적 침체 속에 소통을 원하는 성도들의 소식들이 들려왔다. 양육자들 역시 제자훈련으로 공급받던 생기와 감격을 그리워했다. 새로운 방법을 습득해야 하는 어려움이 커 보였지만, 양육자 중에는 오히려 온라인 사역을 반기는 측면도 있었다. 원거리에 있는 동반자(양육생)를 양육할 때 감수했던 시간과 수고의 부담을 덜고 더 다양한 양육생들을 만날 수 있다는 점에서였다. 일대일 제자훈련 역시 코로나19 초기에 멈춰 있던 사역이었지만, 온라인 전환 후 사역 범위가 확장된 프로그램 중 하나다.

온라인 양육자 양성을 위해 내용 숙지가 잘되어 있고 양육 경험이 많은 이들 중 자원자 7명을 우선 선발했다. 이들의 연령은 50세에서 65세 사이였다. 화상회의 솔루션 줌의 사용법을 익히는 일도 중요했지만, 기술에 대한 부분을 먼저 강조하지는 않았다. 온라인 환경에서 오프라인 양육의 분위기와 정서를 그대로 구현할 수 있을까가 우선되는 관심사였기 때문이다. 본 수업에 들어가기 전 강사와 양육자가 줌에서 일대일로 만나 "안녕하세요"(오리엔테이션)를 진행했다. 일대일 제자훈련에 대한 애정, 양육자 본인의 영적 상태, 기도 제목 등을 자연스럽게 나누며 줌에 대한 두려움을 해소해 나갔다. 그리고 수업에 참여할 수 있도록 간단한 기능 정도만 먼저 안내했다.

8주 동안 양육자들이 한 명씩 돌아가며 해당 주차 강의를 발제했다. 발제가 끝나면 보충할 내용을 덧붙이고, 뒤이어 양육 에피소드나 질문들을 자유롭게 나누는 시간을 가졌다. 마지막 40분 정도는 줌에서 일대일 훈련을 실습/적응하도록 2명씩 온라인 소그룹실로 들어가 말씀 묵상을 나누도록 했다. 줌을 통해 하는 모든 과정이 의미 있었다. 온라인상에서 양육 내용을 전달해 보는 것, 발표자의 발제를 들으며 양육생의 입장이 되어 보는 것, 묵상을 나누며 어색해하거나 감정이 북받쳐 눈물이 나는 것, 서로를 응원하고 격려하는 것 등. 일대일 심화반의 첫 수업 결과는 만족스러웠다. 오프라인의 정서와 수업 방식이 온라인에서도 가능하다는 것을 양육자 스스로 체험하는 시간이었다.[38] 각자 줌 아이디를 만들고 링크/아이디/비밀번호를 보내 초대하는 것까지 확인한 후 심화반을 종료했다.

담임 목사의 줌 심방과 각 부서의 줌 미팅이 늘면서 50-60대 양육자들의 줌 훈련 참여 역시 늘고 있다. 60대 중후반, 70대 성도들도 양육을 위해 줌으로 훈련받고 있다. 영혼과 양육에 대한 그리움으로 주저함 반, 용기 반으로 나왔지만, 이제는 누구보다도 이 수업을

---

38 민장배, 김병석 박사는 "하나님 임재의 초월적 존재 양식'을 언급하며 '예배 공간의 무한성'을 강조한다. '예배와 설교의 시공간성에 참여하는 자는 삼위 하나님의 초월적이고 무한한 임재 방식을 수용할 수 있어야 한다. 그것은 곧 믿음이다. … 과거의 예배 양식과 습관에 고착되어 초월적으로 임재하는 하나님과의 교류 방식을 제한하는 것이 아니라, 영과 진리로 예배하는 예배 본연의 양식에 집중해야 한다." (민장배, 김병석, 〈포스트 코로나19 뉴노멀 시대, 예배의 시공간성에 관한 연구〉, 《신학과 실천》, 한국실천신학회, 2021, p.64-66) "하나님 나라의 핵심은 공간이 아니라 신적 통치에 있기 때문이다." (김태섭, 〈신약성서에서 질병, 재난 그리고 하나님 나라〉, 《재난과 교회: 코로나19 그리고 그 이후를 위한 신학적 성찰》, 장로회신학대학교출판부, 2020, p.62), 위의 글 p.73, 재인용.

기다린다. 심화반 훈련을 마친 이후에는 줌으로 진행하는 다른 프로그램에도 적극적으로 참여하고 있다.

20-30대가 새로운 커뮤니케이션 방식에 익숙하여 온라인 프로그램에 활발히 참여할 것 같지만, 실제 온라인 강의를 수강하거나 온라인 사역자로 지원하는 것은 또 다른 이야기다. 온라인 엠스쿨 참여자나 온라인 일대일 제자훈련을 위한 양육자 지원 연령대를 보았을 때 기술보다 중요한 것이 '그것을 해야만 하는 이유가 있는가'다. 동기가 강력하면, 방법은 자연히 배우게 된다.

줌 양육을 주저하는 분들에게 건네는 말이 있다.

"우리는 줌으로 무언가를 하는 것이 아니라, 우리가 해 오던 것을 줌으로 하는 것이다."

일대일 제자훈련 신청과 양육자 보고 방식도 온라인으로 전환되었다. 기존에는 제자훈련을 위해 오프라인 신청서를 작성해 제출했다. 양육자들은 시작 보고서와 결과 보고서, 간증문 등을 역시 지면으로 작성하여 오프라인으로 제출했다. 이제는 홈페이지를 통해 제자훈련을 신청할 수 있다. 타 교회와 타 지역에 있는 이들도 온라인으로 일대일제자훈련을 신청하고, 온라인상에서 일대일로 훈련을 받게 된다. 양육자들 역시 온라인으로 양육을 진행한 후 홈페이지에서 바로 보고서를 작성해 제출할 수 있게 되었다.

여성 2기수와 남성 1기수가 일대일 심화반 훈련을 마쳤다. 이들은 2020년 12월 18일 온라인으로 전환된 일대일 제자훈련의 양육자로 사역하고 있다. 2021년 3월 기준, 약 30여 케이스의 온라인 양육이 진행 중이다. 일대일 양육자반 역시 온라인으로 전환되었다. 온·오프 사역을 병행할 수 있도록 양육자반 커리큘럼 중 줌 사용과 실습/적용 부분을 추가하여 진행하고 있다.

온라인 일대일 제자훈련 신청/
양육 보고서 제출하기

3) 9월, 제이미니 말씀 묵상 예배 온라인 전환 준비

제이미니 말씀 묵상 예배는 동산이나 연령, 소속 등에 상관없이 주 1회 모여 한 주 동안 묵상한 말씀을 나누는 큐티 나눔 모임이다. 예배 후 소그룹별로 모여 묵상을 나눈다. 코로나19 집합금지 명령으로 제이미니 묵상 모임도 중단되었다. 말씀 나눔에 갈급한 열매들의 소식이 들려오면서 제이미니 역시도 온라인 전환을 준비했다.

매주 줌 미팅으로 스태프들이 먼저 말씀 묵상을 나누는 기쁨을 누렸다. 오프라인에서 사용했던 예배 순서를 온라인으로 전환하는 방식을 고민했다. 담당자와 영상을 공유하며 함께 찬양하는 법, 기도와 나눔 때 배경 음악을 사용하는 방법, 음소거/음소거 해제를 요청해야 할 타이밍 등을 의논하며 준비해 나갔다. 11월 6일, 말씀 묵상 예배를 온라인으로 재개했으며 12월 11일까지 총 6주에 걸쳐 진행했다. 해외에 체류 중인 성도 등 35명이 참여했다. 시범 운영에서 느낀 점들을 보완하여 2021년 봄 학기 묵상 예배 역시 온라인으로 진행할 예정이다.

■ 온라인 전환이 전부인가? 양육 패러다임의 전환

4월 19일, 〈코로나19 전과 후〉 워크숍이 있었다. 만나교회 교역자와 중직들, 각 부서가 코로나19 전과 후를 살피며 현황과 사역 방향에 대해 논의하는 시간이었다. 엠스쿨을 온라인으로 전환하면서 깨달은 것이 있다. 오프라인 프로그램을 온라인으로 수정하고 보완, 전환하는 것보다 더 근본적인 접근이 필요하다는 것이다. 무엇보다 양육의 '대상'이 놓인 영적, 심리적, 물리적 상황들이 시시각각 변하고 있다. 기존의 강의를 몇 개 더 만들고, 그 강의를 몇 개 더 들어서 해결될 문제들이 아니다. 패러다임 자체의 전환이 필요하다.

양육은 코로나19 상황에서도 공백이 거의 없던 편에 속한다. 대부분의 프로그램을 온라인으로 전환, 대체했다. 그러나 온라인인가 오프라인인가의 문제나 화상 회의 프로그램 기능을 숙지하도록 돕는 일은 본질이 아니다. 양육은 영성 형성/체계화(Spiritual Formation)를 돕는다. 위기와 긴급한 변수들 속에서도 하나님에 대한 전적인 신뢰와 위임 아래 상황을 해석하고 결정하도록 신앙과 사고, 삶의 기반을 형성해 나가는 훈련이다. 코로나19 상황에서 양육이 우선으로 해야 하는 것은 성도들로 하여금 내주하시는 성령의 음성에 집중하여 흔들리는 가운데서도 신앙을 영위하도록 돕는 것이다. 상황 너머에서 일하시는 하나님을 발견하며 성장하고 성숙하도록 함께하는 것이다.

그래서 우리는 영적 지도(Spiritual Direction)로 양육 패러다임을 전환하고자 한다. 기존의 영성 형성/체계화 과정은 불특정 다수를 대상으로 하는 단계별 강의, 일방적 강의에 치중되어 있었다. 영적 지도 패러다임의 양육은 각 개인의 상황과 영적 단계에 따른 맞춤형 과정이다. 영적 지도가 없는 영성 형성/체계화 과정은 없다. 다만 영적 지도에 대한 개념과 범위에 대한 이해에는 다소 차이가 있다. 영적 지도를 기반으로 한 영성 형성/체계화 과정은 모든 사람에게 동일하게 제공되던 '기초 체력 운동'이 아니라, 각 사람에 맞는 '개인별 맞춤 체력 단련' 형태다. 개인에게 맞는 양육을 제시하되 그 과정이 지나치게 사사화(privatization)되지 않도록 코디네이터와 튜터, 영적 안내자(Spiritual Director)가 친밀하게 소통하며 신앙의 공동체성을 유지해 갈 것이다.

전문가들 역시 비대면 시대를 위한 신앙 훈련 형태로 소그룹 사역, 소규모 모임, 개인 제자훈련 시스템을 꼽는다. 미국의 스티브 창(Steve Chang) 목사(Living Hope Community Church 담임)는 코로나 시대에 성도들의 회복력 있는 신앙을 위한 주요 요소로 "개인 영성의 실천 능력"을 꼽았다. 그는 제자도와 소그룹이 잘되어 있는 교회가 코로나 국면에서도 회복 가능한 신앙 형태를 보인다고 말했다.[39] 정재영 박사 역시 '소규모 모임'을 통해 파괴된 사회 관계가 회복될 것이라고 전망한다. 코로나19로 근무, 회의, 모임 형태 등이 비대면으로 전환되면서 외로움과 우울감이 확산되고 있다. 그는 대형화된 종교 조

---

39 계재광, 〈코로나 상황 속 디지털 미션 필드(Digital Mission Fields) 사역에 대한 연구: 새들백교회의 온라인 소그룹 사역을 중심으로〉, 제79회 한국실천신학회 정기학술대회, 제1발표, 2021, p.15

직보다는 공동체성을 담보하되 종교와 사회가 접촉점을 만들 수 있는 소그룹 네트워크 형성이 더욱 유용할 것이라고 제안한다.[40]

영적 지도는 수강생에게 적절한 강의 몇 편을 소개하는 데서 그치지 않는다. 부부, 결혼예비자, 부모, 이혼 가정 등 특정 대상을 위한 카테고리나 강의를 생성하는 것에 그치지 않는다. 수강생 개인의 연령, 성별, 영성 단계, 관심, 성격 유형 등에 따라 '맞춤식'으로 양육 과정 '전체'를 제안하는 것이다.[41] 양육 로드맵에 제시된 카테고리 즉, 기독교 신앙과 제자, 말씀과 묵상, 치유와 회복, 영성 형성, 부르심 전체를 포함한다.

영적 지도 패러다임으로의 전환은 뉴노멀 시대를 맞이한 각 교회들의 고민과도 맞닿아 있다. 새들백교회가 제시하는 5가지 온라인 사역 방침은[42] 우리가 제시하는 양육 방향과 맥을 같이한다.

1. 언제든지 교인들이 교회에 접속할 수 있도록 한다.

2. 실시간으로 교인들의 '필요'를 채워 줄 사역을 준비한다
   (언제든지 교회에 접속하여 필요한 자료를 다운받거나 훈련할 수 있도

---

40 정재영, 〈코로나 팬데믹 시대에 교회의 변화와 공공성〉, 제78회 한국실천신학회 정기학술대회, 제1발표, 2021, p.21-22.

41 개개인의 실질적인 요구를 만족시킬 온라인 커리큘럼 개발은 온디맨드(On-Demand) 시대에 필수적인 사역이다. 새들백교회는 성도들의 실질적 필요에 의해 소그룹 교재들을 만들고, 소그룹별로 성경적인 답변을 찾아가게 한 바 있다. 이제는 개개인의 질문/상황들에 맞게 성경적인 답변을 찾아갈 수 있는, 신뢰할 만한 온라인 채널과 커리큘럼들이 필요하다(계재광, 〈코로나 상황 속 디지털 미션 필드(Digital Mission Fields) 사역에 대한 연구: 새들백교회의 온라인 소그룹 사역을 중심으로〉, 제79회 한국실천신학회 정기학술대회, 제1발표, 2021, p.23-24. 참고).

42 Ibid, p.21.

록 한다).

3. 교인들이 어느 곳에 있든지 상관없이 교회 사역에 참여할 수 있도록 한다.

4. 교인들과 상호 소통할 수 있는 사역을 준비한다(불평/창조적 아이디어/칭찬 등).

5. 개인의 특성에 맞춘 여러 가지 사역을 준비한다(유튜브, 구글의 알고리즘 뷰어와 같이 제자훈련 방법도 교인 한 사람, 한 사람의 필요에 맞게 준비해야 한다).

영적 지도를 기반으로 한 영성 형성/체계화 과정의 준비는 다음과 같다.

1. 홈페이지 통해 강의 신청, 접수, 수강, 소통할 수 있는 기반을 마련한다.

2. 양육 로드맵에 따라 다양한 강의와 콘텐츠를 설계, 생성, 실시한다.

3. 체계적인 양육을 받고자 신청하는 이들에게 맞춤식 양육 과정을 제안한다.

이를 위해 영성 검진 절차(Process)를 구축한다.

1. 검진표(문진) 설계
   연령/성별/영성 단계/관심/성격 유형을 확인하기 위한 질문들

2. 검진 결과에 따라 개인별 맞춤 양육 과정 안내: 양육 코디

네이터(안내자)

3. 양육 키트 구성 : 강의들 + 콘텐츠 조합 + 일대일 튜터(큐
   티/양육자/영적 안내자)

온라인 사역자 양성[43]

1. 양육 코디네이터(1단계)

   검진표 작성 안내 및 결과지에 따른 양육/방향성 안내

   맞춤 양육 키트 활용 안내

2. 튜터 양성 : 큐티/일대일 양육자 등 튜터가 필요한 강의들
   에 투입(2단계), 온라인 강의 수강 시 생길 수 있는 쌍방향
   소통 공백을 최소화한다.

3. 영적 안내자(Spritual Director, 심화 단계)

   훈련 대상 : 양육 코디네이터, 튜터 훈련 과정 수료자

   양육 과정을 안내하고 설명해 줄 수 있을 뿐 아니라, 일대
   일 말씀 묵상 나눔과 일대일 제자훈련으로 영적 돌봄이
   가능한 이들이 영적 안내자 심화 훈련에 참여할 수 있다.

4. The Class M 통합 양육 라인 도입

---

43 최현종은 앞선 계재광의 글에 대한 논찬에서 '비공식적 부분을 통해 수행되어 오던 영혼의 돌봄'을
어떻게 할 것인지 묻고 있다. 단순히 오프라인을 온라인으로 전환하는 것에 치중하는 현실에 대한
지적으로 보인다. 적절한 지적이다. 우리가 올라인을 지향할 뿐 아니라 영적 지도를 기반으로 한
영성 형성/체계화로 패러다임을 전환한 것도 같은 맥락에서다. 성경적 제자도로 훈련된 일대일 온
라인 사역자들이 단순 온라인 전환에 따른 인간 소외, 소통의 공백을 최소화해 주길 소망한다. (최
현종, 계재광의 글에 대한 논찬, 제79회 한국실천신학회 정기학술대회, 2021, p.32)

강의/상담/공동체 훈련/영성 형성 통합 프로그램

양육 로드맵 카테고리를 넘나들며 유연하게 운영되는 강좌들(사역 훈련/ 단기 선교 훈련/ 직군별 영성 훈련/ 가족 수련회 등)

통독과 강연, 신학/인문학적 토론들과 문화적 접목, 성지 순례, 개인과 공동체 훈련 등이 대상과 상황에 따라 다양하게 조합된다(대상자/그룹별 맞춤형 설계).

위에 언급한 준비 절차에 따라 홈페이지에 〈강의〉 세션을 신설했다(2021년 3월). 회원 가입을 하면 누구나 모든 콘텐츠와 훈련을 무료로 수강(참여)할 수 있으며 강의 신청, 접수에서부터 수강, 수료, 질문과 답변 등 모든 양육 과정을 홈페이지에서 진행할 수 있다. 다음 단계로 양육 로드맵에 따라 다양한 강의와 콘텐츠 개발에 힘쓰고 있다. 기존에 진행되던 사역자 양성 과정들을 온라인으로 전환하는 동시에, 신규 온라인 사역자 양성을 위한 과정들을 시범 운영하며 확장해 가고 있다.

 홈페이지 〈강의〉 세션   양육 로드맵

Chapter 9.

합력하여 선을 이루는 선교

| 김병윤 목사(만나교회 선교국장)

2020년 2월 해외 선교부 사무실에서 긴급한 회의가 열렸다. 회의 안건은 3월에 예정되어 있었던 '캄보디아 선교사 위로회'였다. 의견은 두 개로 갈라졌다.

"선교사님들이 이 시간을 얼마나 기다렸는지 모릅니다. 순교할 마음을 갖고 나간 선교사님들을 생각해서라도 위로하러 나가야 합니다. 순교까지도 생각해야 할 우리가 언제부터 전염병이 무서워서 선교를 할까 말까 고민했습니까?"

"이미 정부에서 해외 출입국을 자제하라고 했고, 병원에서는 의사, 간호사들에게 출국을 금지시키고 있습니다. 고집을 부려서 될 일이 아닙니다."

"캄보디아 지역은 감염자가 없다고 하지 않습니까? 너무 걱정이 많은 것 아닙니까? 2016년부터 매년 이어온 선교사 위로회입니다.

그 전통을 지켜야 하지 않겠습니까?"

2016년 네팔 선교사 위로회를 시작으로 17년 몽골, 18년 러시아, 19년 인도에 이어 20년에는 캄보디아 선교사 위로회를 계획하며 교단과 교파를 초월한 선교사 위로회를 이어 가려고 했다. 그동안 참여했던 선교사들이 많은 위로와 용기를 얻었다고 했고, 섬기던 성도들도 그 모습을 보고 많은 기쁨과 은혜를 누렸기 때문이다.

하지만 2020년, 코로나19로 인해 선교에 대해 고민을 많이 해야 하는 상황이 벌어졌다. 바이러스 확산 초기 당시에는 이전 전염병과 마찬가지로 '시간이 지나면 사라지겠지'라는 생각이 많았다. 그래서 선교부서 안에서도 갑론을박 많은 논의가 오고 갔다. 결국, 동남아에서 사역 중인 다른 선교사님들을 통해 캄보디아를 포함한 동남아 국가들의 상황이 생각보다 심각하다는 이야기를 듣고 나서 선교는 무기한 연기(취소가 아닌)를 하게 되었다. 아마도 많은 교회가 이런 상황을 직면했을 것이다. 처음에는 '코로나19를 지나치게 두려워할 필요가 있을까'라는 생각이, 시간이 조금 지나서는 '코로나19가 선교 중단의 이유가 될 수 있을까' 하는 생각이 들었다. 하지만 무시무시한 전파력으로 인한 대규모 확산으로 대부분의 교회와 마찬가지로 여름 단기 선교는 모두 취소되었고, 선교사들이 대거 귀국하게 되었다.

■ 선교를 위한 순교 아니면 순교를 위한 선교

선교에 대한 인식이 변화하고 있다. 선교 사역은 다른 사역보다 대면이 중요하다. 선교지를 찾아가야 한다. 이것이 2020년 전반기를 보내면서 90% 이상의 사역을 취소 또는 연기해야 했던 이유다. 교회 예산의 막대한 부분을 차지하는 선교 사역을 거의 다 취소하게 되다니. 하나님은 이런 상황 속에서도 당신의 나라 확장과 복음 전파를 위해 우리를 쓰시고자 하실 텐데, 우리는 어떤 방향으로 나아가야 할까.

예상할 수 없이 앞당겨진 미래를 준비하기 위해 전반기를 마무리하면서 선교에 대한 성도들의 생각을 먼저 알아보기로 했다. 그래서 만나교회 교인 1천 명을 대상으로 설문 조사를 실시했다.

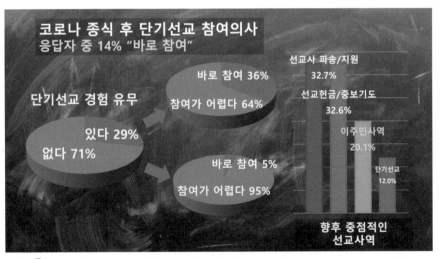

설문 조사 - 코로나 종식 후 단기 선교 참여 의사

설문을 실시한 결과, 설문에 응답한 성도 중 약 14%만이 코로나 19 종식 이후에 바로 선교를 나갈 수 있다고 대답했다. 조금 더 자세히 살펴보면, 성도의 30% 정도가 선교를 경험했으며, 70%는 선교를 경험하지 않았다. 단기 선교를 경험한 성도들도 코로나19가 종식되어도 바로 선교를 나가는 건 어렵다고 생각했다. 경험하지 않은 성도들은 95%가 참여가 어렵다고 대답했다. 그렇다고 성도들이 당분간 (해외)선교가 불필요하다고 생각한 것은 아니다. '앞으로 중점적인 선교 사역이 무엇이 될까?'라는 질문에 '선교사 파송, 지원', '선교헌금, 중보기도 지원'이라고 65% 이상이 답변함으로써 직접 가지는 못하지만, 선교지를 향한 후원과 관심은 계속되어야 한다고 생각하는 것으로 파악되었다.

실제로 우리는 코로나19가 있었던 2020년에 한 선교지를 후원하는 '한셈치고' 헌금을 드리기로 했다. 하지만 모두가 어려운 이때에 많은 성도가 참여하기는 힘들 것으로 예상했다. 그러나 뚜껑을 열어 보니 목표치의 250%라는 결과를 보게 되었다. 기존에 진행하던 단기 선교, 여러 가지 행사, 후원 등을 할 수는 없지만, 선교지에서 지금도 열심히 사역하고 있는 선교사들을 섬기기 원하는 성도들의 마음은 여전하다.

성도들의 가슴을 뛰게 한 첫 번째 '만나 미션 스토리'(MMS, Manna Mission Story)를 소개하고자 한다.

6주가 넘는 봉쇄령으로 인해 처음 계획보다 진행이 지체되고 있는 상황입니다. 원래 계획에 따르면 4월 중순부터 건축이 시작되어 내년 1월에 새 학년 개학과 더불어 완공식을 진행하려 했으나, 현재 가장 강력한 봉쇄령이 시행되고 있어서 모든 행정이 마비된 상태입니다. 경찰들과 군인들이 도로를 점령하고 강력하게 차량 이동을 통제하고 있는 상황입니다.

그러나 5월 6일부터 가장 강력한 5단계 봉쇄령에서 4단계로 한 단계 완화되면서 건축가와 엔지니어가 건축 현장에 나와서 건축 시작 전 검사를 할 수 있게 되었습니다. 하지만 이 상황도 허락이 될지는 아직 미정입니다. 남아공, 특히 제가 살고 있는 웨스턴케이프 지역은 다른 지역과 달리 코로나19 환자들이 급격히 증가하고 있습니다. 남아공 확진자 11,350명 중 절반이 넘는 6,200명이 제가 살고 있는 지역에서 나왔고, 5월 13일 하루에만 460명이 발생했습니다. 이에 다시 강력한 5단계로 곧 돌아가게 될 것으로 예상됩니다.

공포는 엄습해 오고 있지만, 아직 철모르는 빈민촌의 아이들은 마스크 없이 뛰어다니고 있고, 끊임없이 부어 주시는 그분의 용기로 몇몇 선교사들은 빈민촌에 들어가 지금도 음식 꾸러미를 나르고 있습니다. 먹을 것이 없어 민심이 흉흉해진 상태에 식료품을 나르기도 점점 쉽지 않아지고 있습니다만 그분의 은혜로 오늘까지 저도 4차에 걸친 식품 꾸러미를 무사히 나누었습니다.

이러한 상황 가운데 오히려 감사한 것은 설계사와 감리사와의 계약서나 모든 문건을 자세히 살펴볼 수 있는 시간이 주어져 앞으로 혹시 일어날 수 있는 분쟁거리가 될 만한 항목들을 꼼꼼히 집어 가고 있다는 것입니다. 현재 콩고에서 건축 일을 하시는 만나교회 성도이신 황보충완 집사님과 긴밀하게 연락을 주고받고 조언을 받아 가며 진행 중에 있습니다. 또한 전기 도면이 다음 주중에 나오게 될 텐데, 전주에 계시는 전기 및 음향 설치를 하시는 집사님과 연결이 되어 전기 도면에 관한 내용을 전수받고 있고, 건축이 진행되면 그 집사님이 모든 자재를 가지고 들어와 설치해 주시기로 했습니다.

늘 함께 기도해 주시고 마음을 보내 주셔서 진심으로 감사를 드립니다.

2020년 5월 13일

남아공에서 김현주 드림

■ 선교 사역의 관심을 이동하다

이번 설문 조사 결과 중 한 가지 주목할 만한 점은 이주민 사역에 대한 관심이 증가한 것이다. 오랜 시간 이주민 사역을 진행했지만, 국내 MMP(Manna Mission Plan)와 해외 선교에 비해서는 관심과 참여가 저조했다. 하지만 이번 설문 조사에서 성도들의 관심이 단기 선교에서 이주민 사역으로 이동하고 있음을 확인할 수 있었다.

지금까지 진행된 이주민 사역은 세 가지로 요약할 수 있다.

1. 광주 파구스 비전센터 사역 : 경기도 광주 지역에 거주하는 외국인 노동자들을 위해 한글 교실을 열어 언어 교육을 하고, 이미용 봉사 등을 지원하는 사역이다.
2. 이주민과 유학생을 위한 건강 검진 : 의료 선교회와 캠퍼스 선교회 등의 부서가 협력하여 한국에서 의료 지원을 받기 어려운 이들을 섬긴다.
3. MMP-W사역 : 국내에 있는 이주민 교회와 협업하여 주일 예배 봉사, 필요한 물품 및 재정을 지원하는 사역이다.

그동안 이주민 사역은 몇몇 관심 있는 성도들의 사역이었다. 그러나 앞에서 언급한 설문 조사에서는 예상 밖의 결과를 보게 되었다. 전체의 약 70%의 성도가 이주민을 이웃으로 생각하고 있었다. 그렇지만 절반가량은 이주민과 대화한 경험이 전혀 없었고, 36%의 성도들도 이주민과의 만날 기회가 1년에 한두 번 정도에 불과했다.

실제 이주민 사역에 참여한 경험이 있는 성도 역시 20% 정도였다. 이렇게 이주민과 관계를 맺거나 실제 사역을 해 본 이들이 적음에도 불구하고 많은 성도가 향후 중점적인 선교 사역으로 이주민 사역을 꼽은 것은 큰 의미가 있다고 본다.

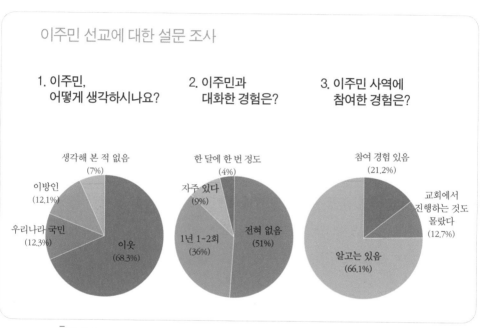

이주민 선교에 대한 설문 조사

조사 결과를 토대로 이주민 사역을 확장해 나가기 시작했다. 먼저, 많은 성도가 이주민 사역에 참여할 수 있는 장을 열기 위해 이주민 선교센터를 준비하고 있다. 성남시에는 여러 이주민이 거주하고 있다. 성남시에서 제공한 자료에 따르면 2020년 9월 현재 중국인

3,176명, 베트남 1,226명, 일본 506명, 몽골 395명 외에도 우즈베크, 필리핀, 인도, 방글라데시 등 여러 민족이 만나교회가 위치한 성남 지역에 살고 있다. 유학생, 다문화 가정, 이주민 노동자 등 이주민의 성격도 다양하다. 선교센터는 복합적인 기능을 감당하게 될 것이다. 여러 민족의 예배 공동체가 선교센터를 통해 세워질 것이며, 특별히 코로나19로 인해 한국으로 귀국한 선교사들이 사역할 공간을 제공하게 된다.

그리고 이주민 사역에 대한 성도들의 교육이 필요하다. 먼저 이주민 선교학교를 통해 봉사자들의 전문적인 사역 이해를 높이고, 자체적인 선교 교육을 디자인함으로써 성남이라는 지역에서 다양한 민족, 여러 성격의 이주민 사역의 전문화를 추구하고 있다. '이주민 선교 주일'을 통해 교회 전체에서 이주민 사역에 대한 관심도를 높이고, 성도들의 인식을 변화시키려고 준비 중이다. 전 교역자를 대상으로 교육을 진행하여 시대적으로 필요한 이주민 목회/선교에 대한 중요성을 인식하게 할 것이다.

앞으로의 사역은 국내에 거주하는 이주민을 빼놓고는 이야기할 수 없을 것이다. 다음 표와 같이 국내 거주하는 이주민의 수는 계속 증가하고 있으며, 앞으로도 더 많은 이주민이 한국에 정착하게 될 것이다. 이미 대한민국 전체 인구의 5%에 해당하고 있으며, 다문화 사회, 다문화 가정을 향한 목회는 코로나19 이후 중요한 키워드가 될 것이다.

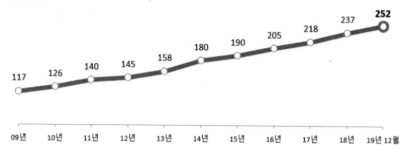

(단위 : 만 명)

117 126 140 145 158 180 190 205 218 237 **252**

| 09년 | 10년 | 11년 | 12년 | 13년 | 14년 | 15년 | 16년 | 17년 | 18년 | 19년 12월 |

국내 거주 이주민 수의 증가세

    이를 위해 선교국은 이주민 사역을 담당했던 글로컬선교부와 해외선교부를 '외국인선교부'로 통합했다. 여러 가지 이유가 있지만 가장 중요한 것은 해외 선교와 이주민 선교의 구분이 모호한 상황에서 '외국인'들을 섬기는 성도들의 하나 됨과 한 방향으로 나아가는 효율적인 사역 운영과 전체 사역의 점검을 위해서다.

    그리고 앞으로 4~5년 정도 외국 출입국이 쉽지 않을 것이라 예상되는 상황에서 새로운 선교 전략을 수립하여 국내에 거주하는 이주민과 해외의 선교지를 연결하는 다리가 필요할 것이다. 이를 위해 코로나19 이후의 선교 TF를 구성하고, ① 코로나19 이후 만나교회 선교 방향 정립, ② 성남, 분당 지역을 위한 이주민 사역, ③ 네트워크 선교 사역을 준비한다.

    구체적인 실천을 위해 2021년 1차 변화산 기도회의 헌금을 나그네 된 자들을 위한 종잣돈으로 마련했다. 이주민 중에 절박한 상황 가운데 있는 이들을 위한 재정적 지원이 필요할 것이다. 우리는 한국으로 유학을 와서 작은 교회를 빌려 영어예배를 진행하는 아프리카 카메룬 자매를 먼저 후원하기로 결정했다. 방글라데시에서 와서 한국에서 복음을 접하고 신학을 공부하는 형제도 후원이 필요하다. 이 모든 일이 갑자기 결정된 것이 아니라 그동안 해 왔던 사역의 연장선상에서 진행되는 것이다.

2011년 경기도 광주에 있는 광주 파구스는 이주민을 대상으로 무료 검진을 시행하면서 방글라데시 형제들을 만나게 되었다. 이들에게 한글 교실을 열어 주고, 연말 위로회 등을 통해 신뢰를 구축했다. 이렇게 연결되어 여러 해 교제했던 이주 노동자들이 방글라데시로 귀국했는데, 한국에서 좋은 추억을 갖고 있던 형제들은 우리에게 방글라데시 마을에 갈 기회를 제공했다. 방글라데시 단기 선교 팀은 그 마을에 가서 진료하고, 잔치를 벌여 주었다. 이를 통해 현지 선교사가 지속적으로 그 마을을 방문하고 사역할 수 있는 접점을 만들었다. 비록 코로나19 이전의 일이지만, 98%가 무슬림인 방글라데시에서 선교사가 마을을 방문할 수 있게 됨으로써 복음 전도의 새로운 문을 여는 좋은 기회가 되었다.

MMP-W 교회와의 협업도 좋은 모델이라 할 수 있다. 안산에 있는 태국 새생명교회(홍관표 선교사)는 만나교회와 협력하여 태국 현지에 다섯 개의 교회를 개척했고, 2019년에는 이 다섯 개 교회로 단기 선교를 가게 되었다. 문화에 대한 이해도와 적응도가 높기 때문에 성도들과 현지 교회가 사역하는 데 큰 힘이 되었다고 했다. 동시에 단기 선교 팀의 만족도 역시 굉장히 높았다. 이처럼 이주민 사역과 해외 선교 사역은 건강한 연합을 이루어야 한다.

이주민 사역과 해외 선교 사역의 연결
(안산 태국 새생명교회)

이주민 지원	장학/양성	현지 역파송	단기 선교
3-5년 국내 체류 이주민을 대상으로 건강하게 사역하는 교회 선발/지원	• 현지인의 양육/훈련 지원 • 신학생 장학금 지원을 통해 목회자/리더 양성	그리스도의 제자/사역자로 현지 정착/개척 사역	만나교회 단기 선교 팀의 지속적인 방문으로 현지 사역 지원

이주민 사역과 해외 선교 사역의 연결

코로나19로 답답한 시간을 보내고 있을 때, 선교한국에서 연락을 받게 되었다. 한 교회에서 선교한국을 통해 모임을 하던 선교 담당 목사들이 각자 교회의 현재 상황과 앞으로 준비하는 사역을 나누자는 요청을 했다는 것이었다. 그와 더불어 앞으로 선교 사역의 전망과 시대에 대한 분석을 전문가를 통해 듣기로 했다.

2020년 10월부터 12월까지 총 5차에 걸쳐 각 교회 선교부서 담당 목사 네트워크 모임을 가졌다. 총 19개 교회, 5개 선교 기관[44]에서 참여한 모임으로 온누리교회, 사랑의교회, 선한목자교회, 만나교회, 수영로교회가 대표로 교회의 사례를 발표했다. 이 시간을 통해 선교 담당자들 간에 소통하게 되었고, 변화된 상황 속에서 어떻게 선교할 것이며, 선교사와 선교지를 어떻게 도와야 할지에 대한 고민을 나누었다. 이번 모임을 통해 각 교회의 핵심 가치와 집중 사역에 따라 선교 정책의 차이도 발견했지만, 몇 가지의 공통된 키워드를 발견할 수 있었다.

선교 신학	플랫폼	재교육	다문화 (이주민/현지인)	단기 선교

지역교회 선교부서의 역할에 대해서도 고민하며 머리를 맞대었다. 코로나19 시기에 힘들게 사역하고 있는 선교사들을 돌보고 격려하는 역할, 여러 교회와 단체, 선교지의 네트워크가 형성되어 사역을 공유하고 서로의 필요를 충족하는 허브의 역할, 지역 전문가와 분야 전문가, 선교 전문가가 협업하여 최고의 효과를 거둘 수 있는 방향 제시의 역할 등에 대해 강의를 듣고 논의했다. 각 교회와 선교단체의 이야기와 강의를 들으면서 서로 같은 것을 고민하고 있

---

44 참여 교회(19개) : 의정부광명, 한사랑, 만나, 더 사랑의, 삼일, 온누리, 안산동산, 사랑의, 선한목자, 남서울은혜, 남서울, 수영로, 높은뜻푸른, 새중앙, 은평, 신도중앙, 분당우리, 호산나, 포도나무
참여 기관(5개) : WEC, 인터서브, AM, 프론티어스, 선교한국.

음을 깨달았고, 연합과 교제의 필요성을 다시 한번 느끼게 되었다.

매월 1회 선교지와 MMP-W 교회를 위해 중보기도하는 열방 기도회가 있다. 코로나19 이전에는 교회에 모여 기도했다(참석 인원 평균 50명). 해외 선교지를 후원하는 나무(소그룹)나 각 권역 담당 성도들이 모여 선교지의 소식을 듣고, 함께 찬양하며 기도하는 시간을 가졌다. 때로 귀국한 선교사가 있을 경우, 선교사와 만남의 시간을 갖기도 했는데, 대면 모임이 어려워지면서 2월부터 열방기도회를 중단하게 되었다.

중단되었던 기도회는 7월부터 온라인(유튜브)을 통해 다시 시작되었다. 한자리에 모일 수는 없지만, 선교지에서 직접 보내온 영상을 통해 더욱 생생한 선교지의 소식을 접하고, 실시간 채팅을 통해 선교사들과 교제했다. 이전에는 정해진 시간과 장소라는 제약 때문에 참석이 어려웠던 성도들도 온라인으로 전환된 후 본인이 가능한 시간과 장소에서 접속해 기도회에 참석하는 모습을 볼 수 있었다(평균 190명).

선교 훈련도 온라인으로 전환했다. 대표적인 선교 훈련으로 '선교적 삶 학교'(Life As Mission school: LAMs)와 퍼스펙티브스(PSP)가 있는데, 전반기에 진행하는 LAMs는 갑작스러운 전환이 어려워 취소했고, 2021년에는 온라인으로 진행할 예정이다. 강의 시간을 기존 2시간 30분에서 2시간으로 단축하고 선교 현장 이야기, 주제 강의, 소그룹 모임을 줌으로 진행한다. PSP는 기존 3시간이었던 교육을 미션 파트너스에서 홈페이지에 업로드한 강의 영상을 일주일 동안 개인적으로 시청한 후 정해진 강의 날에 줌으로 1시간 정도 소그룹 모임을 하는 것으로 바꿔 진행한다. 온라인으로 진행하면서 수강 인원이 많이 증가하진 않았지만, 기존에 했을 때와 비슷한 인원이 참여할 수 있었다.

이 외에도 원격 진료 사역을 준비하고 있다. 의료 선교 위원회는 매해 몽골, 미얀마 등 의료 선교 사역을 진행해 왔는데, 코로나19로 인해 선교의 문이 닫히게 되었다. 온라인을 통한 사역을 모색하다가 온라인으로 진료하고 간단한 처방, 약품 등을 지원하는 방법을 찾게 되었다. 의료 행위에 대한 여러 가지 제한이 있는 것과 4차 산업혁명 시대에 원격 진료 기술을 선교지에 접목할 수 있도록 기반 시설을 구축하는 것이 과제다.

선교국은 변화하는 시대를 준비하기 위해 몇 년 전부터 사역 구조에 대한 고민을 계속해 왔다. IATA(국제항공운송협회)는 2024년까지 국가 간 이동이 어려울 것으로 예상했다. 그동안 해 왔던 선교에 대한 냉정한 평가가 필요하다. 그리고 향후 진행될 선교에 대한 철저한 준비가 필요하다. 국내에 거주하는 이주민을 통한 선교지 접근 전략을 구체화하고, 현지인들을 복음으로 무장시켜 각자의 나라로 돌아가서 예배 공동체를 세울 수 있도록 성장시켜야 한다. 교회별 선교지별 협업이 가능한 구조로 네트워크를 형성하고 경쟁이 아닌 협력하는 선교 사역을 준비하려고 한다.

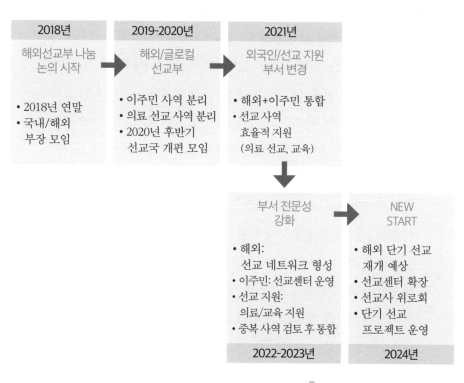

2018년	2019-2020년	2021년
해외선교부 나눔 논의 시작	해외/글로컬 선교부	외국인/선교 지원 부서 변경
• 2018년 연말 • 국내/해외 부장 모임	• 이주민 사역 분리 • 의료 선교 사역 분리 • 2020년 후반기 선교국 개편 모임	• 해외+이주민 통합 • 선교 사역 효율적 지원 (의료 선교, 교육)

부서 전문성 강화	NEW START
• 해외: 선교 네트워크 형성 • 이주민: 선교센터 운영 • 선교 지원: 의료/교육 지원 • 중복 사역 검토 후 통합	• 해외 단기 선교 재개 예상 • 선교센터 확장 • 선교사 위로회 • 단기 선교 프로젝트 운영
2022-2023년	2024년

2024년까지의 선교 계획안

■ 국내 선교를 위한 움직임

MMP는 다시 세우실 하나님의 교회를 꿈꾸며 만나교회가 시작한 사역으로 농촌 교회, 다문화 교회를 비롯하여 어려운 교회가 자립할 수 있도록 돕는 사역이다. 단순히 재정적으로 여유가 있는 교회가 그렇지 않은 교회에 선교비를 보내 주는 것과는 조금 차별성이 있다. 한국 교회에 건강한 성장 좋은 모델을 제시하는 것이 사역의 중요한 목적이다.

2018년 4월부터 시작한 토요 예배를 통해 만나교회는 흩어지는 교회로서의 사명을 감당하고 있다. 그 중심에 MMP 사역이 있다. 2년에 한 번씩 선발하는 MMP는 5기까지 진행되었다. 선발된 교회는 각 교회의 특성을 보고 동산(교구)과 매칭을 하게 된다. 2년 동안 한 개의 교구가 한 개의 MMP 교회를 섬기면서 교구의 성도들이 MMP 교회 주일 예배에 참여하고 여러 가지 교회 행사에 참여한다. 사람 한 명이 너무나 귀한 MMP 교회에 각 교구의 성도들이 방문하여 함께 예배하고 주중 행사를 돕는 것은 큰 힘이 된다.

2019년 기준, 1년에 약 5천 명의 성도가 주일에 MMP 교회 예배에 참여하고, 주중에도 각 부서 사역자들이 방문했다. 주일 예배에 참여한 성도들은 헌금도 방문한 교회에서 함으로써 각 교회는 연간 3천만 원 정도의 예산이 증가하게 되었다. 감사한 것은 만나교회의 예산은 전혀 줄지 않았다는 것이다. 흩어지는 교회라는 사명은 MMP 교회도 살리고 만나교회도 사는 상생의 중요한 사명이었다.

코로나19 발생 이후 흩어지는 교회로서의 사명을 감당하기 어려워졌다. 본 교회에서 예배를 드리는 것도 어려운 상황이었고, 잘 알지 못하는 사람들의 방문이 교회마다 부담스러웠다. 새로 등록하는 교인들을 의심해야 할 정도로 교회 방문에 대한 두려움과 거부감이 커지게 되었다. 이런 상황에서 MMP 사역은 큰 고민이 될 수밖에 없었다.

그 외에 국내 선교 사역이었던 군 선교, 캠퍼스 선교, 70문도 전도대 역시 방문과 만남 자체가 어려운 상황에서 할 수 있는 것이 거의 없었다.

2020년 2월, 대구 신천지로 인해 코로나19 1차 대유행이 시작되었다. 대구, 경북 지역은 봉쇄나 마찬가지의 상황이었다. 이때 대구제일교회를 통해 대구 지역의 월세 내기 어려운 교회를 조사해서 월세 전액을 지원했고, 그 외 지역의 어려운 교회도 파악해서 총 147개 교회에 1억 1천만 원을 긴급 지원했다.

교회 재정이 걱정되고 중간중간 온라인 계좌를 열어 달라는 요청이 들어오면서 흔들리고 고민하던 때에 만나교회로부터 '월세 지원 프로젝트'라는 좋은 소식을 듣게 되었습니다. 하나님의 말씀을 믿고 끝까지 실천할 수 있도록 보여 주신 은혜의 기적이었습니다. 단순히 월세를 한 번 지원받는 것으로 그치는 것이 아니라 온 성도들과 함께 '하나님이 세우신 교회는 하나님이 책임지신다'는 말씀이 실제가 되는 기적을 경험할 수 있게 된 것입니다. 인내의 시간을 지나 현장 예배가 드려지던 날, 성도님들은 각 가정에서 정성스레 모았던 헌금을 봉헌했습니다. 모두의 동참으로 이루어진 사랑의 수고였습니다. 이후 만나교회로부터 수혈받아 견딜 수 있었던 시간들을 기억하며 우리 넘치는교회도 주변의 어려운 교회 네 곳에 사랑의 선교비를 전달할 수 있었습니다. 어려운 시기에 넘치는교회가 믿음의 역사를 이룰 수 있도록 지원해 주시고 사랑해 주신 만나교회에 진심으로 감사드립니다.

/ MMP 4기 조정용 목사(넘치는교회)

코로나19로 인해 모든 사역이 마비된 시간이 길어지면서, 해외 선교와 마찬가지로 성도 1천 명을 대상으로 MMP에 대한 그들의 생각을 들었다.

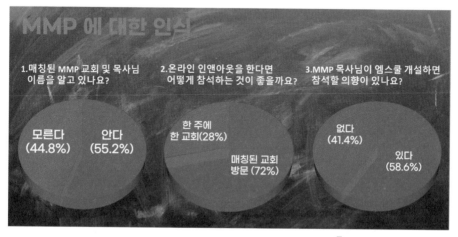

MMP에 대한 인식

2020년이 되면서 MMP 4기에서 5기로 각 동산과 연결된 교회가 바뀌게 되었고, 통상적으로 진행했던 후원 동산 연합 예배, MMP 교회 방문 등을 할 수 없었음에도 절반 이상의 성도들이 MMP 교회와 목회자의 이름을 알고 있었고, 주일에 온라인으로 MMP 교회를 방문할 때 잘 몰라도 교구와 연결된 교회를 방문하기를 희망했다. 만나교회 교역자와 외부 강사로 국한되었던 엠스쿨(성경 공부)에도 MMP 목회자의 강의를 듣겠다는 사람이 60% 정도나 되었다. 이미 많은 성도들이 MMP 교회와 협업하는 사역에 익숙해져 있다는 것을 알 수 있었다.

MMP 교회를 향한 성도들의 관심을 확인한 후, 코로나19로 인해 오프라인 예배가 불가능해진 상황에서 성도들이 MMP 교회를 만날 방법을 고민하다 온라인이라는 결론에 도달했다. MMP 교회 대부분은 밴드를 이용하거나 카톡을 통해 교회 공동체 구성원들만 볼 수 있는 온라인 예배를 드리고 있었다. 최대한 대면 예배를 드리려고 했던 것이다. 온라인 예배는 단순히 영상으로 예배를 드리는 것이 아니라 누구나 접근할 수 있고, 방문할 수 있는 채널로 진행되어야 한다. 그래서 선택한 것이 유튜브였다.

우선 각 교회 목회자들의 미디어 장비 활용 능력과 교회 상황에 맞는 맞춤형 컨설팅을 진행했다. 이 일은 만나교회 미디어 직원과 온라인 예배를 진행하고 있던 목회자들의 도움을 받았다. 전문가와 경험자들의 추천을 통해 불필요한 지출을 막고 꼭 필요한 장비를 만나교회의 지원으로 구입했다. MMP 5기 목회자들이 모여 서로 장비를 비교하고, 운영 방법을 공유하며 작은 교회가 온라인 상에서 무엇을, 어떻게 할 수 있는지를 연구했다. 장비를 구입하고 세팅한 후, 시험 운영을 두 차례 하고 온라인 인앤아웃(IN&OUT)을 진행했다.

방법은 매칭된 동산별로 각 MMP 교회의 온라인 예배를 시청하고, 좋아요, 구독, 댓글 등을 남기는 것이다. 성도들의 피드백을 전달하고, 그것을 토대로 서로의 경험을 공유하고 성도들의 입장에서 예배를 준비할 수 있게 되었다. 조회 수가 올라가고, 구독자 수가 증가하면서 외부 구독자가 자연스럽게 유입되어 구독자 및 조회 수의 상승으로 이어지는 예배 참여의 긍정적인 효과가 있었다. 온라인 예배 시스템은 단순히 예배 중계가 아닌 여러 가지 용도로 활용되고 있다.

우선 만나교회 부서들과 함께하는 사역은 70문도 전도대의 온라인 기도회(각 교회를 방문하여 그 교회를 위해 기도하고, 온라인 헌금을 하는 모임), 동산 연합 예배(교구별 성도들이 MMP 교회 유튜브 채널에 들어와서 함께 말씀을 나누고 기도하는 모임), M. School(성경 공부) 등이다. 각각의 교회들은 주일 예배를 포함한 공예배와 온라인 성경 공부, 기도회, 교육부서 예배, 콘텐츠개발(찬양 듣기, 말씀 나누기 등)을 진행하고 있다.

온라인 시스템을 구축한 이후, 교회마다 여러 가지 모습의 결과물을 거둘 수 있었다. 서울/경기 등 수도권의 중대형교회들과 비교했을 때, 구독자 수는 상대적으로 적지만 조회 수는 비슷한 수준이었다. MMP 교회 구독자 수도 평균 200명 정도인데, 이는 MMP 교회보다 훨씬 규모가 큰 중소형 교회와 비슷하거나 많은 수준이다. 이는 온라인 인앤아웃이 효과적으로 진행되었다고 생각할 수 있는 근거가 된다.

다음 표에서 보면, 두드림교회 구독자가 다른 교회에 비해 월등히 높은데, 이는 두드림교회 담임 목사가 콘텐츠를 개발하여 외부 구독자의 유입이 늘어났기 때문이다. 온라인 예배 시스템을 구축하고 나서 각 교회에서 활용 여부에 따라 결과물이 나타나기 시작했다. 이것은 온라인 전도 효과로 연결되었다. 현재 대부분의 교회

구독자, 조회 수

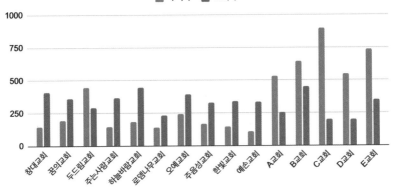

가 주도적으로 만나교회의 부서들과 협력하여 진행하는 예배, 기도회를 이끌어 갈 수 있게 되었다. 자체 기도회나 예배 프로그램을 유튜브로 진행하며 안정적인 조회 수를 기록하고 있다. 그리고 각 교회의 청년, 성도들을 훈련시켜 새로운 온라인 방송에도 도전하고 있다.

저는 로뎀나무교회에서 단독 목회를 시작한 지 이제 1년 반이 조금 넘었습니다. 큰 꿈과 부푼 희망을 안고 목회를 시작했습니다. 나름대로 성도들을 양육과 훈련을 통해 온전한 하나님의 사람으로 세우는 것에 목표를 가지고 있었습니다. 그런데 목회를 시작하자마자 코로나가 들이닥쳤습니다. 코로나는 제 기대와는 정반대 방향으로 목회를 끌고 가는 듯했습니다. 정착을 잘하는 것만 같았던 성도들은 코로나가 시작되면서 하나둘 떠나갔고, 교회를 운영할 수 있을 만큼의 헌금은 성도들이 교회에 나오지 못하면서 많이 줄었습니다.

그런 목회 상황 가운데 만나교회를 만나게 하신 것은, 하나님의 계획과 인도하심임을 고백하지 않을 수 없습니다. 만나교회를 잘 알지 못했던 저는 우연한 기회에 만나교회 MMP에 지원할 수 있었고, 만나교회와 연결되게 하심으로 영적, 물질적으로 지원받고 목회에 힘을 낼 수 있게 해주셨습니다. 만나교회를 통해 매월 100만 원씩 지원받는 헌금은, 로뎀나무교회를 살리고 저의 목회를 지속하게 하고자 하시는 하나님의 손길이 분명합니다. 만일 만나교회의 도움이 아니었다면 지금의 팬데믹 속에서 저는 어떻게 해야 할지 알지 못했을 것입니다.

게다가 이번 온라인 예배를 시작할 수 있도록 장비들을 지원해 주신 것은 제 목회 변화의 큰 출발점이 되었습니다. 온라인 예배를 시작하고 싶어도 용기를 내지 못했는데 구체적으로 실행되면서 너무 쉽고 자연스럽게 준비되었습니다. 무엇보다도 온라인으로 여러 성도님이 함께 예배에 참여하는 것을 인식하면서 저 개인적으로도 설교 준비를 더 열심히 하게 되었습니다. 실시간 온라인 방송을 운영하는 초등학교 6학년 첫째아들도 예배 봉사자로서 섬기는 기쁨을 누리며 신앙생활을 하게 되었습니다. 특별히 만나교회 성도님들이 함께 예배에 참여하여 댓글도 달아 주시고 정성껏 헌금을 해 주시는 것도 큰 힘이 되고 있습니다. 어려운 상황에서 목회를 어떻게 해야 하나 하는 생각보다 코로나가 끝날 때까지 잘 감당할 수 있겠다는 확신과 목회적 성장에 대한 기대감으로 목회하게 되는 것 같아 만나교회의 지원과 협력이 하나님의 격려와 도우심의 손길임을 고백하게 됩니다.

이렇게 어려운 시간을 보내면서 나보다 나를 더 잘 아시는 하나님이 이때를 위해 오래전부터 계획하셨음과 특별하고 소중한 분들을 만나게 하셨음을 깨닫습니다. 아내와 대화하며 좋으신 하나님께 감사하고, 만나교회를 만나게 하심에 감사하다고 날마다 이야기합니다. 내 안에 착한 일을 시작하신 주님께서 그리스도 예수의 날까지 이루실 줄을 확신합니다. 감사하는 마음을 가지고 저와 우리 로뎀나무교회가 앞으로 누군가에게 혹은 도움이 필요한 곳에 주님의 사랑을 풍성하게 나누는 축복의 도구로 잘 성장하기를 소망합니다. 늘 기도하며 힘을 다해 도와주시는 만나교회와 모든 성도님께 진심으로 감사드립니다.

/ 황창수 목사(로뎀나무교회)

▪ 비대면 시대의 문화 선교

코로나19 이전 문화 선교 사역은 축구, 농구, 탁구, 볼링, 테니스, 등산, 둘레길, 어린이 축구 선교 팀으로 이루어진 스포츠 선교위원회와 만나G기타, 헤세드찬양, 만돌린, 사진, 미술 선교 팀으로 이루어진 문화예술선교위원회로 구성되어 있었다. 그동안 스포츠를 통해 많은 성도가 친목을 다지고, 믿지 않는 지인들을 교회로 초대하는 역할을 감당했다.

코로나19의 영향을 가장 많이 받은 사역 부서 중 하나가 바로 문화선교부다. 문화 선교는 기본적으로 사람이 모여야 활동을 할 수 있고, 어떻게 보면 반드시 해야 하는 사역은 아니었기 때문이다. 코로나19 확산 이후 모든 선교 팀의 활동을 무기한 잠정 중단했다. 오랫동안 활동을 하지 않던 가운데, 코로나19가 장기간 지속될 것이 예상되면서 코로나19 방역 지침에 따른 자체 활동 매뉴얼을 준비하게 되었다. 활동 매뉴얼은 정부의 사회적 거리두기 단계 구분에 따라 업데이트하고 있다.

원칙

- 정부 정책 적극 수용, 집합 제한에 따라 행사 진행
- 코로나19 상황에서 가능한 대외 행사 자제

팀별 운영 계획

1. 성인 축구: 성남시 시설관리공단 운동장 개방이 되는 거리두기

2단계 이하일 때 방역 지침을 따르며 운동(마스크 착용 후 운동, 운동장 내 22명 입장, 개인 물통 사용)

2. 농구, 탁구, 볼링: (실내 스포츠 인원 제한으로) 활동 중단 중. 백신 접종 후 2021년 하반기 진행(예정)

3. 테니스: 테니스장 운영에 한해 방역 지침을 준수하며 운동. 개인 물통 사용

4. 등산: 활동 중단 중. 백신 접종 후 2021년 하반기 진행(예정)

5. 둘레길: (고령자가 많은 관계로) 활동 중단 중. 백신 접종 후 2021년 하반기 진행(예정)

6. 어린이 축구: (어린이/어른이 혼재되어 감염 우려 높아) 활동 중단 중. 백신 접종 후 2021년 하반기 진행(예정)

2019년 만나교회 1층 공간 리모델링 후, 2020년 '미술 선교 팀'이 창단되었다. 창단 직후 찾아온 코로나19는 큰 위기였지만, 새로운 방향을 발견하는 기회가 되었다. 1층 갤러리 스페이스 엠(Space M)은 비대면으로 지속할 수 있는 사역이기에, 코로나19 기간에도 계속적으로 운영했다. 하지만, 코로나19 확산세가 심해 온라인 예배만 진행되어 성도들과 일반인의 교회 방문이 어려워지면서 2020년 7월부터 '스페이스 엠 온라인 갤러리'를 운영했다. 처음에는 미술 선교 팀원 중 한 명이 성도들과 작품을 함께 나누고 싶은 마음으로 '온라인 갤러리'를 만들고 만나교회 유튜브 채널에 업로드했다. 앞으로 사진 선교 팀과의 협업을 통해 작품 사진을 좀 더 전문적으로 촬영

하여 수준 있는 온라인 갤러리로 운영할 계획이다.

'온라인 갤러리' 운영을 통해 1층 갤러리에 어떠한 작품이 전시되고 있는지 성도님들이 교회를 방문하지 않아도 알 수 있었고, 온라인으로 보던 작품을 교회에 오셔서 직접 관람했을 때 또 다른 느낌을 얻게 된다는 평가를 받고 있다. '온라인 갤러리'를 통해 더 많은 사람에게 갤러리 작품을 소개할 좋은 기회가 되고 있으며, 주변 지역 작가들이 코로나19 시기에도 교회를 통해 작품 활동을 할 수 있는 기회가 되고 있다.

미술 선교회가 창단되고, 활동하다 보니 그동안 보이지 않거나 활동하지 않았던 미술 전문가(전공자)가 나오기 시작했다. 앞으로 '미술'이라는 매개체를 통해 선교의 지경을 넓히고, 전문직이나 재능을 가진 성도들의 참여를 유도할 계획이다. 다른 분야도 마찬가지로 선교할 수 있는 사역의 장을 만들어 하나님이 주신 달란트를 사용할 수 있도록 전문인 사역 네트워크를 형성할 것이다.

스페이스 엠 온라인 갤러리

2020년 1월, 예술가와 성도들의 문화 소통을 위한 전시 공간 스페이스 엠을 오픈했다. 하지만 오픈과 동시에 코로나19로 인해 전시 운영에 많은 어려움이 있었다. 그럼에도 미술 선교 팀은 매달 스페이스 엠을 통해 새로운 미술 작품을 전시함으로써 교회의 분위기를 바꾸어 주는 등 코로나로 지친 교인들에게 위안과 기쁨을 줄 수 있도록 끊임없이 노력했다. 다양한 전시를 통해 성도들은 애써 찾아가지 않아도 미술 작품을 감상할 수 있게 되었고, 그림을 통해 서로의 이야기를 나눌 수 있었다. 더 나아가 갤러리 관람이 힘든 분들을 위해 7월에는 '온라인 갤러리'를 오픈했다. 온라인 전시를 통해 장소의 제한 없이 많은 분과 소통하며 작품 감상을 할 수 있게 되었다.

매달 바뀌는 미술품 전시는 우리들의 시선과 발걸음을 멈추게 하고, 작품을 저렴하게 구입해 소장할 수 있는 기회를 제공하여 예술 향유의 기쁨도 덤으로 챙기는 아름다운 공간으로 조금씩 자리를 잡아 가고 있다. 이제는 성남에 있는 예술가들에게 소문이 나서 전시를 희망하는 분들도 점점 많아지고 있다. 갤러리 스페이스 엠이 교인과 지역사회의 공동체 공간으로 점점 더 발전하고, 어려운 예술가들에게는 희망의 장소로 성장하여 그림과 커피, 그리고 삶과 신앙의 이야기가 있는 곳이 되기를 소망한다.

/ 조샘 권사(화평동산)

■ 기도의 불을 켜라

만나교회에는 다양한 사역이 있다. 사역 관리를 위해 조직도 계속 변했다. 전체 사역을 관리하던 사역국에서 많은 사역을 효율적으로 관리하기 위해 사역 1, 2국으로 나눴으며, 2020년부터는 관련된 사역을 묶어서 선교국, 훈련국, 나눔국으로 편성했다.

그중에서 선교국은 외국인선교부(해외/이주민), 국내선교부, 선교지원부, 문화선교부, 중보기도선교부로 구성되어 있다. 선교는 기도의 힘이 뒷받침될 때 그 날개를 힘차게 펼치고 세계와 열방을 향해 나아갈 수 있다. 선교국에 속해 있는 모든 부서는 부서별 기도 모임을 운영하고 있으며, 부서마다 중보기도에 최선을 다해 참여하고 있다. 또한 중보기도 봉사자들 대부분은 선교부서에서도 활발하게 활동하고 있어서 봉사자 목양 차원에서 선교국에 포함되어 있다.

만나교회의 중보기도 사역을 한 단어로 표현하자면 "24365"라고 말할 수 있다. 만나교회 설립자이신 김우영 목사와 이종례 사모의 헌신으로 세워진 '어머니 기도실'과 중보기도자들이 함께 뜨거운 기도의 불을 붙였던 '중보기도실'은 24시간 365일 꺼지지 않는 기도 운동의 초석이었다.

하지만 코로나19로 인해 모든 것이 멈추고 방역 지침으로 인해 기도실의 문이 굳게 잠기게 되자 우리는 '중보기도 사역을 계속하려면 어떻게 변화해야 할까? 기도의 불씨가 꺼지지 않으려면 어떻게 도와야 할까?'에 관해 계속 고민하며 끊임없이 새로운 시도를 했다.

만나교회 성도들에게 아래와 같이 물었다.

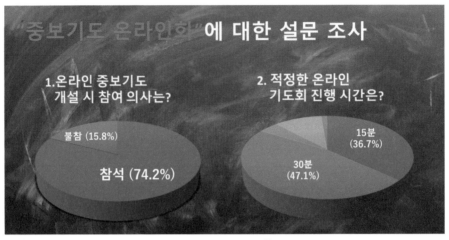

중보기도 온라인화에 대한 설문 조사

기도 사역은 이미 오프라인에서 온라인으로 옮겨 갈 수밖에 없는 상황이었다. 감사한 것은 성도들의 거부감이 높지 않았던 것이다. 모여서 함께 찬양하고 뜨겁게 기도하던 기도회는 온라인 기도 영상으로 대체되었고, 교회 기도실에 앉아 읽던 많은 기도문은 카카오톡을 통해 전해져 각자의 자리에서 읽으며 기도할 수밖에 없었다. 하지만 이러한 온라인 기도의 시간이 길어지면서 성도들은 다시금 모이는 자리, 즉 오프라인의 기도 운동을 원했다.

성도들의 필요와 더불어 정부의 방역 지침을 철저히 지키며 교회의 방역과 성도들의 안전을 위해 기획되고 추진된 것이 바로 "성전 기도 운동"이었다. 만나교회의 시온성전은 약 3,500석으로 100명이

들어간다 해도 충분한 사회적 거리두기 지침을 지키며 기도할 수 있다. 그래서 오전 10시부터 오후 5시까지 적정한 인원이 성전에 모여 기도할 수 있는 성전 기도 운동을 시작했다. 비록 소리 내어 기도할 수 없고, 성도들 간에 철저한 간격을 유지해야 했지만 성전에서 기도할 수 있는 시간은 귀한 은혜의 자리였다. 매일 400명 정도의 성도들이 자신이 원하는 시간에 자유롭게 참여했다.

그런데 2020년 11월 하루 1천 명에 가까운 확진자들이 발생하자 정부는 5인 이상 집합금지 명령을 내리게 되었다. 더 이상 성전의 문을 열고 많은 기도자를 받을 수 없게 되었다. 정부의 방역 지침을 지키면서 기도할 수 있는 방법을 고민했다.

고민 끝에 '어머니 기도실'을 바꿔서 기도할 수 있도록 했다. 한 시간에 4명이 선착순으로 신청하여 오전 10시부터 오후 10시까지 하루에 48명의 기도자들이 기도의 불을 켠다. 365일 하루도 쉬지 않고, 평일과 공휴일을 가리지 않고 17,520명의 기도자들이 17,520시

어머니 기도실

간을 목표로 기도의 불을 켜고 있다. 처음에는 개인적으로 신청해서 참석했다면, 기도 운동이 전 교회적으로 점점 확산되어 가족이 함께 나와 기도하고, 나무(소그룹) 식구들이 함께 기도하며, 동산이나 부서별로 띠를 만들어 기도한다. 예약은 현재 네이버 앱을 통해서 하고 있으나, 곧 교회 홈페이지와 앱을 통해서도 예약할 수 있도록 할 예정이다.

이처럼 온라인 기도 사역과 오프라인 기도 사역을 병행하며 중보 기도 사역부는 올라인 기도 운동(All Line Pray Movement)을 진행하고 있다. 다양한 상황과 환경에 놓여 있는 성도들이 각자의 형편에 맞추어 기도할 수 있는 환경을 제공하고 있는 것이다. 성전에 나와 기도하기를 간절히 바라는 성도들에게 방역과 안전한 환경 가운데 성전에서 기도할 수 있도록 돕고, 성전에 나오지는 못하지만, 각자의 삶의 자리에서 기도하길 원하는 성도들은 삶의 자리에서 기도할 수 있도록 돕는 것이 바로 이러한 올라인 기도 운동의 핵심이라 할 수 있다.

특별히 홈페이지에 24시간 스트리밍 기도문 영상을 업로드하고 누구나 언제든지 기도의 자리에 참여할 수 있도록 시스템을 구축했다. 기도문의 내용에는 만나교회와 성도들, 나라와 민족, 코로나19 극복에 대한 기도 제목들이 구체적으로 들어가 있으며 기도의 흔적을 남길 수 있는 댓글 창이 마련되어 있다.

온라인 예배 인원이 많아지면서 실시간 채팅과 댓글을 통해 간절한 기도의 제목을 올리는 성도들이 있다. 코로나19로 인해 힘든 시간을 보내는 성도, 육신의 연약함, 경제적인 어려움, 부모, 자녀와의 관계 등 여러 가지 기도 제목이 있다. 성도들에게 그들을 위해 기도하는 기도자가 있다는 것을 알려 주기 위해 '온라인 기도지키미'라는 팀을 구성했다.

온라인 기도지키미들은 각 담당 예배 시간에 온라인으로 참여하며 실시간 채팅에서 올라오는 성도님들의 마음에 공감하고 위로하며 또 함께 중보하겠다는 응원의 메시지를 직접 올리고 있다. 형식적인 반응이 아니라 공감과 위로, 그리고 중보를 통한 하나님의 역사를 경험하길 기도하고 있으며, 예배에 참여하는 성도들에게 좋은 평가를 받고 있다. 변화산 특별새벽기도회, 매월 첫 주 새벽에 진행되는 Pray On 기도회에서 온라인 기도지키미의 활약으로 정말 많은 성도가 유튜브에 기도 제목을 올리고 서로 중보하는 아름다운 모습을 볼 수 있다.

온라인 기도실

코로나가 길어지면서 예배조차 드릴 수 없을 때 교회 마당을 한 바퀴 돌다가 집으로 돌아가곤 했습니다. 주의 집에서 예배하고 기도할 수 없다는 안타까움이 그렇게 표현되었던 것 같아요. 기도하는 마음으로 교회 마당을 그저 밟고 돌아가면 마음이 평안해졌습니다.

올해부터 시작된 Pray On 365 기도 운동이 얼마나 반갑던지요. 무엇보다 어머니 기도실이 개방되고, 기도의 자리가 회복되어 너무 감사했습니다. 이제 교회 마당만 밟고 가는 것이 아니라 어머니 기도실에서 나를 기다리시며, 포근히 감싸 주시는 주님을 날마다 만날 수 있습니다.

기도실 문을 열고 들어설 때면 내가 주님을 찾는 것보다, 주님이 나를 기다리셨다는 마음이 듭니다. 어머니 기도실의 십자가를 바라보면, 나를 향한 주님의 음성이 들리는 것 같습니다. 1시간의 기도를 마치고 돌아가는 길이 그렇게 행복할 수가 없어요. 이런 은혜와 행복을 많은 성도가 함께 느끼셨으면 좋겠어요. 우리 주님이 그곳에서 만나의 가족들을 기다리고 계시니까요.

요한복음에 예수가 길이요 진리요 생명이라는 말씀이 있는데 생명 되신 주님께 나아갈 수 있는 길이 열린 것 같아요. 예수님을 위한 자리가 아닌 나를 위해 준비된 은혜의 자리, Pray On 365에서 늘 새 힘을 얻고 승리하는 2021년을 보내고 있어 행복합니다.

/ 박용자 권사(새가족동산)

코로나19로 인해 일상이 무너지고, 계획들이 다 막혀 버렸다. 누군가를 만난다는 것이 참 어려운 시대가 되어 버렸다. 코로나19로 인해 모든 길이 막힌 것 같았는데, 하나님이 새로운 사역의 장을 열어 주셨다. 연합의 길을 열어 주셨다. 세계 각지에 있는 선교사들과 온라인을 통해 그 어느 때보다 더 가깝게 소통하게 되었다. 유튜브로 MMP 교회와 함께 예배하고 기도한다. 줌으로 교회들이 정보를 공유하며 머리를 맞대고 미래를 준비한다.

"혼자 가면 빨리 가고, 함께 가면 멀리 간다"는 말을 기억하자. 변화를 두려워하면 안 된다. 그동안의 사역을 돌아보니 변화의 순간 늘 누군가 함께했다. 하나님을 신뢰하며, 코로나19 이후의 시대를 준비하고 냉철하고 바른 판단을 통해 새 시대에 쓰임 받는 교회, 성도, 사명자가 되어야 할 것이다.

Chapter 10.

나눔

이미 시작된 변화,
새로운 나눔의 다리를 놓아 가다

| 엄태호 목사(만나교회 나눔국장)

AD 251년경에 알렉산드리아 지역에 키프라니우스(Plague of Cyprian)라는 역병이 창궐했다. 요즘으로 치면 홍역이나 천연두였을 것으로 추측하는데, 이로 인해 알렉산드리아 인구의 3분의 2가 죽음을 맞았다. 전염병이 창궐하자 이교도들은 아픈 자들을 내쫓아 버리고 병이 들면 죽기도 전에 거리에 버렸다. 그러나 그리스도인들은 길가에 버려져 죽어 가는 사람들에게 다가가서 그들을 치료하고 도와주었다. 당시 알렉산드리아의 주교였던 디오니시우스(Dionysius of Alexandria)는 부활절 설교에서 이렇게 외쳤다.

"우리 그리스도인들은 환자들에게 무한한 사랑과 충성심을 보여주었습니다. 한시라도 몸을 사리지 않고 환자들을 돌보는 데 온 힘을 쏟아부었습니다. 우리는 앞으로도 그렇게 해야 합니다"

그리스도인 중에도 환자들을 돌보다가 감염되어 죽은 사람도 있었지만, 환자들을 돌보는 일을 멈추지 않았다. 이때 생긴 단어가 '파라 볼라노이'(함께 옆에 있는 자)다. 위험을 무릅쓰고 어려운 이웃들의 옆을 지켰던 그리스도인들의 사랑 덕분에 기독교는 로마 전역에 확산될 수 있었고, 로마의 국교로 공인될 수 있었다.

2천 년이 지난 지금, 팬데믹 상황에서 교회는 파라 볼라노이의 사명을 잘 감당하고 있는가?

■ 변화는 이미 시작되었다

코로나19 상황에서 한국 교회의 이미지는 오히려 더 안 좋아졌다. 목회데이터연구소의 조사결과에 따르면, 일반 국민이 천주교와 불교에 대해서는 온화하고 절제적인 종교라는 이미지라고 응답한 반면 기독교에 대해서는 거리를 두고 싶다(31%), 이중적이다(30%), 사기꾼 같다(29%)라고 대답했다(6월 23-26일 조사). 또한 한국 교회 코로나19 대응에 관해서는 70% 이상 잘못하고 있다고 응답했고, '교회를 향한 정부와 사회의 요구에 대한 적절한 대응'에 대한 문항에서 응답자들의 74.5%가 '잘못하고 있다'고 지적했다.[45]

이러한 상황에서 한국 교회의 실추된 이미지를 회복하는 중요한 방법 중 하나가 사랑을 실천하는 교회 공동체의 회복이다. 물론 한

---

45 목회데이터연구소, 〈코로나19 종교 영향도와 일반 국민의 개신교 인식 조사〉(대한예수교장로회 합동총회), 2020.9.1.

국 교회는 이 땅에 처음 들어온 이후 의료와 교육, 사회 복지 영역에 있어서 중요한 역학들을 감당해 왔다. 그러나 시대가 변하고 사회 복지 패러다임이 변하였음에도 불구하고 시대의 흐름을 읽고 발빠르게 대응하는 데에는 소홀했다.

코로나19로 인한 팬데믹 속에서 대면 중심으로 이루어지던 한국교회의 나눔 구제 사역은 대부분 멈추었다고 해도 과언이 아니다. 만나교회 역시도 코로나 팬데믹 상황을 지나면서 많은 혼란과 어려움을 겪었다. 지금 우리가 겪고 있는 많은 변화는 코로나19 때문에 일어난 일처럼 보이지만 실제로는 훨씬 이전부터 이미 시작된 변화다. 우리가 눈치채지 못하고 지나쳤던 것들이 코로나19를 통해서 드러나고 체감되었을 뿐이다. 코로나로 인해 멈추어진 시간 속에서 우리는 시대의 변화를 감지하고, 어떻게 사역 전반을 새롭게 리뉴얼할 수 있을까에 대해서 고민해야 한다.

이 글에서는 나눔 패러다임이 어떻게 변화하고 있는지 살펴보는 한편, 그 변화의 파고 속에서 만나교회가 어떠한 시도와 노력을 하고 있는지 소개하겠다.

먼저, 만나교회 나눔 사역은 크게 두 가지 방향에서 이루어져 왔다. 하나는 교회 안의 사랑나눔운동본부를 중심으로 이루어지는 교회 중심의 나눔 사역이고, 다른 하나는 국제구호개발 NGO인 월드휴먼브리지를 중심으로 이루어지는 사역이다.

2010년 이전까지 만나교회의 나눔 사역은 사랑나눔운동본부를 중심으로 진행되어 왔다. 봉사자들을 중심으로 지역에 있는 기관

한사랑 마을 목욕 봉사

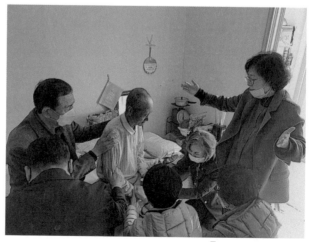

하늘다리 호스피스 사역

과 단체들과 협력하여 나눔 사역이 진행되어 왔다. 10년 넘게 이어져 오던 한사랑 마을 장애인들 목욕 봉사, 한 달에 한 번 어르신들을 찾아가던 미용 봉사, 말기 암 환우들을 돌보는 하늘다리 호스피스 사역, 일주일에 한 번 노숙자들에게 식사를 제공하던 사랑의 설렁탕 행사, 차병원 환우 돌봄 서비스까지 모두 교회에서 전통적으로 해 오던 사역들이다.

2000년을 지나면서 이러한 개교회 중심의 나눔 사역은 한계에 부딪히게 되었다. 당시 한국 교회는 자기 교회만 높이려고 하는 개교회 이기주의가 팽배해 있던 시기로, 교회가 교회 이름으로 나눔 구제 사역을 하려고 하면 사람들이 일단 색안경을 끼고 부정적으로 바라보기 시작했다. 교회가 아무리 선한 의도로 나눔 사역을 하려고 해도 세상은 자기 교회를 위해서 하는 일쯤으로 치부해 버렸다.

교회는 교회의 일을 하는 곳이 아니라 하나님의 일을 하는 곳이다. 세상의 부정적인 인식 속에서도 교회는 사명을 감당해야 하고, 교회에 대한 부정적인 인식을 개선해야 했다. 만나교회는 세상 속에서 교회 이름은 감추고 하나님의 일을 하기 위해서 NGO '월드휴먼브리지(World Human Bridge)'[46]를 만들었다. 당시만 해도 대부분의 교회가 NGO 사역을 후원하는 것에 그쳤던 시기다. 만나교회는 뜻을 함께할 교회들을 수소문했고, 안양감리교회와 대전산성교회가 동

---

46 국제구호개발 NGO인 월드휴먼브리지는 2009년 안전행정부의 설립 허가를 받아 시작한 사단법인이다. '나눔의 다리를 놓는 사람들'이라는 의미를 가지고 있으며 NGO를 통해 하나님이 원하시는 선한 일을 하기 위해 만나교회, 안양감리교회, 대전 산성교회가 연합하여 시작했다.

참해 주었다.

당시에는 교회가 무슨 일을 하면 기업이나 정부 기관이 거들떠 보지도 않았다. 그런데 NGO를 통해서 일하면 정부나 지방 자치 단체, 기업들과 협력하여 일할 수 있었고, 후원도 받을 수 있었다. 실제로 미혼모와 취약 계층 임산부들의 출산용품을 지원해 주는 "모아 사랑 태교 음악회"의 경우 남양유업으로부터 출산용품 후원[47]을 받아 시작할 수 있었다.

월드휴먼브리지의 가장 중요한 사명은 이름에서도 알 수 있듯이 다리를 놓는 것이다. 교회 안에 아프리카에 우물을 파고 싶다든지, 취약 계층 청소년들을 돕고 싶다든지, 필리핀 코피노 아동들을 돕는 사업을 후원하고 싶다는 요청이 있었다. 월드휴먼브리지는 그 사업들을 도맡아 하는 대신에 잘하는 기관이나 단체들이 그 일을 할 수 있도록 다리 놓는 역할을 하기로 했다. 빈곤 계층 개안 수술 지원, 사랑의 설렁탕 나눔, 미혼모 생계 지원, 볼리비아의 정보 통신 기술학교, 아프리카 우물 파기 사업 등은 전문성이 있고 신뢰할 수 있는 기업들과의 협력과 연계를 통해서 진행했다. 그 사역을 가장 잘할 수 있는 단체를 후원하고 함께 사역을 진행해 나가는 것이 월드휴먼브리지의 사명이다.

다리 놓는 역할에 충실하다 보니 다양한 NGO와의 연계, 협력이

---

47 월드휴먼브리지는 남양유업과의 출산용품 지원 협약을 통해 1년에 3천 명, 1인당 15만 원의 출산용품을 지원받을 수 있었다.

일산월드휴먼브리지
협력 : 일산광림교회

서울월드휴먼브리지
협력 : 한사랑교회

인천월드휴먼브리지
협력 : 인천드림교회

안양월드휴먼브리지
협력 : 안양감리교회

성남월드휴먼브리지
협력 : 만나교회

화성월드휴먼브리지
협력 : 신나는교회

수원월드휴먼브리지
협력 : 수원제일감리교회

서산월드휴먼브리지
협력 : 서산제일교회

천안월드휴먼브리지
협력 : 천안남산교회

아산월드휴먼브리지
협력 : 온천제일감리교회

충주월드휴먼브리지
협력 : 충주남부교회

대전월드휴먼브리지
협력 : 대전산성교회

천안중앙월드휴먼브리지
협력 : 천안중앙교회

청주월드휴먼브리지
협력 : 청주상당교회

대경월드휴먼브리지
협력 : 경산중앙교회

부산월드휴먼브리지
협력 : 부전교회

철원월드휴먼브리지
협력 : 철원만나교회

포천월드휴먼브리지
협력 : 포천심곡교회

이천월드휴먼브리지
협력 : 만나교회 로뎀성전

월드휴먼브리지 지역본부 현황

가능했고, 다른 교회들과의 연합도 가능하게 되었다. "월드휴먼브리지의 사업을 하겠다"가 아니라 "당신들이 잘하는 사업, 하고 싶은 사업을 월드휴먼브리지를 통해서 하면 됩니다" 하고 통로를 열어주자 NGO 사역에 관심이 있었던 교회들이 월드휴먼브리지 사역에

만나교회

사랑나눔운동본부	사랑나눔운동본부	사랑나눔운동본부
한사랑 마을 목욕 봉사 (장애인 기관) 미용 봉사 예배 봉사 한셈치고 운동	대학생 장학금 지원 신학생 미디어 교육 향림설교대회 개최	환우 케어 신우회 운영 호스피스 교육 호스피스 방문 케어

월드휴먼브리지

국내 지부(17곳)

모아사랑 태교 음악회
(저소득층 임신부 출산용품 지원)

엔젤맘 프로젝트
(미혼모 의료비, 보육료 지원)

희망 충전
(희귀 난치병 어린이 의료비 지원)

사랑의 설렁탕
(노숙인 식사 지원)

사랑의 곳간
(저소득층 매달 쌀 지원)

걷기 축제
(유학생, 다문화, 자살예방)

사랑의 식사
(소외계층 노인 도시락 지원)

사랑의 김장 나눔

해외 지부(4곳)

캄보디아/케냐 보건위생 사업
(식수시설, 정수지 보급, 화장실 설치)

아프리카 우물 파기

네팔 교육 지원 사업
(학비, 급식비, 교재 및 교육 구입 지원)

필리핀 Joyful 중고교 건축

케냐 저소득층 급식 제공 및 고아원 지원

—
월드휴먼브리지 조직도

동참하게 되었다. 현재 월드휴먼브리지는 전국 17개 국내 지부[48]와 함께 4개 해외 지부[49]가 국내를 넘어 지구촌 곳곳에서 소외된 이웃을 위한 나눔의 다리를 치열하게 놓아 가고 있다.

■ 나눔 패러다임의 변화

월드휴먼브리지 사역이 기존 교회가 하던 나눔 사역의 한계를 넘어서 나눔 사역의 새로운 지평을 연 것은 맞지만, 10년간 진행되어 온 NGO 사역의 한계도 명확했다. 기업과 정부 기관, 자치단체와의 협력을 통해서 진행되는 사업들은 규모가 크고 효과도 확실했지만 만나교회 성도들과의 거리감이 생겼다.

2019년 당시 월드휴먼브리지는 50억 이상의 사업을 진행하고 있었다. 성도들은 교회가 월드휴먼브리지를 통해서 여러 가지 좋은 일들을 하고 있는 것은 알았지만, 성도들이 직접 나눔 사역에 동참하여 나눔의 기쁨을 누릴 기회는 줄어들었다. 많은 사역들로 인해 월드휴먼브리지 직원들의 피로도도 증가하고 있는 상황이었다. 정부나 기업들이 요구하는 수준의 행정적 처리를 감당하고, 여러 지부의 요구 사항을 감당하느라 직원들은 힘들어했고, 이직률도 높아지고 있는 상황이었다.

---

48 대경(대구·경북), 대전, 부산, 삼척, 서산, 서울, 성남, 수원, 아산, 안양, 인천, 일산, 천안, 천안중앙, 청주, 충주, 화성

49 캄보디아, 볼리비아, 필리핀, 네팔

이에 만나교회는 코로나 팬데믹이 시작하기 전인 2019년 말에 새로운 변화를 꿈꾸며 월드휴먼브리지 컨설팅을 시작했다. 도움과나눔[50] 재단의 도움으로 시작된 컨설팅은 새로운 무엇인가를 더 시도하기 위함이 아니라 월드휴먼브리지의 본질을 회복하는 한편, 시대의 변화 속에서 어떻게 대처해 나가야 하는가에 집중했다. 기존의 방만했던 사업들을 정리하고 조직을 정비하는 한편 시대 변화의 흐름을 읽고 교회와 월드휴먼브리지가 감당해야 할 역할이 무엇인지 고민하는 시간을 가졌다.

한국 사회복지 패러다임은 크게 세 단계로 발전되어 왔다. 6.25 전쟁 이후 1950-1990년까지의 한국 사회는 '결핍의 시대'였다. 정부가 가난하다 보니 국가가 사회 복지에 쓸 수 있는 돈이 많지 않았고, 교회나 종교 기관들이 정부가 하지 못하는 사회 복지 기관을 만들어 역할을 감당해 주길 원했다. 교회는 해외 선교단체와 연관되어 있었고, 국제 구호의 창구 역할을 했기 때문에 사회 복지의 중요한 위치를 차지했다.

1990년대는 전환기라고 할 수 있는데 대한민국은 이전의 원조 받는 국가에서 원조하는 국가로의 전환을 이루었다. 한강의 기적이라고 불리는 경제 성장을 통해 정부는 사회 복지 재원을 확보하게 되었고, 대학 연구기관과 사회 복지 영역에 엄청난 예산을 투자하기

---

50 ㈜도움과나눔은 1999년 설립된 국내 최초의 비영리 기관 모금 컨설팅 전문 기업으로 지난 20년간 다양한 모금 현장 경험과 탄탄한 이론적 배경을 정립해 왔으며 가장 많은 대학과 병원, 시민사회 단체 및 복지 기관, 국제기구에 대한 모금 컨설팅 경험과 성공 사례를 보유하고 있다.

시작했다. 이 기간에 협치[51]라는 행정 이론이 사회 속에 들어왔는데, 정부가 사회 복지, 종합 복지관을 지어서 교회를 비롯한 종교 기관에 위탁하는 구조로 변화되었다.

2010년 이후를 협치의 고도화가 시작되는 시기로 보는데, 교회나 종교 기관의 기부 문화보다 세상의 기부 문화가 훨씬 더 성숙해지는 시기로 접어들었다. 기업의 사회 공헌이 확대되고, 신생 소셜 벤처들이 새로운 아이디어로 사회 복지에 참여하기 시작했다. 정부는 사회 복지 기관에 엄청난 예산을 투입하면서 더욱 엄격하게 통제하기 시작했다.

협치의 고도화 시대를 지나면서 정부 주도로 이루어지는 사회 복지 사업들이 이전의 교회가 해 오던 나눔 구제 사역과 중복되면서 만나교회뿐 아니라 많은 교회가 비슷한 문제와 한계들에 직면하게 되었다.

가령 교회에서는 장학 위원회를 만들어 고등학생들과 대학생들 등록금을 지원하는 사업들을 진행해 왔다. 2021년부터 고등학교 전 학년 무상교육이 실시되었고, 대학생들도 소득 분위에 따라서 정부에서 차등적으로 장학금을 지급하고 있다. 가정 형편이 어려운 학생의 경우 나라에서 전액 장학금을 받고 있는 상황에서 교회가 기존의 장학 사업을 그대로 진행해야 하는지 아니면 다른 방향으로

---

51 힘을 합쳐 잘 다스려 나간다는 의미로 1990년부터 정부는 민간 복지 단체 간의 협력을 통해 사회 복지 사업들을 진행했다.

선회해야 하는가 하는 고민을 안게 되었다.

월드휴먼브리지와 만나교회 나눔 사역도 마찬가지였다. 만나교회는 2019년 성남시 은행동의 복지관 운영권 때문에 이미 한차례 어려움을 겪었다. 2000년대까지만 해도 교회들은 복지관 운영을 통해서 교회의 나눔, 복지, 선교 분야에서 큰 시너지 효과를 얻을 수 있었다. 만나교회도 다양한 기대를 하며 복지관 수탁을 받았는데, 막상 복지관을 운영해 보니 지방자치 단체의 통제와 간섭으로 인해 교회가 원하는 사업들을 함께 진행할 수가 없었고 기대하던 시너지 효과도 얻을 수 없었다. 이에 만나교회는 복지관 운영을 포기하기로 결단했다. 사회 복지 패러다임의 변화를 제대로 인식했더라면 겪지 않아도 될 진통이었다.

■ 새로운 다리를 놓기 위한 치열한 도전

사회 복지 패러다임의 거대한 변화 속에서 교회의 나눔 사역은 어떠한 방향으로 나아가야 하는가? 만나교회는 어떻게 치열하게 고민하며 사역했는가를 소개하면서 함께 답을 찾아가고자 한다. 이러한 시도들이 만나교회를 비롯한 대형교회뿐 아니라 중소형 교회들도 적용될 수 있는 모델이 되기를 바란다.

첫째, 기독교 자선 교육 커리큘럼을 준비했다. 나눔 사역을 진행하기 위해서 반드시 필요한 것이 예산의 확보다. 교회 나눔 사역의 경우 교회 예산을 편성해서 집행하면 되지만, NGO인 월드휴먼브리지의 경우 대부분의 예산을 개인과 기업의 후원에 의존한다. 후원을 받기 위해서는 단체의 투명성과 신뢰성이 무엇보다도 중요하다. 교회나 기독 NGO가 지속적인 후원을 받고 나눔 사역에 동참하도록 하기 위해서는 성도들에게 왜 기부를 해야 하는지 성경적인 기준과 가치관을 심어 주어야 한다.

성도들이 교회나 기독 NGO에 후원하고 봉사 활동을 하려는 이유는 다양하다. 동정심 때문에, 사회적 책임감 때문에, 받은 은혜가 많아서, 종교적 신념 때문에, 연말 정산 세제 혜택 등 다양한 동기로 기부를 한다.

크리스천들이 나눔을 실천해야 하는 이유는 하나님이 그것을 원하시기 때문이다. 교회는 나눔 사역을 진행하기에 앞서 우리가 나눔 사역에 참여하고 후원해야 하는 성경적 기준과 가치관에 관해 설명해 주어야 한다. 안타깝게도 아직 한국 교회 안에서 체계적인 기독교 자선 교육을 준비하고 실시한 곳이 거의 없다. 만나교회도 비슷한 노력을 한 교회나 기관이 있는지 찾아보았지만 찾을 수가 없었다. 기독교 자선 교육은 한국 교회에 꼭 필요한 일이다.

만나교회와 월드휴먼브리지는 '도움과나눔' 재단의 도움을 받아 사회 복지 분야 전문가들과 목회자들의 참여를 통해 기독교 자선 교육 커리큘럼을 준비하고 있다. 2021년 기독교 자선 교육 연구와 세미나가 계속될 것이고 하반기에는 교육용 교재가 출판될 예정이다.

기독교 자선 교육 연구를 시작하게 했던 질문은 다음과 같다.

"기독교에서 말하는 자선이란 도대체 무엇인가?"

"크리스천은 왜 자선을 실천해야 하는가?"

"누구에게 실천해야 하는가?"

"어떤 방법으로 해야 하는가? 지금의 방법은 올바른가?"

"현재 교회와 성도들이 이해하고 있는 자선의 개념, 실천의 방법은 충분히 성숙한가?"

"자선의 실천을 위해 무엇을 교육해야 하는가?"

이를 통해 한국 교회 성도들의 기독교 자선의 개념과 본질에 대한 깊은 이해를 돕고 한국 교회의 자선 문화가 한 단계 더 성숙할 기회를 제공하고자 한다. 또한 목회자들이 강단에서 성도들에게 왜 그리스도인들이 나눔을 실천해야 하는지, 어떠한 방법으로 나눔에 동참할 수 있는지 가르칠 수 있도록 돕는 한편, 성도 개인과 각 가정이 직접 자선을 실천할 수 있는 구체적인 도움을 제공할 것이다.

둘째, 공동체 살리기 운동을 펼쳤다. 지난 10년간 월드휴먼브리지는 교회 사업이나 성도들을 살피는 것보다는 사회적 책임과 취약계층을 지원하는 데에 집중했다. 사회적 나눔과 책임을 강조하는 하나님이 원하시는 일을 하는 데 집중했다. 2020년 3월, 팬데믹 상황 초기 대구 경북 지역에 확진자가 대거 발생하면서 제일 먼저 한 일도 대구 경북 지역을 돕는 데 역량을 집중하는 것이었다. 코로나로 인해 대구 경북 지역에서 경제적 어려움을 겪는 한부모 가정 돕기에 3억 원을 지원했고, 미자립 교회의 월세를 지원했으며, 마스크 보내기 운동을 실시했다.

팬데믹이 장기화되면서 교회 안의 성도들 가운데 영세 자영업자들이 큰 어려움을 겪는 것을 보게 되었다. 교회 안의 경제적 취약 계층이 코로나로 인해 더 큰 어려움을 겪고 있었다. 교회와 기독 NGO의 대사회적 사업도 중요하지만 어려움을 겪을 때는 교회 안의 성도들을 돕고 세우는 일이 먼저다. 사도행전 2장에서 오순절 성령 강림 사건 이후에 제일 먼저 한 일이 교회 공동체 안에 있는 연약한 지체들을 돕는 일이었음을 기억해야 한다.

> 믿는 사람이 다 함께 있어 모든 물건을 서로 통용하고 또 재산과
> 소유를 팔아 각 사람의 필요를 따라 나눠 주며 행 2:44-45

만나교회는 '한셈치고'라는 아름다운 전통을 가지고 있다. 2017년, 조류인플루엔자(AI)로 인해 계란 값이 폭등하면서 부활절 계란을 구하기가 힘들어졌다. 이에 부활절 계란을 먹은 셈 치고 계란 구입 비용을 부활의 의미를 살려 주변의 어려움을 겪는 이웃들을 돕는 일에 사용했다. 이후 만나교회는 커피 한 잔 마신 셈 치고, 밥 한 끼 먹은 셈 치고 그 비용을 헌금해서 어려운 이웃을 돕는 한셈치고 운동을 진행했는데 그 과정에서 하나님의 놀라운 기적을 여러 번 체험했다.

한번은 한 성도가 거제에서 진해까지 이어지는 해저터널 뚫는 공사를 하다가 메탄가스가 폭발하는 바람에 전신 3도 화상을 입고 생명이 위급한 상황에 처하게 되었다. 당시 여러 사정으로 인해 산재

처리가 되지 않아 엄청난 수술비를 감당할 수 없어 치료를 계속하기 힘든 상황까지 내몰리게 되었다.

그때 교회에서는 한셈치고 헌금을 통해서 한 생명을 살리자는 제안을 했고, 그날 만나교회를 처음 찾은 권사님 가정에서 아들의 사망 보험금을 누군가의 생명을 살리는 데 쓰고 싶다며 1억이 넘는 돈을 헌금했다. 한국예술종합학교에서 성악을 전공하며 교회에서 아름다운 목소리로 하나님을 찬양하던 아들이었는데 갑자기 교통사고를 당하면서 먼저 하나님을 부름을 받게 되었다. 아들의 사망 보험금을 받아든 어머니는 그 돈을 어떻게 써야 할지 몰라 두 달 동안 새벽마다 기도했다고 한다. 그러다가 마침 분당으로 이사 와서 처음 만나교회 예배를 드리게 되었는데, 한셈치고 헌금에 대한 이야기를 듣고는 하나님이 한 생명을 살리는 데 이 돈을 쓰라는 감동을 주셔서 그날 바로 헌금을 했다고 한다. 전신 3도 화상을 입어 위독했던 성도님은 한셈치고 헌금을 통해 필요한 치료를 받을 수 있었다. 그 후로 스물여덟 번의 수술을 받았고 지금도 여전히 치료가 필요하지만 많이 회복되어 감사한 마음으로 교회에 출석하고 있다.

그 외에도 외국인 노동자, 출소자, 충북 영동 농민 지원, 대구 경북 지역 100개 교회 월세 지원, 몽골 아가페 병원 지원 등 특별히 도와야 할 이슈들이 생길 때마다 한셈치고 헌금을 통해서 지원했다. 대부분의 교회가 예산을 세우고 예산에 따라 집행해야 하는 상황에서 특별 예산을 편성하기란 쉽지 않은데 한셈치고 헌금이 교회가 조금 더 편안하게 사역을 할 수 있도록 도왔다.

만나교회는 코로나로 인해 어려움을 겪는 성도들을 돕기 위해 한 셈치고 헌금을 시작했고 "공동체 살리기"라는 프로젝트로 지금까지 6차에 걸쳐 3억 원이 넘는 금액을 300여 가정에 지원하고 있다.

공동체 살리기 프로젝트를 진행하는 데 있어서 가장 어려웠던 것은 공정성의 유지였다. 어떻게 하면 꼭 필요한 사람에게 꼭 필요한 금액을 지원할 수 있을까? TF 회의를 통해 목사들이 리더들을 통해 각 가정의 상황에 대해 전달받은 내용을 토대로 전화 심방 및 방문 심방을 실시한 후 지원이 꼭 필요한 가정을 추천하도록 했다. 추천받은 명단에 대해서는 공동체 살리기 TF에서 다시 한번 심의를 걸쳐서 형평성을 맞춘 후 지원하고 있다.

교회가 성도들의 경제적인 어려움을 전적으로 책임질 수는 없다. 어려움에 비하면 적은 금액일 수 있지만, 성도들은 교회가 관심을 가져주었다는 것만으로도 위로와 용기를 얻었고 다시 시작할 수 있게 되었다고 오히려 응원해 주었다.

공동체 살리기 프로젝트를 진행하면서 가장 감사했던 순간은 어려운 형편의 성도를 지원하겠다고 연락했을 때 본인이 힘든 건 사실이지만 더 어려운 분들을 도왔으면 좋겠다며 거절할 때였다. 성경은 "각 사람의 필요를 따라 나눠"(행 2:45) 주라고 말한다. 교회 안의 넉넉한 이들이 자신의 재산과 물질을 내놓는 것도 아름다운 나눔이지만, 나에게 필요한 것 이상으로 취하지 않는 것도 아름다운 나눔이다. 초대 교회가 아름다운 나눔이 가능했던 것은 나누어 주는 사람과 받는 사람이 한마음으로 섬겼기 때문이다. 누구라도 욕심을 부렸더라면 초대 교회의 아름다운 나눔의 역사는 일어날 수 없었다. 만나교회는 공동체 살리기 프로젝트를 통해서 주려고 하는 자와 받는 자 모두의 나눔을 통해서 진정한 나눔의 행복을 누리고 있다.

■ 마음의 연합을 통해 선한 영향력을 발휘하다

이 땅의 교회 안에서는 개교회주의와 공교회주의가 서로 대치하고 있다. 개교회주의란 교회의 인적 물적 사용을 개교회 유지와 확장에 최우선권을 부여하는 태도와 의식을 말한다. 반면, 공교회주의는 우리가 사도신경을 통해 '거룩한 교회'를 반복하여 되새기는 것처럼, 그리스도를 머리로 하는 모든 교회가 하나이자 형제임을 인식하고 자기 교회는 물론 이 땅에 존재하는 그리스도의 몸 된 교회를 소중히 여기고, 교회 전체의 유익과 확장에 최우선권을 부여하는 태도와 의식을 말한다.

현재와 같은 팬데믹 속에서는 공교회성의 회복과 이를 위한 노력이 더욱 필요하다. 현재 교회가 사회 속에서 엇박자를 내는 이유 중의 하나는 한국 교회가 공교회성을 상실하고 교회 전체가 하나 되어 함께 움직이는 연합 체계가 부실하기 때문이다. 수만 교회가 각기 나름대로 행하고 있으니 목소리도 다를뿐더러, 코로나 사태와 같은 위기 속에서 합력하여 선을 이루는 데 큰 어려움을 겪고 있다. 더욱이 정부와 사회를 상대로 하는 여러 이슈 앞에서 한목소리를 내지 못하게 되므로 상대적으로 더 많은 불이익을 당할 가능성이 크다. 공교회성을 상실한 교회는 사탄의 공격에 효과적으로 대응하기 어렵고 오히려 좋은 먹잇감이 될 수 있다. 큰 교회와 작은 교회가, 도시와 농촌이, 교단과 교단이 더욱 긴밀하게 소통하며 협력해야 한다.

팬데믹이 선포되며 코로나19로 인한 사회적 혼란이 가중됨에 따라 만나교회는 성남 지역에서 같은 고민을 하고 있는 교회들을 수소문했다. 그럼으로써 성남 지역 안의 13개 교회(가나안교회, 갈보리교회, 구미교회, 금광교회, 대원교회, 만나교회, 불꽃교회, 선한목자교회, 여의도순복음분당교회, 우리들교회, 지구촌교회, 창조교회, 할렐루야교회)가 함께 모여 현시대에 걸맞은 교회의 사회적 책임에 대하여 논의했다.

그 결과 11개 교회가 먼저 코로나19 방역 지침에 적극 참여함으로써 모범을 보이는 한편, 연합하여 국가와 국민을 위해 기도할 수 있는 장을 만들었으며(성남사랑 부활절 연합 기도회), 13개 교회가 뜻을 모아 '성남 연대 희망 캠페인'을 시작했다. 이 캠페인을 통해 지역 사회 내 취약 계층과 지역 시장 소상공인, 확진자의 방문으로 인해 어려움을 겪는 업소 등의 생계비를 지원했고, 성남시청과 연계하여 성남시 지원 사업을 진행했다.

이 캠페인은 현재까지 취약 계층에게 적게는 10만 원부터 많게는 100만 원까지 실질적인 도움이 될 수 있도록 지원하고 있다. 이 외에도 각 교회가 성금을 모아 대구·경북 지역의 코로나19 피해 주민과 한부모 가정을 지원했다.

그 선한 힘에 고요히 감싸여
그 놀라운 평화를 누리며

성남사랑 부활절 연합 기도회1 - 성남 지역 13개 교회 목회자들이 함께 특송하는 모습

김병삼 목사
만나교회

성남사랑 부활절 연합 기도회 2 - 김병삼 목사

만나교회가 대형 교회이고, 함께하는 교회들도 대형 교회이기 때문에 그런 사업들이 가능하다고 생각하는 분들이 있을 것이다. 그러나 교회의 연합은 교회가 크고 작음은 문제가 되지 않는다고 생각한다. 작은 교회들이 연합하여 한 가정을 도울 수도 있고, 지역 내의 교회들이 연합하여 코로나로 인해 피해를 본 사업장들을 도울 수 있다.

개교회주의를 극복하고, 교단과 교파의 한계를 뛰어넘어 교회들이 하나가 되어 선한 일에 힘을 모은다면 교회의 부정적인 이미지는 상당 부분 해결될 것이다. 교회가 나뉘어 싸우고, 개교회의 성장에만 관심을 가지고 정작 다른 교회와 성도들을 돌아보지 못한 것은 지금까지 한국 교회의 과오다.

그리고 평신도를 중심으로 나눔 사역 운동을 확대해 나갔다. 정부나 교회가 어려운 이웃을 도울 수도 있지만 작은 나눔은 성도들의 자발적 헌신을 통해서도 충분히 가능하다. 만나교회는 2013년부터 자체 말씀 묵상집인 《나무생각》을 발행했고 이를 통해 성도들 사이에 말씀 묵상 운동이 일어났다. 이때 혼자 말씀 묵상을 하는 것보다 함께 모여서 묵상을 나누고 삶을 공유하면 좋겠다는 요구가 있었고, 이는 자발적인 평신도 묵상 나눔 모임으로 발전하게 되었다.

'나무 카페'라는 이름으로 처음 시작된 모임은 한 주에 한 번 함께 모여 차를 마시고 말씀 묵상을 나누는 모임으로 시작되었다. 이후에 말씀을 묵상하고 은혜를 나누는 것으로 끝내지 말고 사역으로까지 나아가자는 취지로 J. ministry 사역으로 발전했다. 이 그룹을 중심으로 2016년 '만 원의 행복'이라는 나눔 운동이 시작되었다.

만 원의 행복의 시작은 중국 교회에서 승합차가 필요하다는 요청을 받으면서 시작되었다. 성도 한 명이 감당하기에는 큰 금액이지만, 여러 명이 힘을 합치면 가능할 수 있다는 마음의 감동을 받은

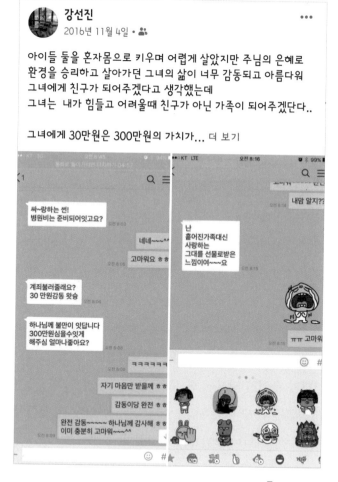

만 원의 행복

한 성도가 페이스북에 만 원 후원을 요청하는 글을 올리면서 시작되었다. 불가능할 것 같았지만 여러 사람의 도움과 후원을 통해 차량 가격에 세금과 경비까지 포함해 총 3천만 원을 후원할 수 있었다.

이렇게 시작된 만 원의 행복은 5년 넘는 시간 동안 여러 사람을 지원해 왔다. 몸이 불편한 남편을 18년 동안 간병한 아내에게 쉼을 주기 위해 남편의 1년 요양 보호비를 지원하는 사업, 방황하는 아이들에게 따뜻한 밥 한 끼라도 대접하자는 청소년 식비 후원 사업, 말기 암 환우 가족의 생활비를 지원하는 사업까지 크고 작은 일들이 만 원의 행복을 통해서 이루어졌다.

만 원의 행복은 2021년 '원 스토리'(예수님의 식탁)로 발전했다. 만나교회 성도님 한 분이 우연한 기회에 성남에서 사역하던 30대 후반의 목사님이 백혈병에 걸렸는데 힘들다는 이야기를 듣게 되었다. 그 가정을 돕기 위해서 만 원의 행복 사업을 시작했고 280명의 후원자가 모였다. 280명은 재정적인 지원뿐 아니라 중보기도의 후원자도 되어 주었다. 그러나 안타깝게도 두 번의 골수 이식은 모두 실패했고, 병이 중해진 목사님이 일주일에 세 번 수혈을 통해서 생을 이어 가고 있었지만 서서히 죽어 가는 상황이었다.

그러다가 우연히 권사님 한 분이 목사님 가정에 식사를 대접할 기회가 있었는데, 당시 아무것도 먹지 못하고 입이 다 헐어서 삼키지도 못하는 목사님이 맛있게 식사하셨다. 호박 수프 한 그릇을 다 비우고, 나중에는 닭백숙에 밥까지 말아서 먹게 되셨다. 약해진 상태로 그렇게 많이 먹으면 잘못되는 경우가 많은데, 다행히 아무 탈 없이 지내는 것을 보고 하나님이 만지시나 보다 하고 생각했다. 그 이후로 하나님께서 기도하며 준비한 음식을 통해서 목사님을 고쳐 주실 수도 있겠다는 소망을 가지고 매주 한 번씩 목사님께 식사를 대접했고 그 식사를 통해서 목사님 건강이 많이 좋아지셨다.

한 끼의 음식으로도 누군가를 치료할 수 있다는 것을 깨달은 성

#사랑#나눔#원스토리#사송동파구스#은혜#브런치
카페#그리스도#감사#행복#섬김#교제#힐링#이야기#봄날

👍 민기홍님 외 36명   댓글 9개

👍 좋아요   💬 댓글 달기
                                                                          _
                                                                      원스토리1

도들은 주변에 위로와 치유가 필요한 사람들이 많다는 것을 알게 되었고, 그렇게 누군가에게 치유가 되는 끼니를 제공했으면 좋겠다는 바람으로 브런치 카페를 시작했다. 마침 외진 곳에 위치해 운영이 어려운 카페가 있었는데, 그곳을 빌려서 예약제로 만 원의 행복 브런치 카페, 원 스토리를 시작했다.

예수님은 베다니 지역을 찾으실 때마다 제자들과 함께 나사로의 집을 찾곤 하셨다. 그곳에서 말씀도 가르치시고 식사도 하시고 쉼도 얻으셨다. 원 스토리는 평신도들이 주도해서 나눔 사역을 실천하는 곳으로 예수님의 말씀과 치유와 위로의 식탁 공동체를 꿈꾼

원 스토리 2

다. 누군가에게 사랑이 가득 담긴 밥 한 끼를 대접하고 싶다면 원스토리에 예약하면 된다.

Chapter 11.

실제
사례로 보는
코로나 위기 목회 대응기
| 한태수 목사(만나교회 영성훈련원 담당)

외로움은 사회적 동물인 인간이 타인과 소통하지 못하고 격리되었을 때 느끼는 감정이다. 사랑하는 사람과 이별했을 때, 낯선 환경에서 홀로 적응할 때 외로움이란 감정이 극에 달한다. 그래서 정신의학에서는 외로움을 '뇌의 통증'으로 간주하곤 한다.[52]

외로움의 고통은 코로나19 팬데믹을 지나며 특정한 누군가가 겪는 일시적인 증상이 아니라 2021년을 살아가는 모두가 겪는 사회적 현상이 되었다. 자기도 모르게 코로나바이러스에 노출되어 확진자가 될 수 있는 것처럼, 외로움의 고통은 누구에게나 찾아올 수 있는 불편한 손님과도 같다.

---

52 이준남, [의학칼럼] 〈외로움, 신체 통증과 같은 반응〉, 월드코리안뉴스, 2013.3.30

영화 〈마션〉- 반드시 그를 구하라   영화 〈마션〉- 장면

　2015년에 개봉한 〈마션〉(The Martian)이라는 영화가 있다. 화성을 탐사하던 탐사대가 모래 폭풍을 만나게 되고, 맷 데이먼(Matt Damon)이 연기한 팀원 마크 와트니(Mark Watney)가 폭풍과 함께 실종되었다가 살아남아 기적같이 구출되어 지구로 귀환하는 데에 성공한다는 내용이다. 정말 영화 같은 이야기, 한낱 공상과학 영화같이 보이지만 주인공의 생존을 위한 처절한 몸부림이 굉장히 인상적이었다. 아무도 없는 황폐한 행성에서 살아남기 위한 처절한 몸부림, 고독한 외로움에서 살기 위한 싸움은 고통 그 자체다.

　외로움 가운데 살아남기 위해 몸부림치던 주인공의 모습에서 바로 지금 우리들의 모습을 볼 수 있었다. 모이고 싶어도 모일 수 없고 만나고 싶어도 만날 수 없는 비대면의 상황 가운데, KF-94 마스크를 낀 채 숨도 제대로 쉬지 못하고 거리두기를 하며 살아가는 상황 속에서, 언제 올지 모르는 코로나 종식의 날을 기다리며 하루하루를 살아가고 있으니 말이다.

■ 주님, 할 수 있는 것이 아무것도 없습니다

2020년 2월, 코로나19 확산에 따른 방역 지침, 사회적 거리두기로 만나교회의 예배가 처음 온라인으로 대체됐다. 예배를 드릴 수 있는 유일한 방법은 미디어였다. 손바닥보다 작은 휴대폰 앞에, 모니터 앞에 앉아 목을 쭈~욱 빼고선 예배드리는 것. 솔직히 예배를 '드리는' 건지, 예배를 '보는' 건지 혼란스러웠다. 예배라는 것이 무엇인가? 하나님과의 소통, 동시에 성도와 성도와의 교제가 일어나는 '코이노니아'가 예배이지 않은가.

주일이면 주차장에 차를 댈 곳이 없어 성남시청에, 탄천운동장에 차를 대고 걸어오던 성도들, 지휘자의 지휘에 맞춰 합창하던 콰이어들, 또 로비에서 성도들을 맞이하며 인사하던 안내 팀들의 모습을 이젠 더 이상 볼 수가 없다. 만 명의 성도들이 북적거리는 시온성전에는 이제 50명 목회자만 덩그러니 성전에 앉아 예배를 드리고 있자니 왠지 처량하기만 하다. 우리가 할 수 있는 것이라고는 노트북 앞에 앉아서 유튜브 채팅창을 바라보며 인사말을 남기는 것뿐이었다.

유튜브 채팅창에 글쓰기를 해 보았는가? 여간 어색한 것이 아니다. 3천 명 넘는 사람들이 접속해 있지만, 도무지 누가 누구인지 모르겠다. "환영하고 축복합니다~"라고 적어 보았다. 어디 하나 제대로 반응해 주는 사람이 없다. 너도나도 모든 것이 처음이라 민망하고 어색하기만 하다. 남의 옷 빌려 입은 것처럼 예배드리는 내내 불편하기만 하다.

"미디어 예배 … 곧 끝나겠지?"

하지만 이렇게 불편한 채로 한 달의 시간이 흘러 버렸다. 뉴스에서는 한두 달만에 해결될 문제가 아니라고 한다. 연말을 넘어 내년까지 계속될 수 있다고 한다. 그때는 몰랐다. 코로나19, 비대면의 시간이 이렇게 길어질 줄은 정말 몰랐다.

2020년 2월 말, 신천지를 통해 집단 확진자가 처음 발생했다. 방역 지침은 더욱 강화되었고 오프라인 예배 모임은 점점 더 어려워져만 갔다. 그런데 분위기가 심상치 않다. 신천지로 시작된 집단 감염의 불똥이 교회로 튀기 시작했다. 유튜브 채팅창에, 신천지 관련 기사에 기독교와 교회, 예배를 비방하는 글들이 보이기 시작했다. 처음에는 무시하고 말았다. 그러다 말겠거니 싶었던 불똥이 삽시간에 전국적으로 퍼지기 시작했다. 글들을 보고 있자니 굉장히 민망하고 얼굴이 화끈거리기까지 했다. 마음속에 무거운 돌덩이가 하나가 얹혀 있는 것 같았다. 그냥 무시해 버릴 만한 일이 아니었다.

그렇다고 내가 할 수 있는 것은 아무것도 없었다. 채팅창을 바라보며 기도하는 것밖에는 할 수 있는 것이 아무것도 없었다.

"주님, 제가 할 수 있는 게 아무것도 없네요."

담임 목사님의 설교가 끝나고 결단 찬양을 부르며 기도하는데, 머릿속을 스치며 지나가는 생각이 있었다.

"태수야, 일단 해 봐!"

다시 물었다.

"뭐라고요 주님? 그냥 하라뇨? 뭐를요?"

음성이 더욱 분명하게 마음속에서 크게 울렸다,

"태수야, 네가 할 수 있는 것을 일단 시작해 봐!"

■ 일단 성도들과 소통해 보기

기도하는 가운데 내 머릿속을 스쳐 지나간 문장 하나 "일단 해 봐" 내가 지금 해야 하는 것, 그리고 할 수 있는 것이 무엇인지 떠올리기 시작했다.

'야탑역 광장에 나가서 전도를 해야 하나?'

'성도들을 만나러 가야 하나?'

지금 당장 할 수 있는 것이 무엇일까 메모장에 나열하기 시작했다. 그러고는 당장 할 수 없는 것들을 지워 나갔다. 결국, 남는 것은 우리 성도들을 위한 목양이었다.

무작정 절제동산 성도들에게 연락하기로 했다. 텅 빈 성전에 앉아 글을 쓰기 시작했다. 목사님의 설교를 들으며 떠오른 생각들, 그리고 성도들과 한 주간 살아가며 적용할 다짐들을 끼적끼적 적어 내려가기 시작했다.

다음은 당시 성도들에게 보냈던 메시지를 요약한 것이다.

3월 8일

오래 참음_ "주님 얼마를 더 참아야 할까요"

신종 코로나 바이러스 관련 기사와 함께 꼼꼼하게 챙겨 보는 것이 있습니다. 바로 '댓글'입니다. 대부분 칭찬보다는 비난과 책임에 관한 내용입니다. 신종 코로나 사태를 지나며, 몇 해 전 메르스 사태가 떠올랐습니다. 마스크를 쓰고 서로 경계하며 지났던 몇 주간의 시간. 또 오래전 사스 때가 기억납니다. "우리는 발효식품인 김치와 면역에 좋은 마늘을 많이 먹어 괜찮다"고 했던 웃픈(웃기면서도 슬픈) 시간이었습니다. 그때 그 시간을 어떻게 지났는지 돌아보게합니다. 그리고 2020년 코로나19, 우리는 이 상황을 어떻게 지나가고 있는지 생각해 봅니다. 그리고 하나님께 백만 불짜리 질문을 하며 기도하게 됩니다.

"하나님, 이 상황을 통해 하나님이 이루고자 하시는 일이 무엇입니까?"

3월 15일

자비_ "얼마나 더 베풀어야 할까요?"

자비(kindness)에 관한 속담 하나가 떠올랐어요. "어려울 때 친구가 진짜 친구다." 살다 보면 혼자 해결하지 못하는 일들이 생기곤 합니다. 국가 비상사태, 책임 전가, 사회적 거리두기…. 전 세계가 코로나19로 힘들어하는 지금, 나도 힘들고, 우리도 힘들고, 우리나라도 힘든 시간을 지나고 있습니다. 전 세계가 힘들어하고 있습니다.

너희 아버지의 자비로우심 같이 너희도 자비로운 자가 되라

눅 6:36

내 마음 가운데 이런 아버지의 마음이 있는가 하고 생각해 봅
니다.

주님, 하나님 아버지의 마음이 우리 가운데 들어오게 하옵소서.
그리고 하나님 아버지의 마음으로 힘들어하는 형제들에게 자비를
베풀게 하여 주옵소서.

3월 22일

양선_ "좀 오버하며 살아 볼게요"

'만나교회 제자훈련'(MDTS)에서는 교육 과정을 마치고 지역으로
흩어져 실습합니다. 저도 팀원들과 강원도에서 현장 실습을 경험했
습니다. 제게 7일의 시간 동안 제일 힘들었던 것은 음성 듣기, 재정,
숙소, 전도 활동과 같은 것이 아니었습니다. (참 부끄러운 고백이지만…)
제 목에 걸려 있는 십자가였습니다. 누가 봐도 현장 실습 팀은 교회
전도 팀이죠. 십자가가 부끄럽냐고요? 아뇨, 그럴 리가요. 십자가는
절대 부끄럽지 않습니다. 제가 어려웠던 것은 십자가 목걸이를 하
고 있는 나를 바라보는 색안경 낀 사람들의 시선이었습니다.

우리는 지난 2년 가까이 '흩어지는 교회'와 관련된 말씀을 들었
습니다. 인앤아웃한다고 했지만 늘 하나님 앞에 부끄러운 마음뿐
이었습니다. 어쩌면 하나님은 나약했던 우리를 보내신다는 생각을

하게 됩니다. 그럴 때 어떻게 해야 할까요? 십자가를 목에 메고 세상으로 나가 하나님 말씀대로 살아야 하지 않을까요? 하나님이 주시는 착함을 오버하며 나타내고 살아야 하지 않을까요? 이번 한 주제대로 오버했으면 좋겠습니다. 우리를 향한 세상의 시선이 바뀔 수 있도록, 우리를 통해 그들이 하나님을 알게 될 수 있도록 오버하는 한 주가 되었으면 좋겠습니다.

3월 28일
충성_ "After a long time"

에리히 프롬(Erich Fromm)이라는 사상가가 그의 저서 《소유냐 존재냐》에서 이렇게 말합니다.

"삶의 영역을 소유로 채우는 것은 임시방편이며, 잠시 행복 뒤에 더 커다란 소유를 원한다. 행복해하지만 결국 무엇인가 계속 소유하지 않는 삶을 견디지 못하게 된다."

내가 새집을 장만해서 이사했지만, 그 만족은 오래가지 않습니다. 또 새 차를 샀지만 한 달이 지나고 나면 다른 차들이 눈에 들어오기 시작하죠. 결국, 우리 삶의 지표를 '소유'에 둔다면 결코 행복한 삶을 살 수 없다는 것이죠. 에리히 프롬은 '존재'에 목적을 두고 사는 사람만이 삶의 행복을 경험할 수 있다고 말합니다.

오늘 말씀을 통해 그런 질문을 해 봅니다.

"나는 먹기 위해 사는가, 살기 위해 먹는가?"

저는 목회자이기에 이런 질문을 해 봅니다.

"목사이기에 사역을 하는가 아니면, 사역을 하고 싶어서 목사가 됐는가?"

소유에 대한 집착 때문에 존재에 대한 본질적인 질문을 놓치고 사는 것은 아닌가 하는 질문을 하게 됐습니다.

오늘 말씀을 통해 깨닫는 것이 있습니다. 청지기 의식, 하나님이 맡긴 것을 잘 관리하는 사람이 된다는 것. 하나님이 원하시는 것은 과연 무엇일까요? 내게 맡겨 주신 것을 잘 관리하고 있는가? 내게 맡겨 주신 것을 결산하게 될 훗날, 하나님 앞에 섰을 때 한 점 부끄러움이 없도록… 내게 주신 일상을 충성되이 여기며 사역하길 바랄 뿐입니다.

4월 5일

온유_ "은혜 아니면 서지 못하네"

교역자들이 다 함께 특송을 했습니다. 노래를 부르기 전에 피아노 전주가 나오는데 자막이 눈에 들어왔습니다.

"2m 거리 유지의 행정명령을 준수하고 있습니다."

찬양을 시작하는데 여러 가지 감정이 올라옵니다. 부끄러운 내 모습, 성도님들의 얼굴, 빼앗긴 일상, 부당한 행정 조치…. 두 달이 지나면서 그리움, 슬픔을 겪기도 했고, 때론 화가 나기도 했습니다. 여러 감정이 막 휘몰아쳤습니다. 하지만 "은혜 아니면 서지 못하네" 하고 찬양으로 고백하는데, 모든 시간 가운데 하나님이 만나공동체와 이 나라와 민족을 다스리고 계시다는 확신이 들었습니다. 저도 모르게 눈물이 줄줄 흘러내렸습니다. 감격한 나머지 소리도 못 내고 입만 뻥긋거렸습니다. 예배를 마치고 목사님들과 얘기를 나누는데 모두가 같은 마음이었다고 하더군요.

코로나19, 그리고 두 달… 우리 삶이 수용소와 같다는 생각이 들었습니다. 일상을 빼앗긴 나날들…. 두 달이 지나다 보니 오히려 코로나19가 일상이 되었다는 생각이 듭니다. 다시 예전으로 돌아갈 수 있을까 하는 불안한 마음도 듭니다. 그러나 말끔한 모습을 가져야 합니다. 지금 이 상황을 우리가 변화시킬 수는 없겠지만, 우리 태도는 선택할 수 있습니다. 한 주 코로나19의 일상을 살게 되겠지만 또 화가 날 때도 있을 겁니다. 하지만 익숙해지면 안 됩니다. 외로움, 슬픔, 분노의 모습이 아닌 '온유'의 모습을 보이며 한 주간 살기를 바랍니다.

A4용지 한 장도 채 안 되는 내용이지만, 매주 12시 예배가 끝나면 성도님들과 꾸준히 소통했다. 목사님의 설교 내용을 정리하고, 성도들에게 공유한 것이다.

만나교회의 전 세대는 성령의 9가지 열매를 따라 9개 교구로 나뉜다. 내가 섬기는 절제동산의 식구는 540세대(1,100명)인데, 그중 장년들에게 카톡 메시지를 모두 보낸다는 것은 여간 어려운 일이 아니다. 메시지를 보낼 때 '복붙(복사+붙이기)'하지 않았다. 그 대신 일일이 이름을 부르며 인사를 시작했다.

"사랑하는 김만나 성도님~♡"

성도 한 분에게만 보내는 특별한 메시지임을 알리는 것이다. 반응은 굉장히 좋았다. 한 명 한 명에게 메시지를 보내면, 답문이 오고 성도들과 잠깐이지만 이야기를 주고받는다. 또 전화가 필요한 성도와는 통화한다. 아무것도 아닌 것처럼 보이는 카톡 메시지는 비대면의 상황 속에서 어색함을 깰 수 있는 가뭄의 단비와 같은 존재였다. 성도들 한 명, 한 명의 모습이 눈앞에 보이지는 않지만, 여전히 어딘가에서 살아가고 있고 예배드리고 있음을 알 수 있었다.

■ 일단 유튜버(YouTuber) 목사가 되어 보기

김병삼 담임 목사님은 늘 교역자들이 갖춰야 할 기본적인 자세에 대해서 당부하신다. "창조성과 지속성", 사역에 있어서 늘 창의적인 아이디어로 새로움을 추구하고, 맡은 사역에 대한 꾸준한 성실성을 갖춰야 한다는 것이다.

만나교회 9년차, 처음에는 이 두 가지 모두를 갖추기 위해 노력했지만, 시간이 지나면서 둘 다를 충족시킬 수 없다는 것을 깨닫게 된다. 그리고 고민한다.

'내게 부족한 것은 무엇일까?'

둘 중에 부족한 것 하나를 꼽아 보라고 한다면 49대 51 정도로 '지속성'을 선택할 것이다. 진득하게 앉아서 오랫동안 무언가 하는 것을 싫어하기 때문이다. 쉽게 지루함을 느끼고 다시 새로운 것을 찾는다.

한 달을 그렇게 성도들에게 카톡 메시지를 보내는데 반응이 예전 같지 않음을 감지했다. 나 또한 기계적이고 식상함이 묻어나기 시작했다. 불과 한 달인데 나도, 성도님들도 처음 가졌던 두근거림이 사라진 것이다. 지속성의 연료가 바닥나기 시작한 것이다. 그래서 다시 성전에 앉아 기도하며 생각에 잠겼다. 그리고 다시 주님께 물었다.

"주님, 제 성실함의 밑천이 드러나고 있어요."

"이제 제가 할 수 있는 일은 무엇일까요?"

머릿속을 스치고 지나간 것, 창조적인 일을 지속적으로 하는 것도 지속성의 결여를 보완할 수 있는 것 아닌가? 언어유희처럼 들리겠지만 이것이 마냥 틀린 말도 아니다. 그래서 새로운 도전을 해 보기로 했다. 도전이란 유튜브 영상 만들기와 유튜브 브이로그였다.

2010년대 초반까지만 하더라도 유튜브는 어떤 분야의 B급 영상이 올라오는 사이트였다. 그러나 불과 10년도 안 된 지금, 유튜브는 전 세계에서 가장 많이 사용하는 앱이라고 한다. 와이즈앱이라는 시장분석 사이트에서 한국인이 가장 오래 사용하는 앱이 유튜브라고 한다. 코로나 팬데믹, 비대면을 지내며 2020년 유튜브 이용 시간은 더욱 커지지 않았을까. 성도들과 소통하고 성경의 말씀을 나누기 위해 유튜브 플랫폼을 차용하자는 생각을 하게 되었다.

그래서 결단한 두 번째 '일단 해 봐!' 프로젝트는 유튜버 목사가 되는 것이었다. 2020년 4월 12일, 부활주일을 지내며 성도들 한 명 한 명에게 이렇게 메시지를 보냈다.

할렐루야! 주님 부활하셨습니다!

어떠한 상황과 환경이 우리를 가로막아도 그리스도의 사랑에서 결코 끊을 수는 없습니다(롬 8:39). 그리고 또 사도 바울이 권면합니다.

너는 말씀을 전파하라 때를 얻든지 못 얻든지 항상 힘쓰라

딤후 4:2

여러분 기억하시죠? 담임 목사님이 드라마바이블을 통해 말씀 묵상을 나눠 주시고, 라이브톡으로 소통하며 우리가 그리스도 안에 한 공동체임을 상기시켜 주셨죠. 문득 그런 생각이 들었습니다.

'한 목사야, 너는 코로나19 때 네게 맡겨 준 양들을 위해 무엇을 했니?'

하나님이 나중에 제게 이렇게 물으실 것 같습니다. 그때 제가 아무 말도 못한 채 쭈뼛쭈뼛하면 안 되겠다는 생각이 들었습니다. 그래서 하나님 앞에서 기도하며 결단했습니다.

"때를 얻든지 못 얻든지 말씀을 전하겠습니다!"

성도들의 반응은 뜨거웠다. 평소 만나교회 엠스쿨 강의를 개설하면 내 강의 신청자가 15명에서 20명이었는데, 이번에는 수강자가 무려 250명으로 늘었다. 하나님이 보내신 250명 성도들과 온라인을 통해 성경을 함께 묵상하며 목양할 수 있다는 벅찬 기대감이 피어오르기 시작했다.

유튜버 사도 바울 - 바이블로그

유튜버 사도 바울 - 복음이란 무엇인가

바이블로그 - 로마서

"2020년 4월 29일, 사도 바울이 타임머신을 타고 나타났다!"

#유튜버사도바울 #골드버튼사도바울 #100만구독자 #21세기인플루언서

유튜버 사도 바울?! 허무맹랑한 생각이겠지만, 이런 재미있는 상상으로 강의를 준비했다.

"사도 바울이 지금 야탑동을 찾아와 로마서를 설교한다면 어디에서 어떻게 전했을까?"

사도 바울은 경계를 허무는 사람이었다. 사회, 문화, 국가, 언어를 넘어서 복음을 전했다. 세계가 복음화되길 꿈꾸며 인생을 바쳐 헌신한 사람이 바로 사도 바울이다. 그가 만약에 전염병이 창궐하는 비대면의 상황에서 복음을 전해야 하는 21세기를 산다면 과연 어떻게 했을까? 아마도 유튜브를 통해 복음을 전하지 않았을까?

성경을 뜻하는 영어 단어 '더 바이블', '비디오 블로그'를 합쳐서 '바이블로그'라는 제목의 유튜브 프로그램을 시작했다. 사도 바울이 전한 로마서를 보다 생동감 있게 성도들과 나누고 싶었다. 그래서 영상은 교회 밖에서 촬영했다. 길거리, 커피숍, 지하철역 앞 광장, 공원, 도서관, 회사 앞 등 성도들이 삶을 살아가는 곳에서 진행했다. 왜냐하면 성도들이 복음을 살아 내야 하는 현장은 교회가 아닌 교회 건물을 나선 삶의 모든 현장이기 때문이다.

강의 원고 50쪽, 30분짜리 영상 6편… 돌이켜보면 도대체 무슨 깡으로 시작했는지 모르겠다. 차라리 '모르는 게 약'이라는 표현이 적절할 것 같다. 왜냐하면 영상 한 편을 만드는 데 엄청난 시간과 에너지가 필요하기 때문이다.

30분짜리 유튜브 영상을 올리기 위해 최소한 3일의 시간이 필요하다. 원고를 써야 하고, 연습을 해야 한다. 또 촬영 장비들을 세팅하고 찍어야 한다. 한 번에 OK 컷이 나오는 경우는 거의 없다. 표정이 어색해서 다시, 말투가 어색해서 다시, 주변의 소음으로 다시… 그렇게 '다시, 다시'를 반복해서 그나마 괜찮은 컷 하나를 건진다.

이렇게만 하면 영상이 나오겠지 생각한다면 오산이다. PC 앞에 앉아서 편집을 시작한다. 나는 '파이널 컷 프로'(Final Cut Pro)라는 편집 프로그램을 사용하는데, 처음에는 작동법도 몰라서 블로그, 영상 같은 것을 찾아서 배우기 시작했다. 그래서 완성한 것이 '바이블로그 로마서'다.

유튜버 사도 바울 - 하나님께서 여러분을 사용하실 거예요

■ 일단 예배 리뷰어(reviewer)가 되어 보기

만나교회는 새 학기가 시작되는 3월과 9월, 일 년에 두 차례 '변화산 새벽기도회'를 연다. 이 주간에는 만나의 모든 성도가 이른 새벽부터 성전에 모여 함께 찬양하고 은혜로운 말씀을 듣고, 뜨겁게 기도한다. 하지만 지금은 모든 것이 불가능한 상황이다. 결국에는 온라인으로 변화산 새벽기도회를 진행하게 되었다. 개인적으로는 코로나 기간에 멈춰 버린 사역 중에 가장 아쉬운 것이 변화산 새벽

유튜버 사도 바울 - 뭉크

기도회를 할 수 없다는 것이다. 또 생각에 잠겼다.

'온라인 예배 5개월, 어떻게 해야 더 많은 성도님들과 함께 예배 드릴 수 있을까?'

기도하며 고민하던 끝에 유튜버 중에 '테크리뷰어'가 떠올랐다. 그것도 영향력 있는 인플루언서들이![53]

구독하고 즐겨 보는 유튜브 채널이 있다. 'ITSub잇섭', '가전주부', 요즘은 이들을 '인플루언서'라고 한다. 둘의 공통점은 필요한 정보를 짧고 간결하게 전달한다는 것. 또 구독자들과 '소통'하며 그들

---

53 온라인 스트리밍, SNS를 통하여 자신들의 인지도를 쌓고, 이를 이용하여 수익을 얻는 구조가 연결되면서 신종 직업으로도 각광받고 있는 인플루언서의 신세계를 IMR(Influencer Multi-Platform Ranking)의 도움을 받아 조명한다. IMR은 대한민국에서 가장 영향력 있는 인플루언서들의 데이터를 다양한 관점에서 분석하여 랭킹화 하는 서비스다.

의 의견을 적극 반영한다는 것이다. 두 유튜버의 운영 전략을 찾아보았다. 그리고 유튜브 채널 운영 노하우 책도 읽어 봤다. 대부분의 유튜버들이 적절한 영상의 길이를 5-7분 정도로 생각한다. 현대인들은 10분을 '진득하게' 집중하지 못한다고 한다. 러닝타임 7분이 넘어가면 건너뛰거나 중지 버튼을 누르게 된다. 그리고 보니 지난 '바이블로그 로마서' 영상 데이터를 보니까 회당 평균 시청 시간이 7분 내외인 것을 알게 되었다.

그래서 성도들과 효과적으로 소통하고 목양하기 위한 하나의 방법을 생각해 냈다. 바로 김병삼 담임 목사님의 설교를 리뷰하는 것이다! 단순한 리뷰가 아니라 유튜브 채널 운영의 핵심 전략을 그대로 적용해 보았다.

1. 짧고 간결해야 한다. "5분 안에 핵심만 짧고 간결하게", "한 단어, 한 문장"
2. 영상 업로드는 시계 알람처럼. "영상 업로드는 알람 시계와 같아야 한다"
3. 실제적이어야 한다. "영상을 보고 행동할 수 있는 지침을 준다"

마치 TV 뉴스 기자가 된 듯한 기분이었다. 원고는 설교 말씀을 들으면서 바로바로 작성한다. 그리고 예배가 끝나자마자 곧바로 촬영에 들어간다. 촬영은 한 번에 마쳐야 한다. NG라서 다시 하는 일

유튜버 사도 바울 - 그래서 기도1

유튜버 사도 바울 - 그래서 기도2

예배 리뷰어 - Pray On 그래서 기도

은 일절 없다. 무조건 한 번에 마쳐야 한다. 왜냐하면 빨리 찍고 편집해서 오전 9시에 업로드를 마쳐야 하기 때문이다.

마감 시간은 오전 9시! 보통 직장인들이 근무를 시작하는 시간이 오전 9시, 가정주부들 역시 한숨 돌리는 시간이 오전 9시이기 때문이다. 그렇게 하루를 정신없이 시작해야 하는 시간! 말씀을 한 번 더 묵상하고, 말씀대로 살길 결단하자는 목적이다. 결과는 성공적이었다.

"리더들 이름 하나하나 불러 가며 기도해 주셔서 너무 좋았어요."

이명희 권사

"센스 있는 목사님, 오늘도 말씀 요약! 감사합니다!."

이은영 집사

"오늘 하루도 주 안에서 승리하겠습니다."

김현민 권사

성도들로부터 많은 연락을 받았다. 격려의 피드백이 계속되었다. 목회자에게 있어서 가장 보람될 때가 바로 이 순간이지 않을까 싶다. 성도들이 삶의 현장에서 복음대로 살아가는 모습을 볼 때…. 성도들은 목회자의 기도로 살고, 목회자는 성도들의 격려로 산다고 생각한다. 성도들을 향한 사랑과 열정이 온전히 전달될 때 그 감사는 반드시 돌아온다. 때로는 시간이 걸릴 때도 있다. 어쩌면 내가 바라는 방식과 다르게 돌아오기도 한다. 그렇지만 중요한 것은 우리의 노력과 헌신은 반드시 열매 맺으리라는 것이다.

■ 일단 랜선 여행 가이드가 되어 보기

〈세계테마기행〉, 〈걸어서 세계 속으로〉 등과 같은 TV 프로그램들을 보면서 "나도 저기 가 보고 싶다"는 바람을 한 번쯤 가져 봤을 것이다. 코로나19 시대가 열리자 사람들은 유튜브 여행 브이로그를 보면서 여행지에 관한 정보를 얻으며 여행 떠나고 싶은 마음을 달

랜선 성지 순례 In JEJU

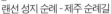

랜선 성지 순례 - 제주 순례길

랜선 성지 순례 - 순례길 5개 코스

래 보는 것 같다. 이것을 '랜선 여행'[54]이라고 한다.

코로나19의 영향으로 해외여행은 고사하고, 국내에서도 멀리 갈수 없는 상황이다. 많은 성도님이 집에만 있는 것 너무 답답해 한다는 이야기를 들었다. 바다든 산이든 어디론가 떠나고 싶다. 그래서 여름 시즌을 기다리며 성도님들의 답답함을 조금이나마 해소하고, 신앙에 도움도 되는 콘텐츠를 만들고 싶었다. 그래서 기획한 콘텐츠가 바로 '랜선 성지 순례'다.

만나교회 전도사 시절 김병삼 목사님과 감신대 이덕주 교수님과 함께 국내 성지 순례를 기획했었다.

"예전처럼 랜선 성지 순례를 기획해 보자!"

제주도의 순례길을 직접 걸어 보기로 했다. 제주도 풍경을 영상으로 담아 고스란히 성도들에게 전달할 생각만 해도 힐링되는 것을 느꼈다.

---

54 '인터넷 연결선'이라는 뜻으로, 인터넷으로 여행한다는 의미의 신조어.

하지만 현실은 녹록지 않았다. "모르는 게 약이다" "무식하면 용감하다"라고 했던가? 영상 제작을 위한 준비 과정부터가 쉽지 않았다. 코스를 짜고, 교통, 숙소, 식당도 예약해야 한다. 일반적인 프로덕션 같으면 십여 명의 스태프들이 나눠서 할 일을 나와 엄태호 목사 둘이서 하려니 여간 어려운 일이 아니었다. 결국, 준비 과정만 2주가 넘게 걸렸다.

우리는 현장에 가서도 3일 안에 모든 일정을 마쳐야만 했다. 3일 동안 14개의 코스, 33Km 구간을 촬영하려고 하니 여간 빡빡한 게 아니었다. 촬영 스케줄은 분 단위로 움직였다. 식사와 간식은 간단하게, 촬영은 무조건 한 번에 OK! 3일을 일주일처럼 쪼개서 사용했다.

랜선 성지 순례 - 순종의 길을 걸으며

'예능의 70%은 편집'이라는 말이 있다. 완성도 높은 영상을 위해서는 숙련된 편집 기술이 필요하다. 나는 영상 콘셉트를 잡기 위해 한참을 고민하다가 일단 따라 해 보기로 했다. 나영석 PD의 여행 프로그램들을 훑어봤다. 당시 인기 있다는 여행 유튜브 채널 '여행에 미치다', '박막례 할머니' 등 여행 관련된 콘텐츠라면 닥치는 대로 모니터했다. 자막 효과, 음향 효과 등을 넣는 법을 배우며 며칠 밤을 꼬박 새워 영상을 편집했다.

그렇게 고생해서 완성한 영상이 〈랜선 성지 순례 in JEJU〉다. 개인적으로 이 콘텐츠는 애착이 간다. 기회가 된다면 시즌2도 제작해 보고 싶다.

■ 일단 라이브 방송 해 보기

진정한 유튜버는 라방(라이브 방송)을 해야 한다는 말이 있다. 라이브 방송이야말로 구독자와 생동감 있는 소통을 할 수 있기 때문이다. 평일 저녁 식사 시간에 진행하는 '먹방 라이브 방송', 늦은 자정 진행되는 '게임 라이브 방송', 그리고 주말이면 '해외 축구 라이브 방송'과 같은 채널들은 기본 만 명 이상 접속해서 유튜버와 소통한다.

절제동산 성도들이 모여 구역예배를 드리지 못한 것도 벌써 반년이 넘었는데. 여름휴가 시즌이 끝날 무렵, 성도들을 만나고 싶었다. 온라인으로라도 함께 예배드리고 싶었다. 그래서 온라인으로 구역 예배를 드리자고 코치님들을 설득하기 시작했다.

화상회의 솔루션 줌은 이제 누구나 편하게 사용하지만, 처음에는 접속하는 방법도 어렵고 얼굴과 얼굴을 맞대고 이야기하는 것이 여간 어색한 것이 아니었다. 성도님들과 협상이 필요했다. 대부분 자기 얼굴이 화면에 나오는 것이 민망해서 싫다는 의견이었다. 그래서 먼저 동산의 동산지기님과 코치님들 모임을 진행했다.

결론적으로 이야기하자면, 결국 내 계획처럼 되지 않았다. 계정을 만들고 줌을 설치하는 것부터, 접속해서 음향과 카메라를 설정하는 것까지 모든 것이 쉽지 않았다. 코치님들 모두가 접속해서 본격적인 이야기를 시작하는 데까지만 한 시간이 걸린 것 같다. 예배는커녕 접속하다가 모든 에너지를 다 써 버렸던 것이다.

'내가 괜한 걸 하자고 했나? 너무 무리한 걸 요구했나?' 하는 생각에 잠겨 잠을 설쳤다. 다음날 교회 본당 로비에서 코치님들을 만났는데, 다들 얼굴이 밝았다. 줌 접속을 할 수 있겠다는 자신감이 생겼다고 한다. 교구 목사는 모름지기 눈치가 빠르고, 추진력이 좋아야 하는 법이다. 나는 더욱 박차를 가해 구역 예배 모임을 진행하기로 했다. 구역장끼리 줌 사용법을 연습하고, 리더들을 훈련시키도록 했다. 효과는 대단했다. 놀라운 것은, 젊은 리더는 물론이고 70대 리더들까지 줌을 능숙하게 다룰 수 있을 정도로 연습했다는 것이다.

온라인으로 다 함께 찬양하며, 서로를 향해 축복하고, 하나님의 말씀을 나눈다. 그리고 서로의 삶을 공유하며 함께 기도한다. 온라인의 제약된 환경이지만, 접속한 성도들 한 사람 한 사람, 그리고 가족들 모두의 기도 제목과 이름을 불러 가며 기도한다. 이렇게 진행하면 모임 시간은 한 시간으로는 부족하다. '이름을 부른다는 것'이 아무것도 아닌 것처럼 보이지만, 무미건조한 온라인의 환경에서 누군가가 나를 기억하고 이름을 부른다는 것은 무어라 표현할 수 없이 길게 남겨지는 따뜻한 경험이다.

불가능할 것만 같았던 온라인 라이브 예배는 아무것도 아니었다. 모이고자 하는 열정과 헌신이 어떻게 열매 맺는지를 미디어 구역예배를 통해 다시 한 번 확인했다.

■ 온라인만이 답은 아니다

목회자들이 코로나 비대면의 시간을 지나며 '무엇을 어떻게 해야 할까' 고민한다. 하지만 단언컨대 미디어가 무조건 정답은 아니라고 말하고 싶다. 물론 만나교회는 미디어 온라인 사역에 최적화되어 있다. 하지만 교구를 섬기는 12명의 목사님들은 코로나의 시간을 지나며 미디어 사역뿐만 아니라 오프라인 사역에도 힘써 노력하고 있다.

그래서 이번에는 코로나 비대면의 시간을 지나며 벌였던 오프라인 사역들을 짧게 살펴보고자 한다.

온라인 코치 모임1 　　　　　　　온라인 코치 모임2

1) 절제동산 릴레이 성경 필사

성경 필사의 경험은 다들 한 번쯤은 있었을 것이다. 나도 고등학
교 시절 어머니와 함께 성경을 필사했다. 세상의 학문을 공부하기
전에 먼저 하나님의 지혜를 깨달아야 한다는 가르침이 있었다. 고
등학교 한창 공부해야 하는 시기에 성경을 필사하는 것이 무모해
보일지 모르겠지만, 돌이켜보면 삶의 크고 작은 시험이 닥칠 때 성
경을 묵상하고 하나님의 지혜를 구하는 것은 그 상황을 이겨 낼 수
있게 하는 귀한 도구가 된다.

릴레이 성경 필사1

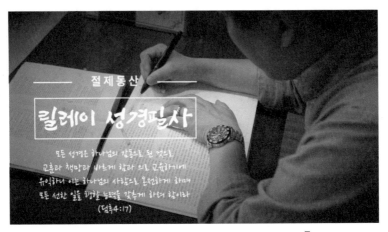

절제동산 ─

릴레이 성경필사

모든 성경은 하나님의 감동으로 된 것으로
교훈과 책망과 바르게 함과 의로 교육하기에
유익하니 이는 하나님의 사람으로 온전하게 하며
모든 선한 일을 행할 능력을 갖추게 하려 함이라
(딤후4:17)

릴레이 성경 필사2

    동산지기 이명희 권사님이 "우리 동산 성도들이 함께 필사하면 어떨까요?" 하고 제안해 왔다. 나는 지체 없이 수락했다. 코로나 팬데믹, 시험의 때를 지나며 우리가 다시 기본으로 돌아가서 신앙을 점검해야 한다고 느낀 바가 있어서 성경 필사를 통해 성도들이 말씀으로 다시 일어설 수 있기를 바랐다. 훗날 시간이 흘러 코로나의 때를 추억하며 '그때 우리가 함께 성경을 필사하며 그 시간을 이겨냈지' 하고 생각한다면 얼마나 은혜롭겠는가? 그래서 동산 식구들, 특별히 리더들과 성경 필사 릴레이를 시작했다.

    성도들이 다 함께 참여하는 성경 필사의 운영은 의외로 간단하다.

    요즘은 성경 필사 노트가 굉장히 잘 나와 있다. 노트를 열어 보면 책과 장, 그리고 절 수가 친절하게 표시되어 있다. 성경책을 옆에 두고 필사 노트를 펼친 다음, 펜을 잡고 한 절, 한 절 써 내려가면 된다. 필요한 것은 인내와 노력, 그리고 하나님의 감동이 내게 임하길 간절히 바라는 마음뿐이다. 3일간 하루 3장씩 필사하고 나서 다음 주자의 집을 찾아가 바통 터치를 한 후에 가능하다면 식사하며 교제를 나눈다

릴레이 성경 필사3 - 첫 번째 바통터치

릴레이 성경 필사4 - 첫 번째 바통터치

2) 새벽 송, 아기 예수 탄생하셨습니다

요즘은 없어졌지만, 새벽 송 다녔던 기억이 한 번쯤은 있을 것이다. 새벽 송은 예수님의 탄생을 축하하는 성탄절 이른 새벽에 작은 규모의 팀이 성도님의 집을 두루 돌아다니면서 찬양하고, 주님의 탄생을 함께 축하하는 행사다. 문 앞에서 찬양이 마치면 성도님은 팀들을 위한 맛있는 간식도 주시고, 손난로도 건네시며 정을 주고받는 시간으로 삼았다.

한 해, 코로나로 지쳐 있던 성도들의 마음을 잠깐이라도 위로하고 싶었다. 그래서 위로가 필요한 성도들을 찾아갔다. "이 시국에 새벽 송을?" 하고 놀랄 테지만, 사실 나와 아내 둘이서 새벽 송을 돌

았다. 그리고 540 가정 모두에게 마음을 전하면 좋으련만, 정말로 위로가 필요한 몇 가정만을 방문했다. 물론, 방역 지침을 준수하여 다음처럼 진행했다.

선물을 문 앞에 두고, 성도에게 전화를 걸어 찬양을 불러 드리고 기도한다. 엘리베이터 앞에 서서 성도님이 문을 열고 나오는 모습을 확인한 후에 멀리서 인사를 나누고 돌아간다.

3) Pray On 365 기도의 불을 켜고, 성도의 사업장 심방하기

만나교회에서는 2021년 새롭게 시작한 기도 운동이 있다. 바로 'Pray On 365'다. 코로나로 지치고 힘든 시간을 보내고 있는 성도님들을 보게 되었다. 답답한 마음에 교회를 찾아와 로비 한 바퀴, 앞마당 한 바퀴를 돌고 돌아가는 성도들이 있었다. 기도하기 위해 찾았지만 그냥 돌아가야 하는 쓸쓸한 현실 앞에 고개가 떨구어진다. 담임 목사님은 이런 성도들의 마음을 아셨는지 매일 하루 한 시간 기도할 수 있는 처소를 마련해 주셨다.

어머니 기도실은 한 시간에 네 명만 입장해서 기도할 수 있다. 물

Pray On 365 기도의 불을 켜라1

Pray On 365 기도의 불을 켜라2

론 교회 홈페이지를 통해 사전 예약을 해야 한다. 성도들은 한 시간의 기도 시간이 너무 귀하고 행복하다고 고백한다. 내가 주님을 찾아갔지만 오히려 주님은 나를 기다리고 계셨다는 간증도 나오고 있다.

절제동산 코치들과 함께 기도하기로 마음먹었다. 세 명씩 조를 이뤄서 기도를 시작했다. 그리고 기도 시간은 모두가 식사하는 점심시간을 활용했다. 대신 우리는 영의 양식을 먼저 먹는다. 한 시간 동안 굶으며 기도하는 것은 고행이 아니라 즐거움이다. 왜냐하면 기도를 마친 후 성도님들의 사업장을 방문하는 깜짝 이벤트가 진행되기 때문이다.

이렇게 일주일에 두 번씩 나와 동산지기 권사님과 코치님들이 성도님들의 식당을 방문하고 있다. 물론 방역 지침과 사회적 거리두기를 철저하게 지키며 진행하고 있다. 기도로 영의 양식을 채우고, 맛있는 음식으로 육의 양식을 채우고, 또 힘들고 지쳐 있을 성도님들에게 예수님의 마음을 전하는 것은 그야말로 일거양득이다. 아니 몇 배의 열매를 맺어 가는 은혜의 사건이다.

얼마 전 한 성도로부터 전화를 받았다. 외로움에 너무나 힘든 시간을 보내고 있었는데, 리더에게서 감동의 선물을 받았다는 것이다. 이야기를 들어보니, 비대면의 상황이 길어지자 리더가 그 성도님의 가정과 사업장을 방문해 카드를 전달하고 식사를 대접하며 가족들을 섬겼다는 것이다. 한 명이 아니다. 자신에게 맡겨 준 모든 열매를 향해 이처럼 섬김을 계속하고 있다고 한다.

결국, 플랫폼이라는 포장지는 중요하지 않다는 생각이 든다. 중요한 것은 포장 안에 무엇을 담을 것인가 하는 목회의 본질 부분이다. "하나님이 주시는 마음을 온전히 흘려보내는 것"이 목회의 본질이다. 하나님이 주시는 마음은 사랑 또는 열정 또는 따뜻한 배려나 섬김이 될 수 있다. 내게 주신 마음은 성도들이 처한 상황과 그로 인해 겪는 외로움이었다.

그 외로움을 함께 이겨 내고자 주어진 환경에서 내가 할 수 있는 최선의 순종과 섬김을 흘려보냈다. 결국, 내가 집중한 것은 '무엇을 할 것인가'가 아닌 '하나님이 나를 통해서 무엇을 하기 원하시는가'다.

코로나19 사역을 통해 깨닫는 영적인 진리는 겸손이다. 나는 그저 주님의 손과 발이 될 뿐이다. 일하시는 분은 오직 하나님이시다.